CB044982

AGILE STRATEGY MANAGEMENT

UMA NOVA ESTRATÉGIA EMPRESARIAL

2

LUIS LOBÃO
RODRIGO PETER SCHILLING

AGILE STRATEGY MANAGEMENT

UMA NOVA ESTRATÉGIA EMPRESARIAL

GREAT PEOPLE
Books

AVISO
ESTA OBRA PODE GERAR INCÔMODO E ANSIEDADE.

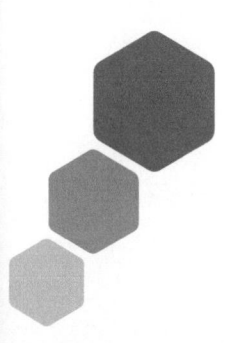

ờ

AGRADECIMENTOS

Esperamos que estas páginas o ajudem a transformar seu negócio da mesma maneira que estamos tendo a oportunidade fazê-lo, atuando como consultores e conselheiros de outras empresas, contribuindo com o aperfeiçoamento, reposicionamento e desenvolvimento estratégico. O nosso objetivo, ao compartilhar esta experiência e nossos aprendizados, é justamente fazer com que você e sua equipe, o seu negócio e a sua organização possam realizar muito mais e alcançar resultados incríveis.

Vamos começar com uma confissão. Apesar de escrever um livro inteiro sobre o assunto, não gostamos do termo "**ágil**". Ao lado de outras expressões – como *mindset*, estratégia centrada no cliente e valor agregado –, essa é uma palavra que se esgotou pelo uso excessivo. Consequentemente, muitos já enviaram para a caixa rotulada como "moda passageira". No entanto, como outros vocábulos, seu princípio é prático e central para a Era Digital – pois estamos falando da **capacidade de responder rapidamente** –, além de fundamental para empresas que operam em mercados cada vez mais dinâmicos e incertos.

Propor a agilidade tem sido a resposta comum e **óbvia** da maioria dos especialistas para um mundo em transformação. No entanto, quando nos deparamos com as mudanças rápidas e as inovações disruptivas da Era Digital, concluímos que você também deve ter a capacidade de se adaptar rapidamente. A adaptabilidade dificilmente é citada nas recomendações de muitos especialistas em agilidade. Para tornar a agilidade uma meta prática, devemos primeiro defini-la e, em seguida, entender as alavancas para gerenciá-la. Ao aceitarmos a definição de agilidade como a capacidade de responder e se adaptar de forma rápida, a agilidade de uma organização pode ser avaliada em relação a três critérios: velocidade de resposta, crescimento e resultados, ou seja, é a capacidade de responder às mudanças dentro e fora da empresa.

Acreditamos que várias organizações sentem a necessidade de se reinventar, a fim de se manterem competitivas e conservarem seu espaço no mercado. Mas ainda presenciamos muitas empresas cujas entregas não têm sido realizadas, com prazos não cumpridos, clientes insatisfeitos, oportunidades de mercado perdidas, executivos pressionados, equipes desmotivadas. Como fazer para reverter esse cenário e conquistar um crescimento sustentável?

Nos capítulos a seguir, veremos alguns conceitos e ferramentas de gestão que poderão ajudá-lo na construção de um novo modelo de gestão estratégica – ágil, adaptativo e colaborativo – em que a colaboração genuína é incentivada dentro e fora da equipe, tendo como consequência grandes resultados.

Esses conceitos e práticas foram exercitados nas empresas em que atuamos como consultores e conselheiros, e a maior motivação em desenvolver este projeto foi disseminar essa rica experiência transformadora que vivemos. O nosso primeiro agradecimento vai para os nossos clientes, que concordaram em ser "cobaias" nesse processo de aprendizado.

Eu, Rodrigo Peter Schilling, gostaria de dedicar esta obra especialmente à minha família, mãe e pai, Roberto Paulo Schilling, agradecendo por tudo que fizeram e ainda fazem por mim, pela educação e por sempre estarem ao meu lado, tanto nas alegrias como nos momentos mais difíceis. Vocês me ensinaram o caminho e me encorajam todos os dias a seguir meus próprios passos. Mais do que a educação formal que vocês me ofereceram e que sempre se esforçaram para que fosse a melhor, a formação humana é o que eu tenho de mais importante e precioso. Sou e serei eternamente grato por tudo que vocês dedicaram a mim. Eu tenho um orgulho inenarrável de ser filho de vocês e muito apreço pelos pais que tenho. Obrigado por tudo. Amo muito vocês! À minha avó Hilda Guimarães, por ser minha segunda mãe, mas, acima de tudo, por me amar de forma incondicional, e sempre ser minha confidente e apoiadora em minhas trajetórias pessoais. Por fim, e não menos importante, a Deus, o começo, o meio e o fim de toda a minha vida.

Eu, Luis Lobão, não poderia deixar de me lembrar com carinho e muita saudade do meu querido e amado pai, Pedro Coura Mendes, que me deixou um legado de valores que foram determinantes para minha formação pessoal e profissional. Seu exemplo de vida e dedicação foi fundamental para me orientar profissionalmente e, em especial, como pai de três filhos que me são muito queridos, Thiago, Carolina e Rafael. Cada um, com a sua personalidade, tem me desafiado a ser uma pessoa melhor e mais adaptável. Meus filhos, vocês me dão muito orgulho e me fazem acreditar que o mundo será cada vez melhor. Minha mãe, Maria Madalena Lobão Mendes, com seu compromisso com o amor incondicional à família, e como incentivadora (na verdade, uma torcedora fanática), foi combustível para levarmos à frente todos os nossos sonhos e realizações. MAMÃE, você é sensacional! Não estou deixando para o final, mas, literalmente, encerrando os meus agradecimentos com "chave de ouro" com este destaque: Vanessa, são muitos anos de vida em conjunto, mais do que vivi com minha família de origem. Minha existência e minhas conquistas já se confundem com a nossa caminhada juntos. Você sempre foi minha parceira de vida, cúmplice em todos os meus projetos e decisões e minha sócia neste grande empreendimento que construímos, nossa família! Eu te amo muito e sou muito grato a Deus por todas as graças que recebi ao longo da minha vida.

Declaramos ainda os nossos agradecimentos aos revisores, que dedicaram seu tempo e conhecimento em prol desta obra. A eles nosso muito obrigado: Luciano Cansanção, José Ricardo Noronha, Maria Augusta Ourofino, Roberto Mosqueira, Luiz Loureiro e Nadia Regina Guimarães Schilling, cada capítulo e cada provocação têm um pedacinho da contribuição de vocês.

E agora, como estimular sua equipe a resolver problemas com agilidade e criatividade num contexto em que é difícil obter dados confiáveis e no qual as circunstâncias continuam mudando? Como criar condições para a sobrevivência dos negócios? Como engajar os stakeholders em meio à pressão e com recursos escassos? Como fortalecer sua capacidade de lidar com o imponderável?

Inovar é uma tarefa árdua, que prospera na diversidade e no conflito. É preciso honestidade para identificar e mitigar riscos e coragem para aceitar os inevitáveis passos em falso e as mudanças de rota que ocorrem ao longo do caminho. Para enfrentar esses desafios com perseverança, as pessoas precisam acreditar que podem contribuir significativamente para uma causa pela qual se interessem. Para alinhar a equipe a um propósito é necessário responder a duas perguntas fundamentais: por que existimos e a quem servimos?

Em meio à enorme incerteza, quando as circunstâncias, além de imprecisas, estão em constante mudança, é necessário implementar um modelo organizacional que contemple a experimentação, que gere respostas rápidas e consiga se adaptar. Cada suposição deve ser considerada uma oportunidade para a qual se deve levantar informações, validar dados, desenvolver propostas com base nos dados, agir com base nas hipóteses e, então, aprender com os resultados.

Se você quer ajudar sua organização, sua comunidade e sua sociedade a prosperar em um mundo de mudanças, este livro é para você. Se quer mobilizar um maior progresso sobre as questões mais importantes, este livro é para você. Se quer fortalecer sua prática de liderança, não importa onde você se sente em sua sociedade ou organização, este livro é para você! Se quiser ajudar os outros a fortalecer sua capacidade de mudança, como facilitador, coach, consultor ou gestor, este livro é para você.

Nosso desejo é de pesar possibilidades. De arregaçar as mangas, sendo otimistas, realistas e também corajosos de fazer um tipo de provocação e trazer possibilidades de progresso significativo. A liderança para a mudança exige inspiração e transpiração. Apresentamos ferramentas e táticas para liderar o desenvolvimento estratégico e manter sua organização competitiva. Estas páginas são fruto de nossa experiência em trabalhar com pessoas e organizações ao redor do mundo, entre setores, culturas e países, ajudando-os a enfrentar seus desafios mais urgentes.

São tempos extraordinários. As novas tecnologias e a pandemia da Covid-19 aceleraram as mudanças e trouxeram a premente percepção de que todo ser profissional deve encontrar as melhores maneiras de competir e colaborar. Para construir um mundo sustentável em uma era de profunda interdependência econômica e ambiental, cada pessoa, cada país, cada organização são desafiados a olhar para trás e para a frente ao mesmo tempo. Olhando para trás, o desafio é descobrir novas maneiras de acabar com os traumas e erros cometidos em um mundo capitalista, desigual e preconceituoso. Para a frente, os seres humanos têm a capacidade de realizar sonhos antigos de civilidade, curiosidade e cuidado enquanto abordamos as questões urgentes que nos cercam.

Esperamos realmente contribuir com o desenvolvimento estratégico da sua organização e com o seu papel de líder. Cocriar o futuro com sua equipe pode ser o grande teste de sua jornada de liderança. Isso exige imaginação, persistência e coragem moral. Use seu tempo com sabedoria!

12

PREFÁCIO

UMA NOVA ESTRATÉGIA PARA AS PESSOAS, OS NEGÓCIOS E A SOCIEDADE

Durante a época das Grandes Navegações, o uso da astronomia era fundamental para orientar os navegadores e permitir que chegassem à América e ao Brasil. Nesse mesmo período histórico, muitos estudiosos foram parar na fogueira por afirmarem que a Terra não era o centro do Universo, questionando dogmas e crenças de diversas autoridades que diziam ter procuração dos céus para falar na terra. Claro que essa questão já foi há muito tempo superada, pois a ciência consegue explicar muito bem o funcionamento do Cosmos, do Sistema Solar, das galáxias e das partículas subatômicas. Porém, como alguém também já disse que toda unanimidade é burra, alguns seguem afirmando – será que acreditam mesmo? – não que a Terra seja o centro do Universo, mas sim que ela é plana.

Utilizando formas muito mais civilizadas de diálogo, Luis Lobão e Rodrigo Peter Schilling apresentam com elegância e rigor científico provas que revelam a necessidade urgente da evolução nas políticas e práticas de organizações que ainda vivem arraigadas a dogmas inexplicáveis, sob pena da sua própria extinção.

Talvez, quando descobrimos que a Terra não era o centro do Universo, tiramos também o foco do ser humano, o que foi um equívoco. Em outras palavras, **as pessoas devem estar sempre no centro das decisões** do nosso dia a dia, das nossas organizações e da sociedade como um todo. Quando substituímos o ser humano por qualquer outro fator, tais como recursos financeiros, matéria-prima e insumos de qualquer espécie, *valuation*, futuro das *startups* ou tamanho do mercado, optamos por não considerar o engajamento das pessoas e sua influência nos rumos da empresa, no impacto ao meio ambiente e em toda a sociedade.

Em suma, o Universo funciona sem que a Terra precise ocupar o seu centro. Mas a vida por aqui (ou nos planetas que poderão ser colonizados em breve) pode ser muito pior caso as pessoas não ocupem o centro de nossas decisões e de toda estratégia de negócios e políticas para a sociedade. Levando esse raciocínio ao extremo, a Terra continuará existindo ainda por bilhões de anos, mas o ser humano pode ser depreciado – ou mesmo extinto – em algumas décadas, e por sua própria espécie! Os dinossauros foram extintos por um cometa gigante; o ser humano pode pagar muito caro pela sua própria negligência. Traduzindo em uma escala menos catastrófica, muitas organizações fatalmente vão desaparecer por desprezarmos a velocidade com que o mundo dos negócios está sendo impactado pelas novas tecnologias e metodologias.

Lobão e Schilling não propõem a fogueira para os que não acreditam nessa possibilidade, mas dão a todos nós uma enorme oportunidade de reprogramarmos nosso modelo mental e desenvolvermos nossa vida, nossos negócios e as regras de convivência social em escala global com recomendações, técnicas e ferramentas de eficácia comprovada pela ciência e pelos longos anos de experiência dos autores. Ainda há algum tempo para refletirmos sobre essas transformações e agirmos, mas, após ler esta obra, tenho certeza de que você vai querer iniciar essas mudanças na sua vida e nos seus negócios imediatamente.

E como começar? Enfim, o que posso fazer para tirar estas palavras do papel e implementar novas formas de pensar e planejar o mundo e os negócios? Os autores também são muito enfáticos ao orientar que o caminho passa por desenvolver **uma nova liderança**. A ótima notícia é que essa missão pode ser mais simples do que parece. A liderança efetiva nestes novos tempos começa a atuar inspirando sua equipe em torno de um propósito. Pode parecer mais um chavão ou palavra da moda, mas o fato é que empresas que resgataram seu propósito durante a pandemia conseguiram envolver mais e melhor seus colaboradores. Como consequência, seus negócios tiveram recuperação muito mais rápida. É fácil entender o porquê: as pessoas não buscam simplesmente um trabalho, mas um significado para sua vida. Quando o propósito de sua organização se encaixa com essa visão, elas se engajam porque querem, e não porque são obrigadas. Naturalmente, geram melhores resultados.

O forte alinhamento em torno de propósitos significativos traz uma decorrência imediata: as equipes e os indivíduos podem ser muito mais autônomos. A garantia de unidade e alinhamento não vem – como muitos ainda pensam – de manuais repletos de regras do que se deve/pode ou não fazer, mas, sim, do propósito. Quanto maior o alinhamento em torno do propósito, mais autonomia e mais liberdade criativa são obtidas. Como resultado, as pessoas surpreendem todos os dias, pois estão estimuladas a dar o melhor de si. Ao desenvolver esse ambiente de confiança, autonomia e liberdade, você cria um celeiro de inovação, tornando sua organização muito mais competitiva. É o oposto do lugar que valoriza o chefe antiquado, que cobra horários, vestimenta ou despeja uma lista de tarefas diárias. O propósito e a autonomia geram uma potente força criativa e empreendedora e uma enorme capacidade de inovação e superação.

Outra característica fundamental dessa nova liderança é que a autonomia não é marcada pelo individualismo, mas sim pelo estímulo ao trabalho colaborativo. A filosofia baseada no conceito de "*um time, uma missão*" é o que norteia a grande maioria das melhores empresas para se trabalhar no Brasil, vencendo as barreiras internas da organização, a burocracia, a inércia e a resistência contra o novo. Outra forma de traduzir essa visão é entender que essas organizações estão o tempo todo aprendendo a partir de sua experimentação contínua, erros e acertos, mas o mais importante: sem perder o ritmo e, principalmente, a agilidade. Soma-se a essa receita simples uma boa dose de diversidade e inclusão como pré-requisitos para qualquer empresa que queira ingressar no clube das organizações, de qualquer porte e segmento, que transformam o mundo. Uma nova estratégia – e uma nova forma de desenvolver a sua estratégia –, baseada em uma nova liderança, é o caminho para ter organizações que sejam melhores para as pessoas, os negócios e a sociedade.

Lobão e Schilling, obrigado pela generosidade em compartilhar seus conhecimentos conosco e pelo prazer desta leitura!

RUY SHIOZAWA
CEO GREAT PEOPLE

Sumário

APRESENTAÇÃO 23
   O que você vai encontrar aqui 27

1. O CENÁRIO E OS NOVOS DESAFIOS: MUDAR É PRECISO

Ser + humano 35
Uma nova era do ser 37
Você já se perguntou por que ser + humano, ser + digital? 41
A geração do amanhã (ou seria do agora?) 43
Como liderar a nova geração (ou seria "como lidar com ela"?) ... 46
Mudar é preciso 54
O que é BANI? Metodologia, momento, moda ou um novo cenário global? 58
Como o BANI afeta o Planejamento Estratégico das organizações ... 65
O nascimento da era caórdica 72
Como ter agilidade em um mundo 4D? 77
A necessidade de autogestão e acordo 81
O *mindset* futurista 83
Muitas estratégias falham porque não são realmente estratégias ... 92
Comércio justo 96
Comprar é coisa de "velho"? 102
Cocriar 104
Por que evitamos planejamentos de longo prazo 107
Como fazer um Planejamento Estratégico como um futurista ... 112
Uma estratégia adaptativa e evolutiva 114
A abordagem clássica 115
A abordagem adaptativa 116
A abordagem visionária 118
A abordagem de renovação 120

A ambidestria estratégica 124
Conscientização do mindset 125
Imaginando o futuro: um exemplo prático 128
Competências do futuro 130

2. CONCEITOS: O QUE EU PRECISO SABER PARA MUDAR

A evolução do pensamento estratégico 135
Pensadores que influenciaram cada etapa do
pensamento estratégico 147
Mapa de Stakeholder 149
BX – Business Experience 153
TXM – Think Experience Manage 156
Inovação de experiências 160
Inovação dos modelos de negócio 162
Gestão dos horizontes estratégicos 180
A mentalidade do Horizonte 1 (H1): O Gerente 185
A mentalidade do Horizonte 2 (H2): O Empreendedor 186
A mentalidade do Horizonte 3 (H3): O Visionário 189
Como as mentalidades interagem? 190
Métodos e metodologia para impulsionar sua mudança 192
Design Thinking 195
Design de serviço 197
Mapa de empatia 201
Oceano Azul para um novo normal 205
Inicialização enxuta/lean UX 211
Design Sprint 211
Métodos ágeis – Manifesto ágil 213
Live e golden circle: O quê? Por quê? Como? 219
IKIGAI – Propósito, valores e a identidade organizacional 223
Personas, uma personalização ou uma visão problematizada 241
Modelo Wardley Maps 246
LSP – Lego Serious Play 254
Points of You 258
KBV – A VRIO do conhecimento 261
OKR ou KPIS? 263
O cone do futuro 267
A roda do futuro 274

Mapear os 6 graus de competição 285
Análise dos horizontes estratégicos 286
Gerenciando cada horizonte separadamente 297
Matriz de apostas estratégicas 299
Scrum 307
Retrospectiva 322
Análise de Monte Carlo – Risco 324
TRIZ – Teoria da Resolução dos Problemas Inventivos 331

3. CAIXA DE FERRAMENTAS: MODELO LEARNING BY DOING ASM (AGILE STRATEGY MANAGEMENT)

Modelo ASM (Agile Strategy Management) 346
Etapas para construção da estratégia 359
Autoavaliação da estratégia atual 370
Conhecendo a força das ferramentas em cada etapa do processo 374
A diversidade de pensamento na construção
de uma nova estratégia 380
Alinhe-se com o pensamento executivo 383
ASM – Construindo uma estratégia ágil e adaptativa 387
Fase 1 – Visualização 389
Fase 2 – Design 404
Fase 3 – Implementação 431
Fase 4 – Governança 457

POSFÁCIO **487**
REFERÊNCIAS **497**
SOBRE OS AUTORES **518**

APRESENTAÇÃO

Devido ao progresso tecnológico e à instabilidade política, social e econômica e outros fatores, o mundo dos negócios está em constante mudança. Por mais difícil que seja lembrar agora, houve uma época, não muito tempo atrás, em que ninguém falava sobre disrupção. Naquele tempo, a inovação não passava de um assunto de nicho, que interessava a poucos. As consequências da transformação digital eram vagas.

Considerando que o mercado está sempre lançando novidades, muitos investidores questionam a importância dos planos estratégicos, pois se tudo pode ser mudado a qualquer momento, haverá uma dúvida: por que "perder tempo" para planejar? Agora é a hora de desafiar a ortodoxia do modelo atual, que se baseia em falsas suposições sobre o ambiente competitivo.

O Planejamento Estratégico visa ser o ponto de partida para todas as ações que a empresa realizará para alcançar o futuro desejado. Essa ferramenta ajuda a orientar as empresas e determinar uma visão comum, promovendo a definição de objetivos estratégicos (portadores de crescimento e vantagem competitiva), desenvolvendo ideias e inovações, explorando oportunidades, minimizando possíveis ameaças e planejando ações futuras.

No entanto, as empresas que realizam um bom planejamento possuem um melhor entendimento sobre as mudanças nos ambientes internos e externos, identificando os problemas que podem surgir ao longo do caminho e as oportunidades de melhoria. Assim, essas empresas se tornam menos vulneráveis às movimentações do mercado.

Atualmente, as organizações precisam ser ágeis pelos seguintes motivos: a complexidade e a velocidade das mudanças tecnológicas e sociais, bem como as contínuas mudanças das fronteiras interdepartamentais ocasionadas pela digitalização, desregulamentação e globalização. Por essas razões, os estrategistas devem ter uma visão abrangente e a capacidade de usar rapidamente recursos suficientes para realizar grandes ganhos.

O mercado financeiro exige que as empresas continuem a apresentar crescimento e desempenho, e cada queda neste último afetará seriamente o valor da empresa, prejudicando, assim, sua capacidade de investir no futuro. As organizações tornaram-se redes que se movem em espaços interligados, aumentando a complexidade da análise e o risco de paralisia. Para superar todos esses problemas, empresas de sucesso tornaram-se mais ágeis, com processos, estrutura e cultura fáceis de aprender, tempos de ciclo curtos e agilidade na tomada de decisões.

Pedimos desculpas aos amigos consultores que trabalham com Planejamento Estratégico tradicional, mas estamos chegando ao fim de uma era! Cada dia que passa, o mundo VUCA[1] (Volátil, Incerto, Complexo e Ambíguo) ou BANI (Frágil, Ansioso, Não linear e Incompreensível) se torna mais presente e isso tem impacto direto na maneira como pensamos e atuamos estrategicamente, conforme representado na Figura 1.

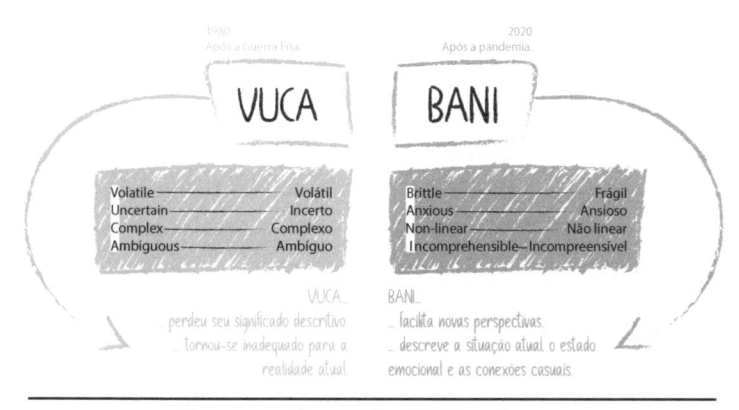

Figura 1 – O mundo VUCA × BANI.

Nos séculos passados, houve muitas indústrias com longos ciclos de vida do produto. Hoje, os produtos ou serviços da maioria dos setores têm ciclos de vida curtos – e estão ficando cada vez mais curtos. Estamos passando por um momento de inflexão estratégica. O conceito de pontos de inflexão estratégica foi introduzido por Andy Grove em seu célebre livro *Só os paranoicos*

---

1 VUCA é a sigla de Volatility, Uncertainty, Complexity e Ambiguity (ou, em português, Volatilidade, Incerteza, Complexidade e Ambiguidade).

sobrevivem (2000). Ele descreveu: "O ponto de inflexão estratégica é o momento na vida de um negócio em que seus elementos fundamentais estão prestes a mudar". De fato, é assim que o ponto de inflexão se afigura para muitas pessoas: aquele instante único em que tudo muda de maneira irrevogável.

O ponto de inflexão é uma mudança no ambiente do negócio, que altera radicalmente algum elemento de suas atividades e abala pressupostos tidos como inquestionáveis. Sempre tem alguém que enxerga as implicações dessa mudança, embora, na maioria das vezes, esse alguém não seja ouvido. Essa pessoa pode ser você!

A maioria das mudanças que enfrentamos na vida é marcada por paradoxos. Normalmente, o desconhecido se apresenta e nos convida a repensar e agir de forma diferente, fazendo com que tenhamos que sair da nossa zona de conforto. Mesmo que algumas mudanças sejam radicais e disruptivas, todas trazem consigo as próximas páginas da nossa vida, ou do nosso legado, da nossa história. Podemos entender um paradoxo como algo que contradiz os nossos princípios, os nossos valores – ou, de fato, o que a humanidade entende ser importante.

A maneira como nos relacionamos, nossas afinidades psicológicas, as nossas escolhas de alimentação, amizade, música, programas de TV, religião, enfim... tudo é cultura, tudo é vida, e, com certeza, tudo muda. Aliás, a única certeza que temos é da mudança.

Ninguém sabe a resposta, mas todos são livres para buscar a resposta. Afinal, questionar e duvidar fazem parte desse momento. Mas podemos garantir que nenhuma empresa ou empresário pode sobreviver sem ideais modernos. Se a inovação não estiver em sintonia com os ideais da época, ela nunca existirá. Fala-se muito de inovação, mas, na verdade, se não houver consumidores ou não pudermos produzir uma experiência de consumo, seja adoção ou financiamento, a inovação nada mais é do que uma bela invenção.

Não foram apenas as atitudes do consumidor que mudaram. Idade, gênero e classe social não determinam mais o tipo de público ou comportamento. Esses conceitos estão desatualizados. Os consumidores contemporâneos são mais flexíveis. Você pode obter mais informações, possibilidades, poder aquisitivo, escolha, consciência crítica, portanto, não é mais apenas identificá-lo como produto, marca ou solução. Isso tudo contribui para o crescimento de um processo de individualização ou intimidade com o seu consumidor, evoluindo de um estágio infantil de identificação para um estado de maior consciência e diferenciação.

O QUE VOCÊ VAI ENCONTRAR AQUI

Criar uma estratégia vencedora hoje com as ferramentas e modelos usados há apenas alguns anos é, sem dúvida, uma receita para o desastre. O que você precisa é de uma estrutura para planejar e implementar uma estratégia que seja ágil o suficiente para se adaptar a um ambiente dinâmico, mas focada o suficiente para entregas.

Pautados neste cenário, desenvolvemos um *framework* para implantação de um modelo de Planejamento Estratégico ágil e adaptativo, o Agile Strategy Management (ASM), composto de dois grandes eixos: Agile Strategy (AS) – Adaptabilidade – e Agile Management (AM) – Agilidade –, bem como por quatro fases (Visualização, Design, Implantação e Governança) e, por fim, doze entregáveis, que serão apresentados juntamente com um portfólio de outras ferramentas e artefatos que trarão uma gestão estratégica ágil e adaptativa ao seu negócio. Observe a Figura 2.

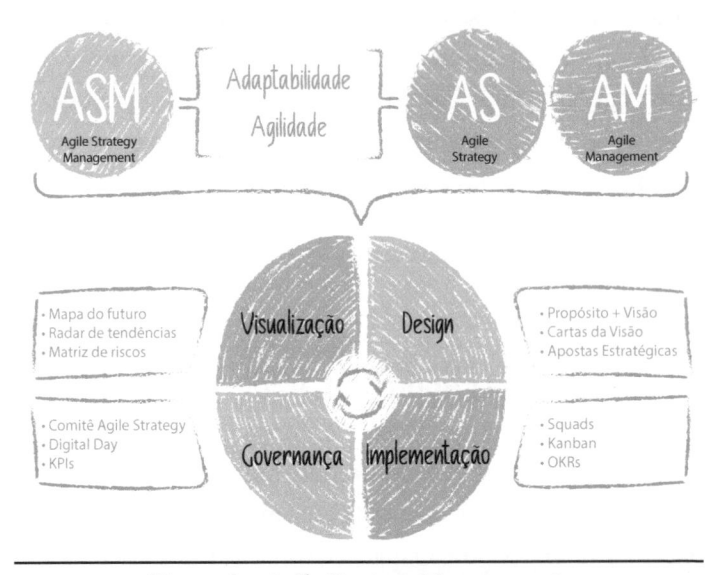

Figura 2 – Agile Strategy Management.

A Parte I deste livro tem como objetivo contextualizar o que vamos apresentar e discutir ao longo das próximas páginas. As empresas não podem mais contar com os tradicionais exercícios de previsão para detectar e capitalizar ameaças e oportunidades emergentes. Precisamos de um novo modelo de formulação estratégica para um mundo dinâmico. Para se manterem competitivas, as organizações necessitam oferecer respostas rápidas para grandes desafios sociais e tecnológicos, de concorrência, de regulamentações, do mercado de trabalho e de muitas outras áreas. No entanto, a possibilidade de tais mudanças acontecerem cria profunda incerteza, e isso dificulta na identificação dos caminhos mais rentáveis a seguir. Embora seja impossível as organizações estarem totalmente preparadas para um choque, as mais resilientes aprendem a esperar o inesperado, a se recuperar depressa quando isso ocorre e a aproveitar as oportunidades imprevistas que surgem.

Na Parte II, vamos apresentar alguns dos principais conceitos que embasam as práticas deste novo modelo de gestão estratégica. O design organizacional deve fomentar o fluxo de informação entre os pontos de coleta e os locais em que ela é relevante – garantindo, por exemplo, que processos visíveis e sistemas de incentivos encorajem a colaboração e a interação. E quando o futuro é particularmente difícil de prever, os líderes têm de instilar *insights*, criar uma série de cenários e depois desenvolver, testar e "retestar" hipóteses; organizar respostas para tais ameaças ou oportunidades, o que talvez envolva realocar recursos, renovar processos, preencher *gaps* de capacidade e alinhar a estrutura e a governança da empresa. Ainda assim, se pensarmos apenas no design organizacional ficaremos míopes, ao ponto de limitar nossas ações estratégicas, então nós entendemos que a captação de valor por meio de uma revisão do modelo de negócio da sua organização também seja necessária, reestruturando, assim, as relações no ecossistema que ela está inserida. Por fim, se pensarmos apenas na organização como uma forma de gerar experiências de uso e de consumo, podemos acabar esquecendo da peça-chave desta transformação estratégica, que são as pessoas, mais precisamente os líderes. Esses precisam construir estruturas e processos flexíveis que permitam que a empresa inove e abrace mudanças. Um aspecto-chave da organização é preencher os *gaps* de capacidade que surgem quando a organização entra num novo mercado ou renova seu modelo de negócio.

Na Parte III, demonstramos a forma de utilizar esses conceitos através de uma agenda (*framework*) e ferramentas. Para ajudar nesses esforços, desenvolvemos uma abordagem que vai além dos tradicionais exercícios de previsão e análise de riscos. Ela é composta de quatro conjuntos de atividades: primeiramente, desenvolver processos para o *sensing* ativo (detecção ativa) de novos *insights* (internos ou externos) que podem afetar o negócio, a fim de identificar ameaças ou oportunidades o mais cedo possível. Nossa proposta de uma nova metodologia de estratégia sumariza desses conceitos e apresenta um caminho para o leitor revisitar os processos, as estruturas organizacionais e os modelos de negócio com o objetivo de se posicionar efetivamente em um contexto cada vez mais competitivo. Ainda assim, vale salientar que a maior captura de valor está pautada na capacidade de o líder ter clareza, junto ao corpo estratégico e operacional da organização, quanto às prioridades estratégicas, orquestrando os ativos tangíveis e intangíveis da empresa – como capital, parcerias e propriedade intelectual – e, assim, propondo um ciclo de melhoria contínua estratégica.

A crise da Covid-19, no início de 2020, veio como uma bomba e mudou o mundo para sempre. Ela também fez as empresas perceberem que a transformação digital é para todos e acelerou o processo de digitalização das organizações. Quem ainda não estava sensibilizado com o assunto, certamente, o colocou como prioridade máxima na agenda a partir de então. Todas as fichas caíram de uma vez só! E não apenas pelo fato de se ter boa parte da equipe trabalhando de forma remota, mas, principalmente, pela necessidade de estar presente no mundo digital fazendo negócios enquanto o mundo real está vazio e parado. Neste novo desafio, qual modelo de gestão estratégica é necessário para criar e garantir o fluxo de informações, o trabalho colaborativo e autônomo e que gere valor para a empresa e para o cliente?

Não queremos ser dramáticos, mas, hoje em dia, as organizações têm duas opções: adaptar-se ou morrer. Algumas empresas que outrora lideraram o mercado morreram diante de nossos olhos; outras estão tendo dificuldade de se adaptar e, provavelmente, vão sucumbir. Enquanto isso, as técnicas que elas aplicaram durante décadas estão ficando para trás. Empresas que mantiveram gerações de funcionários seguindo uma política de não demissão agora se veem despejando dezenas de milhares de pessoas de uma só vez. É lastimável, mas tudo isso faz parte do processo de adaptação. Vale esclarecer: essas mudanças provocam um ambiente de trabalho menos cordial, gentil e previsível. Como já vimos, se você é um gestor em um ambiente como esse, precisa desenvolver uma maior tolerância ao caos. Não estamos aqui sugerindo que você se resigne e aceite a desordem de braços cruzados. Pelo contrário, você deve fazer o possível para levar a ordem ao seu ambiente.

Neste mundo em ebulição, as organizações precisam ser muito ágeis, tanto no aspecto de serem rápidas no alinhamento e na adaptação às mudanças, quanto no de serem muito colaborativas na cocriação e no compartilhamento das decisões estratégicas. Antes, as mudanças — dentro e fora das empresas — eram mais lentas. E as organizações, mais hierárquicas. Este livro vai ajudá-lo a enxergar as oportunidades suscitadas pelos pontos de inflexão estratégica e, mais do que isso, vai auxiliar você, sua equipe e organização a tirar proveito delas. Agora, as mudanças são muito rápidas e as organizações são colaborativas.

Ou seja: o jogo e a forma de jogar mudaram!

1

O CENÁRIO E OS NOVOS DESAFIOS
Mudar é preciso

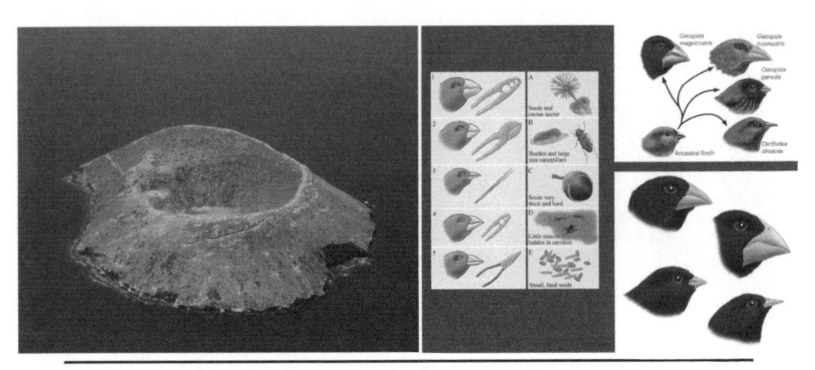

Figura 3 – Tentilhões de Darwin.

Daphne Major é uma ilha vulcânica integrante do arquipélago das Ilhas Galápagos. É conhecida como o "lar nativo" de uma ave chamada tentilhões de Darwin (subfamília: *Geospizinae*). Essas aves têm uma grande capacidade adaptativa e, por conta disso, possuem diferenças em seus tamanhos e formato do bico. Essas variações são provenientes de acordo com a dieta, ou seja, as aves que se alimentam de sementes têm um formato de bico mais poderoso e compacto. O curioso é que em 1977, devido a uma seca prolongada, essas mesmas aves sofreram o que chamamos de seleção natural, ou adaptação natural. As mesmas sementes, devido à seca, mudaram de tamanho, e com cascas mais resistentes, fez com que os tentilhões se adaptassem a esse novo cenário, desenvolvendo bicos maiores e mais robustos para a quebra das cascas.

SER + HUMANO

Sem contar com as previsões catastróficas, as crenças e o debate sobre se o mundo vai acabar ou não, uma coisa não podemos negar: o mundo que conhecemos quando nascemos acabou, principalmente após a pandemia de Covid-19. Recentemente, fizemos uma lista das coisas que julgávamos ser importantes quando éramos jovens: celular, carro, roupas de marca, fotografias, diploma de uma escola tradicional, um emprego formal, shows, eventos executivos de renome internacional etc. Algumas dessas coisas acabaram temporariamente, outras é provável que se transformem e, ainda, algumas perderão completamente o valor. Ou seja, resta o SER humano! Tudo que antes era uma questão de TER, agora passa a SER!

Ray Kurzweil, um dos futuristas da atualidade, comenta em um dos seus pensamentos transcritos que os próximos cem anos trarão um impacto de inovação equivalente aos últimos 20 mil anos (KURZWEIL, 2019). Por fim, podemos corroborar com esse pensamento e afirmar que em 2020 tivemos uma aceleração e uma potencialização da tecnologia jamais vistas. Mas, cá entre nós, não é nem foi a primeira pandemia a que o mundo sobreviveu, certo?

Vivenciamos uma grande revolução digital. Graças às nossas estimadas redes mundiais de computadores, o SER humano voltou a ter o controle e a ser o centro e o foco de tudo. A rede espalhou conhecimento, disseminou informações e deu a chance de as pessoas se expressarem – com publicações, comentários, *likes* – e, principalmente, de se conectarem entre si. Com toda certeza, nosso modelo mental mudou ou, no mínimo, transformou-se.

O mundo segue em plena transformação. Thomas Frey (2019), do DaVinci Institute, afirma que 60% das profissões que dominarão os próximos dez anos ainda não existem. Em 2020, um estudo do Fórum Econômico Mundial destacou as principais profissões até 2025, em que colocou em alta matemáticos, profissionais da saúde, tecnologia da informação e arquitetos. O CBRE Institute publicou uma pesquisa de 2021 na qual informava que 50% das profissões deste ano se tornarão obsoletas até 2025. E, por fim, John Chambers aposta que 40% das empresas existentes não estarão mais no mercado ao fim dos próximos dez anos.

Quantas vezes você foi ao seu trabalho em 2020 e 2021, e quantos dias você foi convidado a trabalhar em home office? Os formatos de trabalho também deixaram de fazer sentido. Percebo muito mais pessoas buscando um propósito do que um trabalho. O modelo tradicional, de oito horas por dia, já não cabe em sua plenitude. Contabilize o tempo de deslocamento, a facilidade de estar remotamente junto aos seus familiares, ou no conforto da sua casa, e a vontade de fazer mais de uma coisa ao mesmo tempo.

Agora, remeta seu pensamento para uma das mais antigas indústrias: a automobilística. Em uma pesquisa da Scratch, em 2018, com 3 mil millenials, uma das questões abordadas foi: quais são as suas 31 marcas preferidas? Pasmem, nenhuma marca de carro ficou entre as dez primeiras. Além disso, 45% dos entrevistados declaram que preferem acesso à internet a ter carro. Já a Box1824, em pesquisa realizada em 2011 sobre o "sonho brasileiro", destacou que nós preferimos o transporte público de qualidade. Quer impacto maior do que quando a Ford no Brasil declarou o fechamento de suas fábricas? Há quem acredite que o carro é o novo cigarro.

Estamos vivendo, ou até mesmo sobrevivendo, os melhores e os piores capítulos da história da humanidade. Estamos constantemente entre a escassez e a abundância. Entre a lógica linear e a exponenciação. O SER humano vem buscando respostas além da ciência, das tecnologias e da matéria. Buscamos, cada vez mais, o equilíbrio na alimentação, na atividade física, na tão falada inteligência emocional ou na meditação. Olhe para as redes sociais de seus amigos, conhecidos, colegas de trabalho. Em algum momento, vai encontrar em sua *timeline* frases de motivação, fotos de prática de ioga, trilhas ou outros momentos de contato com a natureza. Quando olhamos de maneira holística e sem preconceito, temos a certeza de que existe uma convergência em tudo e de que estamos vivendo modelos ultrapassados.

UMA NOVA ERA DO SER

Muitos acreditam que esta nova era seja apenas um resgate do que já vivemos no passado. Nossos ancestrais já viviam muito mais em comunidade do que a gente vive hoje. Para outros, esta nova era sempre existiu, ou nem deixou existir. Em muitas culturas, países e regiões valorizam-se criatividade, troca, espiritualidade, frugalidade, simplicidade, amor incondicional pela natureza, ecologia, fraternidade, qualidade de vida e sensibilidade.

Prem Baba, em *A transição planetária e seus efeitos em todos nós* (2020), chama este momento de "parivartan", que em sânscrito significa "transformação". Diversas crises como a que vivemos em 2020 e 2021, com a pandemia, despertam a nossa consciência para a transformação do SER.

Mas esta nova era do SER traz consigo não apenas coisas ruins. Pelo contrário, várias coisas boas este futuro – ou melhor, este presente – nos reserva. Por exemplo, a expectativa de vida da população já é maior em três vezes do que num passado recente. A renda *per capita* é maior na mesma proporção. A mortalidade infantil diminuiu na casa de dez vezes. O custo dos alimentos vem reduzindo consideravelmente. Veja o exemplo da comunicação. Eu, Rodrigo Schilling, me lembro como se fosse hoje, quando meu pai entrou na fila para comprar uma linha de telefone celular, ele também teve que comprar o telefone. E o valor pago era em dólar. Hoje, você compra um chip no posto de gasolina, na farmácia, em uma esquina aleatória.

E isso acaba refletindo em tudo, na educação, nas organizações, nas cidades, no mundo. Com essa transformação, surgem novos movimentos, novos arranjos sociais e novas formas de relacionamento que prezam a interdependência e a individualidade de tudo e de todos. Esses são movimentos de ruptura, de evolução, mas também de resgate, principalmente, da nossa ancestralidade, do que é verdadeiro, do que é íntegro e do que é essencial para apenas vivermos.

Frederic Laloux, no livro *Reinventando as organizações* (2017), tem uma frase que nos chama muito a atenção: "Estamos jogando uma partida arriscada com o futuro". Em cidades grandes, por exemplo, damos descarga com água potável enquanto milhares de pessoas morrem de sede, 800 milhões não têm acesso nem a água potável e mais de 2 bilhões não sabem o que é um banheiro limpo. Constantemente, dependemos de fontes de energias não renováveis. Muitos recursos naturais que sempre foram utilizados de forma errônea, hoje, estão se esgotando, porque são consumidos de forma exponencial, e a sua capacidade de reposição é lenta em relação à sua demanda.

Dentre todas as transformações necessárias para alcançarmos a nova era, o novo mundo, a primeira e a mais importante é a nossa consciência de recuperarmos a nossa responsabilidade em sermos humanos. Lembrar que somos parte integrante da natureza e que estamos diretamente interligados e conectados com ela.

Alguns pesquisadores, assim como Carol Dweck em *A nova psicologia do sucesso* (2017), apontam que um novo *mindset* vem surgindo e desenvolvendo um espaço para a consciência de uma nova era. A próxima grande transformação que vamos presenciar, assim esperamos, é o tabu de separar a humanidade com o mundo natural e a noção da economia (lucro, dinheiro, poder, ganância etc.). Esse apontamento reflete diretamente tanto o progresso científico quanto o econômico e suas barreiras no colapso ecológico. Podemos até mesmo aumentar a nossa expectativa de vida, mas onde moraremos? O que vamos comer? Em quais condições climáticas?

E, por fim, para os nossos negócios, onde isso impacta? Se pensarmos que o nosso sucesso está diretamente relacionado ao sucesso dos outros, assim, precisamos do outro para comprar, ou até mesmo para consumir e fornecer. Ou seja, apenas a natureza, com seus recursos limitados, fornecerá esses insumos até quando nosso planeta existir. Ser humano é SER com os outros. Quando entendermos essa nova razão, conseguiremos compreender facilmente que somos uma única coisa. Precisamos mudar nosso estilo de vida, alimentação, produção, organização da sociedade. Esse é o primeiro passo para a transformação.

A partir desse entendimento, as necessidades da natureza, do planeta e das pessoas vão se equilibrar para impactar as demandas do mercado. Um novo estilo de consumo, no qual o luxo será pautado em bens intangíveis como tempo, silêncio, conexão, qualidade do ar e da água. Não temos dúvidas de que encontraremos novas formas de nos apartar a esta nova era, em que o lixo de alguns será o luxo dos outros, tudo isso em prol de uma regeneração da humanidade.

VOCÊ JÁ SE PERGUNTOU POR QUE SER + HUMANO, SER + DIGITAL?

Por causa da aceleração tecnológica e científica, nossa maneira de trabalhar, consumir, viver e nos relacionar vem mudando constantemente. Por mais que tenhamos grandes mudanças no contexto social, cultural, político, econômico e ambiental, a nossa única certeza, até o momento, é de que a humanidade permaneceu igual – não a sua forma de pensar e agir, mas a sua essência humana.

Estamos convivendo no mundo do trans-humanismo. Uma "moda", ou melhor, um movimento sem volta para acelerar, superar e transformar a condição humana por meio da tecnologia, aumentando nossas capacidades físicas, psicológicas, intelectuais e humanas.

Não é de hoje que substituímos órgãos por dispositivos criados pelo homem, possíveis de serem criados em impressora 3D. Há, por exemplo, mão biônica e olhos artificiais, além de nanorrobôs para diagnosticar doenças. Enquanto tudo isso é *prototipado*, estudado e implementado, vamos continuar a conviver cada vez mais com máquinas mais humanas. Em 2016, em matéria exibida na BBC News, a Inteligência Artificial (IA) superou o piloto mais *expert* da Força Aérea Americana em uma simulação de combate. E qual foi o grande diferencial? A capacidade rápida de tomada de decisão.

Boa parte dessas transformações se dá pelo fomento e pelo retratado da geração dos millennials – e, por incrível que pareça, da geração z (aqueles nascidos entre 1995 e 2015) ou da famosa geração da transição. Os millennials vieram ao mundo após os anos 1980 e têm características fortes no contexto de conectividade, consciência, propósito, sustentabilidade, disrupção, performance, fluidez, liberdade e, principalmente, trabalho/emprego. Em 2021, a idade média dessa geração chegou entre 27 e 40 anos. Trata-se, portanto, de boa parte dos nossos colaboradores, consumidores, empresários, empreendedores etc. Em fevereiro de 2020, o portal InfoVarejo publicou um artigo sobre as diferenças de comportamento de consumo entre as gerações e como isso impacta em nossos negócios.

Segundo o artigo, os millennials optam por experiências de uso e de consumo ao invés de TER. Preferem, assim, SER, ou seja, investir seus recursos em viver, e não possuir, muito porque grande parte dessa geração nasceu em meio à crise financeira global e a uma exponenciação tecnológica:

- eles são responsáveis por 54% das compras on-line;
- 22% dessa geração compram mantimentos por meio de aplicativos;
- 63% concluem as transações em seus smartphones;
- 83% deles não se preocupam com segurança durante as compras on-line;
- 60% preferem adquirir marcas genéricas;

- 40% analisam avaliações e depoimentos on-line antes de realizar a compra de qualquer produto;
- 60% permanecem fiéis às marcas que compram;
- 81% da geração esperam que as empresas se comprometam publicamente com causas beneficentes e de cidadania;
- 74% mudariam para um varejista ou marca diferente se tivessem uma experiência negativa no atendimento recebido.

E se remetermos o nosso pensamento à geração Z, que serão nossos consumidores, nossos "chefes", nossos gerentes, nossos empreendedores, nossos diretores do amanhã, como fica essa relação entre a estratégia organizacional, a liderança e, principalmente, a fluidez dos negócios?

A GERAÇÃO DO AMANHÃ (OU SERIA DO AGORA?)

Nascidos entre 1995 e 2015, a geração Z – denominada como a geração que "dita as próprias regras" – configura aproximadamente 25% da população global. Não tenhamos dúvidas de que essa geração será nossa inspiração para mantermos nossos negócios e nossa estratégia no mínimo sustentável por um tempo. É uma geração marcada pela simplicidade, pela comunicação, por valores e por ser ecologicamente correta. Esses indivíduos nasceram em meio a grandes catástrofes mundiais e disfunções ecológicas, bem como incertezas do futuro. Apenas de serem individualistas e divididos, são marcados pela tecnologia, diversidade cultural e fluidez. Ou seja, o diferente atrai, encanta e não expurga.

Essa geração é como aquela do "faça você mesmo", ou seja, aprendem fazendo. São "makers", isto é, assistem a um tutorial no YouTube ou em qualquer outra plataforma de mídia e colocam a mão na massa.

De fato, não é uma geração do TER apenas, e sim da experiência, do propósito do consumo, da origem do produto, da sustentabilidade e de como foi feito. Se essa geração não compactua com os ideais do seu negócio, se os produtos ou serviços estão fora dos valores normais de mercado, ou se a produção é feita em outro país, isso não importa. A inclusão e a igualdade de oportunidades em tudo que é feito, produzido e comercializado são o que há de mais relevante. A geração Z precisa ser cativada:

- 66% querem que as organizações vendam produtos de alta qualidade;
- 45% escolhem produtos e serviços ecologicamente corretos e socialmente responsáveis;
- 61% preferem negócios que oferecem proteção e armazenamento de dados seguros;
- 43% optam por produtos e serviços que fornecem termos e condições claros de como usarão suas informações;

- 65% investigam a origem daquilo que compram;
- mais de 98% preferem fazer compras em lojas físicas;
- menos de um terço se sente à vontade para compartilhar dados pessoais, além de informações de contato e histórico de compras;
- 56% desejam que a experiência na loja seja divertida, para que não fiquem entediados;
- 48% esperam poder trocar ou devolver itens comprados on-line na loja;
- 66% afirmam que visitariam mais uma loja se pudessem verificar a disponibilidade do item com antecedência;
- 39% esperam que as lojas "just walk out" sejam a maioria nos próximos anos, sem a necessidade de interagir com um caixa ou fazer checkout;
- 44% desejam que as organizações usem realidade aumentada ou realidade virtual para aprimorar a experiência de compra;
- 52% usam seus smartphones nas lojas para procurar produtos em outras lojas a fim de comparar preços;
- representa 25% do tráfego total de serviços de alimentação.

Contudo, as empresas precisam ser extremamente dinâmicas, adaptáveis, ágeis e flexíveis para atender à demanda de produtos e serviços pautados no perfil dessa geração. Sobretudo da geração Z, que busca experiência e sentimento de exclusividade. Difícil? Não, porém complexo e intrigante.

COMO LIDERAR A NOVA GERAÇÃO (OU SERIA "COMO LIDAR COM ELA"?)

Essas grandes mudanças, ora alavancadas por pandemias, ora pela mudança de geração, ou ainda por grandes catástrofes naturais, também são desafios para as organizações e seus C-Levels. Diferentemente de tudo que já enfrentaram, as mudanças nas modalidades de trabalho, no perfil dos consumidores e clientes, assim como nas novas cadeias de suprimentos, fazem esses executivos repensarem sua forma de lidar e liderar junto aos seus colaboradores.

Confrontando este momento único, os C-Levels mudaram a forma de liderar expedita e engenhosamente. Essas mudanças podem ter surgido por necessidade, mas, sobretudo, têm um grande potencial para se manterem além da crise. Somente os C-Levels poderão decidir se continuarão liderando nessas novas formas e, ao fazer isso, aproveitar uma oportunidade de desenvolver conscientemente a própria natureza e o impacto de suas respectivas responsabilidades, que é servir como um calibrador-chefe, decidindo a extensão e o grau de mudança necessário. Um bom líder está sempre procurando sinais e ajudando a organização a fornecer respostas ajustadas. Um grande líder verá que este momento é uma oportunidade única de autocalibração, com profundas implicações para as organizações.

As organizações de sucesso dependerão de líderes tão empáticos quanto capazes. A mudança tecnológica, acrescida da transformação digital, torna nosso mundo acelerado em qualquer dia, e circunstâncias inesperadas (como uma pandemia) forçam as empresas e equipes a se adaptarem na velocidade da luz. O que aprendemos hoje sobre as formas de trabalhar será inestimável nos próximos anos, portanto, cabe aos líderes estarem à altura da ocasião. Neste novo momento de adaptação e mudanças, destacamos alguns fatores essenciais quanto à forma de gerir e liderar, os quais serão descritos na sequência.

1. OS LÍDERES DEVEM CONSTRUIR EQUIPES FORTES E COESAS, MESMO COM COLABORADORES TRABALHANDO EM MODALIDADES REMOTAS, OU ATÉ MESMO HÍBRIDAS

Quer as organizações optem por um horário integral, meio período ou um horário híbrido de trabalho em casa, o dia de trabalho padrão das 8h às 18h já é coisa do passado. As empresas reconheceram os benefícios de fornecer aos colaboradores flexibilidade no local de trabalho e, com um aumento na produtividade e uma redução nos custos indiretos, as operações do ambiente de trabalho mudam para melhor.

As organizações vêm buscando ambientes de trabalho mais simples, em que os colaboradores reservam uma mesa, se necessário, e só vêm para uma reunião semanal, quinzenal ou mensal. Com as reuniões presenciais limitadas, os líderes se adaptam a encontrar maneiras criativas de reunir equipes virtuais – o que é muito mais fácil de falar do que de fazer. Se os colaboradores deixarem de se sentirem conectados e valorizados, eles perderão a motivação para realizar.

Recrutar, contratar, treinar e reter os melhores colaboradores também é importante, pois será mais desafiador integrar e cultivar uma equipe unificada se a força de trabalho estiver em constante mudança. Como tal, os novos líderes devem criar programas para garantir que as equipes multifuncionais continuem a trabalhar de forma coesa, por meio de comunicação eficaz, relacionamentos interpessoais, reuniões de grupo e desenvolvimento de talentos.

É revelador quando as empresas apoiam sua força de trabalho, por exemplo, com a promessa de evitar demissões e fazer o que podem para minimizar as dificuldades financeiras, ou se os funcionários sentem que proteger o resultado financeiro é a prioridade número um.

De acordo com uma publicação do *Journal of Cross-Cultural Psychology*, em 2017, pesquisas mostram que apenas um em cada quatro líderes tem altas habilidades de empatia e um estudo conduzido pela Universidade de Michigan mostrou um declínio de 34% a 48% nas habilidades relacionadas à empatia em um período de oito anos. Esse é um desenvolvimento preocupante, visto que a empatia ajuda a construir relacionamentos fortes entre os colaboradores locais e remotos, ao mesmo tempo que motiva as equipes e impulsiona o desempenho. É a hora de as empresas criarem uma cultura mais empática.

É claro que uma cultura só tem credibilidade se cumprir sua promessa em tempos bons e ruins.

Comunicação eficaz e consistente: isso significa aprender as melhores maneiras pelas quais as pessoas gostam de se comunicar, fazendo-o de forma clara e consistente para garantir que as tarefas sejam concluídas de acordo com as especificações de qualidade e tempo. Cabe perfeitamente o senso de empatia, ou até mesmo a prática de um Mapa de Empatia (*vide* Capítulo II deste livro).

Relacionamentos interpessoais genuínos: os colaboradores querem sentir como se seu gestor, seu líder e sua empresa estivessem genuinamente investindo em seu bem-estar geral; portanto, um líder que dedica tempo para ouvir e se importar é a chave.

Reuniões regulares de grupo: realize videoconferências semanais e reuniões presenciais mensais, em que todos estejam presentes com uma agenda para ajudar os colaboradores a entender o quadro geral da estratégia da organização e se envolver com a comunidade da empresa em geral.

Desenvolvimento de talentos e gratidão: mostre apreço por um trabalho bem-feito (por meio de cartões-presente, bônus ou outros incentivos), enquanto reconhece o potencial e muda os colaboradores com base em áreas específicas de força e interesse.

2. OS LÍDERES DEVEM TRANSITAR E GERENCIAR AS MUDANÇAS DE FORMA RÁPIDA E ADEQUADA, ENQUANTO PERMANECEM FOCADOS NA ESTRATÉGIA ORGANIZACIONAL

Os líderes devem ser capazes de transitar por essas mudanças e tudo o mais que possa vir, tanto logística quanto culturalmente, para promover ambientes de trabalho em que cada colaborador, independentemente de raça, origem, religião, *status* socioeconômico, gênero, orientação sexual, idade, saúde etc., sinta-se seguro, protegido e valorizado.

Uma maneira de ajudar a formular planos que permitirão mudanças rápidas e direcionadas é enxergar um negócio por meio de lentes de longo prazo, ou seja, pela estratégia, mas, principalmente, pelo propósito organizacional. Com um objetivo futuro em mente, é mais fácil avaliar o que é prioritário e o que não é, deliberando inúmeros processos e procedimentos. Como as responsabilidades são consideradas com um objetivo final em mente, as mudanças podem ser implementadas e gerenciadas ao mesmo tempo que se promove o propósito de uma organização. A capacidade de entender e processar dados é uma maneira pela qual uma organização pode tomar decisões importantes em relação à mudança (com base em dados e fatos não há argumentos).

Se a análise aprofundada de dados não for uma atividade em que você se sinta confiante, eis aqui uma ótima oportunidade para se preparar por meio de um curso, um programa on-line, aprimorando assim suas habilidades. A importância dos dados tem aumentado há algum tempo, especificamente em marketing, logística, finanças e risco, e esperamos que a necessidade só aumente à medida que os anos passem.

3. OS LÍDERES DEVEM ESTAR CULTURALMENTE SENSÍVEIS E EMOCIONALMENTE CONSCIENTES

O mundo é BANI e o estresse e a ansiedade são altos. Os líderes precisam ser capazes de permanecer adaptáveis e flexíveis, revisando as operações de forma eficaz para atender a ambientes em mudança e reformas abrangentes. O foco deve ser transitar pelas emoções individuais e coletivas com compaixão e empatia. Isso permitirá que as organizações estabeleçam iniciativas que garantirão que cada colaborador e as comunidades a que elas servem possam prosperar de forma sustentável e genuína ao propósito organizacional.

Os verdadeiros líderes os abordarão com integridade e inteligência. Lembre-se de que não é a posição que é importante, mas, sim, o esforço e a motivação para se sair bem – não apenas para você, mas para os outros. Costuma-se creditar ao Dr. Martin Luther King Jr. o seguinte pensamento: "Todo trabalho que eleva a humanidade tem dignidade e importância e deve ser realizado com esmerada excelência".

Como a incerteza reina suprema, a responsabilidade dos líderes de criar visões vívidas do futuro e traçar um caminho claro para o sucesso torna-se mais importante do que nunca. A Microsoft se destaca na criação de uma visão aspiracional que ajuda a orientar tudo, desde a estratégia abrangente da empresa até as ações e motivação de cada funcionário. Em um e-mail divulgado no site da Microsoft NEWS, para os colaboradores, em março de 2020, quando todo o alcance da pandemia estava começando a ficar claro, o CEO Satya Nadella lhes escreveu pedindo para que compartilhassem sua visão, explicando: "durante esse período extraordinário, está claro que o software como a mais maleável ferramenta já criada tem um grande papel a desempenhar em todos os setores e ao redor do mundo".

A visão que Nadella apresentou é, ao mesmo tempo, constante e flexível. Ele passou a descrever como as ferramentas da Microsoft estão sendo usadas na telemedicina, no e-learning para alunos forçados a ficar em casa, no trabalho remoto e para a segurança cibernética, em um momento no qual os colaboradores estão adotando rapidamente novas ferramentas digitais. O mesmo artigo mostrou que na China, a empresa teve um aumento de 500% nas reuniões, ligações e conferências do Microsoft Teams.

Segundo a Revista Época, em 2019, a Business Roundtable, uma organização de CEOs dos Estados Unidos, declarou que as empresas precisam fazer mais do que gerar lucros. Elas precisam de um propósito que sirva à sociedade em geral, desde clientes e colaboradores até fornecedores, comunidades e acionistas. Embora 181 CEOs tenham assinado a declaração, alguns a perceberam como mera conversa fiada e poucas mudanças tangíveis ocorreram.

Poucos meses depois, a ideia de propósito nunca foi tão crucial. Empresas de uma ampla gama de setores começaram a contribuir para encontrar maneiras de virar a maré da pandemia. Nike, LVMH e muitas outras estão mudando sua produção de roupas esportivas e acessórios de luxo para equipamentos de proteção e desinfetantes, adotando movimentos de negócios estratégicos que incorporam elementos-chave de impacto social e cidadania corporativa.

Um propósito pode inspirar as pessoas, mas é apenas uma das várias peças do quebra-cabeça que as ajuda a ter sucesso. O propósito pode servir como uma estrela do norte, mas navegar no dia a dia exige uma comunicação bidirecional robusta entre colaboradores e líderes, seja no escritório ou em duas mesas de cozinha diferentes.

Embora o modelo de comando e controle, que se baseia implicitamente na comunicação unilateral, tenha funcionado razoavelmente bem em ambientes estáveis, é ineficaz para lidar com o aumento exponencial dos últimos anos nos negócios, trazendo os gerentes de volta ao trabalho, especialmente em tempos instáveis. Os líderes não precisam apenas enquadrar os problemas, eles também devem solicitar *feedbacks* e sugestões, e interagir regularmente com as equipes como "parceiros de pensamento".

Há muito tempo os líderes globais já entenderam o desafio de reunir equipes que trabalham em locais diferentes. Com base na ideia de que algumas das conversas mais relevantes acontecem em uma cozinha, a gigante industrial alemã Siemens resolveu esse problema criando um "café virtual" para sua equipe global de RH. Conforme divulgado em 2016 no site da empresa, nesse espaço digital membros de equipes de todos os cantos do mundo podem se encontrar, descobrir novas informações e compartilhar dúvidas e ideias. Esse espaço informal construiu um sentimento de pertencimento e envolvimento, criando uma equipe global verdadeiramente colaborativa.

Muitas empresas que antes não haviam encontrado boas soluções para o desafio de uma força de trabalho dispersa agora têm um incentivo muito maior para fazê-lo. Para os líderes, o desafio é dar direção, fornecer autonomia e focar nos resultados em vez de focar nas atividades, especialmente à medida que o trabalho continua a se tornar mais flexível e distribuído.

MUDAR É PRECISO

A competitividade é a característica ou capacidade de qualquer organização em cumprir a sua missão com mais êxito que outras organizações. Baseia-se na aptidão de satisfazer as necessidades e expectativas dos clientes ou cidadãos, sobretudo orientada pelos seus objetivos e posicionamento estratégico.

Do ponto de vista econômico, uma organização obtém sucesso quando suas ações operacionais condizem com os seus objetivos estratégicos. Por fim, entende-se que a chave do sucesso é aumentar a competitividade empresarial.

Imagine duas organizações concorrentes, ambas do mesmo setor, porém com resultados diferentes. Será que a inovação, ou a evolução do mercado, bem como a competitividade têm relação direta com essa questão? Na verdade, há empresas capazes de criar constantemente produtos, de conquistar novos mercados e continuar a crescer. Listamos na tabela a seguir alguns pontos/questionamentos para que possamos refletir.

Reflexão	Pergunta	Marque Sim ou Não
Preço	O seu preço é igual ao do seu concorrente quando comparado o mesmo produto?	
Novidade	As necessidades dos clientes são atendidas com lançamentos de novos produtos e serviços?	
Performance	A sua empresa trabalha com planos de melhoria contínua para evolução dos produtos e serviços existente?	
Conveniência	Os produtos e serviços da sua empresa trazem facilidade de uso?	
Customização	É possível customizar seus produtos ou serviços ao ponto de atender necessidades específicas de clientes ou usuários?	
Design	O visual dos seus produtos e serviços é diferenciado em relação à concorrência?	

Reflexão	Pergunta	Marque Sim ou Não
Marca/Status	Quando se trata de marca, a sua empresa é referenciada em primeiro lugar comparando-se à sua concorrência?	
Custos	Na utilização ou compra dos produtos e serviços, seus clientes notam ou reduzem custos?	
Riscos	Em relação a sua concorrência, seus produtos e riscos minimizam os riscos quanto ao uso?	
Acessibilidade	Seus produtos e serviços são acessíveis para outros clientes que nunca obtiveram relação com sua empresa?	
Conhecimento	Os produtos e serviços desenvolvidos por sua empresa exigem conhecimento específico nos processos de produção?	
Processo	Seu cliente final identifica melhorias em seus processos quando adquire seus produtos e serviços?	
Modelo de negócio	A proposta de valor dos seus produtos e serviços é diferenciada em relação aos seus concorrentes? Esse valor é percebido pelo cliente?	

Tabela 1 – Sua organização está preparada para criar valor pela inovação?

Alcançar resultados diferentes daqueles já atingidos, aumentar a produtividade e atrair novos clientes em um mercado saturado são conquistas que não podem ser alcançadas por meio de uma receita pronta. Pensar em oxigenar novos conceitos e trocar experiências pode ajudar sua empresa a aumentar sua receita e competitividade.

Imagine agora um setor ou indústria que está sofrendo uma disrupção, transformado rapidamente pelas inovações e novas tecnologias, cujos efeitos já são absolutamente visíveis e até catastróficos em seus mercados. O que fazer para reverter esse cenário? O que pode ser feito para parar de buscar culpados e unir esforços para possíveis soluções?

Para que, de fato, haja essa transformação, é preciso entender as forças internas e externas à organização. Não há mais como utilizar velhos mapas e bússolas ao se navegar por novos mares. Mares estes, inclusive, ainda desconhecidos. É preciso uma quebra de paradigma quanto ao uso de métodos e ferramentas, ou seja, o seu arsenal estratégico precisa ser renovado. E para isso nada melhor que a adaptabilidade e a agilidade organizacional a fim de obter resultados extraordinários no mercado. Por vezes, será necessário repensar o modelo de negócio, passando por uma reestruturação e experimentação constante entre objetivos estratégicos traçados durante o planejamento, e ações operacionais realizadas durante o dia a dia. Quando você dispende muita energia para manter o processo dentro de um roteiro predefinido, deixa de focar no que realmente é importante. Seguir uma metodologia rígida em um mundo em transformação contínua pode não mais fazer sentido.

O QUE É BANI? METODOLOGIA, MOMENTO, MODA OU UM NOVO CENÁRIO GLOBAL?

O conceito BANI (*brittle, anxious, non-linear, incomprehensible* – ou seja, "frágil", "ansioso", "não linear" e "incompreensível") se torna mais presente, e isso impacta diretamente na maneira como pensamos e agimos estrategicamente.

Quando nos preocupamos somente com as tendências e esquecemos a essência, é como se quiséssemos apenas vender e vender, ganhar e ganhar, e acumular mais e mais, esquecendo o que, de fato, importa para nossos clientes e usuários. Pautado nesse pensamento, os empreendedores acabam atuando em mercados semelhantes ao da concorrência, diferenciando-se apenas por preço. Por vezes, acabam esquecendo da qualidade, da experiência de compra e, quiçá, da percepção dos clientes.

Somente quem estiver disposto a servir de fato será capaz de entender a real necessidade do seu público para então simplesmente satisfazê-lo. Muitos negócios e organizações vão precisar mudar rapidamente para "sobreviver" a essa mudança de comportamento.

Quando falamos de sonhos, ou de amor, para alguns parece soar como bobagem, mas não é. O sonho é o primeiro passo em um relacionamento, pois com uma pessoa, um negócio, uma marca, primeiro vem a projeção e depois a identificação. Quanto mais servimos aos outros, maiores são as chances de recebermos. Quanto mais ajudamos a realizar os sonhos dos outros, maiores serão as chances de realizarmos os nossos sonhos. Será que realmente precisamos mais do mesmo? Ou de fato precisamos de profundidade, de negócios, ofertas, que tenham propósito e que entendam que nosso papel vai bem além de apenas vender? Acredite, quando nos atraímos ou sentimos afinidade por alguma coisa, é porque os valores que sentimos presentes ali são mais claros neles do que na nossa mente.

Infelizmente, muita gente vende mal e acaba queimando o filme. Mas assim como existe o vendedor ruim, o vendedor antropocêntrico, que só está interessado em vender mais e mais para encher o bolso, existe também o vendedor que realmente "atende" ao cliente, que compreende a venda como um serviço valioso, em que ambos saem ganhando. O que mais temos visto por aí?

Para reverter esse quadro, os negócios, as organizações precisam estabelecer um compromisso definitivo com a criação de valor para as pessoas. Em vez de seguir os concorrentes, para garantir vantagem competitiva sustentável no longo prazo, elas terão de superá-los no que diz respeito à entrega de valor. Cada vez mais o propósito de um negócio é o que vai conectar com o seu público-alvo. Ele será o ativo mais importante na personificação de uma solução, ou de uma oferta. A comunicação, que antes era em cima do *lifestyle*, passará a representar o propósito, e não somente a maneira como se comporta o negócio. Por exemplo, uma organização do setor têxtil não apenas produzirá roupas, venderá a sua marca, mas, sim, cuidará dos rios, do mar, nos quais está sujeita a impactar.

Está por mudar, tudo muda o tempo todo e este é apenas mais um ciclo. Está claro que agora as transformações precisarão ser diferentes, mais profundas. Nem as ciências, o Estado ou as religiões, ninguém dará conta de resolver sozinho o impasse a que chegamos. Agora, as transformações precisam ser de dentro para fora. Negócios com propósitos só poderão ser construídos por pessoas com propósito. Então, se existe um novo sentido a ser buscado ou recuperado, está mais do que na hora de agir.

São nossas ações que determinam nosso futuro. E a cada instante temos a chance de escolher entre ações que nos afastam e que nos aproximam da nossa própria liberdade. É o que determina nossa jornada aqui na Terra. De acordo com o nível de aceitação da nossa liberdade, da nossa capacidade de criar, confiar, da vontade de sonhar e realizar, pode ser uma jornada de herói ou vítima da revolução.

A jornada de vítima é a de quem se culpa demais, se arrepende demais, se boicota demais, não acredita que existe espaço no mercado, que se sente em posição inferior ao outro e que, por isso, é sempre a bola da vez das demissões em massa, dos cortes de custos ou das crises da sociedade.

A jornada do herói é a de quem se coloca como protagonista importante da criação da sua vida, do seu espaço, das suas forças, da sua imagem, acreditando nos seus "superpoderes". A energia aqui se volta para dentro de si, e o mundo interior revela a riqueza da sua orientação. O herói trilha o caminho das perguntas, do indagar.

Estamos aqui para ajudar a criar o mundo. Experimente, então, gastar a mesma energia que você tem empregado para correr atrás de dinheiro no sentido de descobrir o seu propósito pessoal, revelar e cultivar seus talentos para servir ao outro e à criação de um novo mundo. Não tem como ser diferente: se fizer dessa forma, o dinheiro virá, e a quantidade dependerá do quanto você conseguir realizar seu propósito e estiver aberto a receber.

Nesse cenário de fluxo radical, as organizações devem se adaptar. Perda de flexibilidade significa perder vantagem competitiva. Conforme a previsibilidade e a estabilidade se tornam mais elusivas, a necessidade de estratégias inteligentes aumenta. Sem uma abordagem estratégica sólida, a adaptabilidade torna-se quase impossível. Com adaptabilidade, você pode sentir o que a mudança pressagia e evoluir conforme necessário. Uma boa adaptação depende de uma estratégia eficaz, e isso requer aprendizado constante.

A maioria das pessoas se sente confortável quando tudo ao seu redor é estável, certo, simples e claro. Reagir a eventos imprevistos – como o 11 de setembro de 2001, ataques terroristas ou a crise financeira mundial – com dissonância, entropia e desengajamento parece perfeitamente apropriado.

A mudança é constante. Analise sua empresa de forma crítica e pergunte se parte de seu desenho organizacional pode estar desatualizado. Kodak, Nokia, Dell e Blockbuster prosperaram devido às suas magnitudes e influências. Mas esses fatores também as tornaram pesadas e lentas – o exato oposto do que é necessário no ambiente de negócios atual. Se sua organização é complicada demais e obcecada por objetivos, observe como as organizações de tecnologia lidam com o desconhecido e o imprevisto. Não eduque seu pessoal com o treinamento de liderança do velho mundo, baseado em capacitação, estilo de liderança e equipes de alto desempenho. Procure ideias mais novas e frescas para desenvolver as pessoas em sua organização.

Muitos indivíduos usam o termo "BANI" para descrever as mudanças no mundo dos negócios. Familiarize-se com cada um de seus quatro componentes:

- Fragilidade (B – *Brittleness*): recentemente, as circunstâncias nos mostraram que o mundo é frágil. De repente, pode aparecer um vírus, os concorrentes podem mudar a lógica do mercado ou uma falha do outro lado do mundo pode afetar nosso continente. Nesse caso, o trabalho não é mais garantido, o cargo não é mais sinônimo de segurança e as mudanças de carreira são comuns.
- Ansiedade (A – *Anxiety*): a frágil certeza do sistema nos deixa ansiosos. Precisamos tomar decisões rapidamente, porque qualquer tempo perdido parece nos deixar para trás. No ambiente BANI, a diferença entre o sucesso e o fracasso pode estar no tempo de resposta aos pontos fracos que enfrentamos.

- Não linearidade (N – *Nonlinearity*): em um ambiente não linear, as tomadas de decisão podem ter reações catastróficas. Pense que quando há não linearidade, um grande esforço pode não condizer com o resultado esperado. Os resultados, muitas vezes, demoram meses para se apresentarem viáveis, pois, nada mais é certo, e, obviamente, o Planejamento Estratégico também sofre sob essas circunstâncias.
- Incompreensibilidade (I – *Incomprehensibility*): imagine a quantidade de dados e milhares de informações que temos acesso diariamente. É de fato incompreensível tentar estar atento a tudo e a todos. Somos humanos e sofremos naturalmente com uma sobrecarga, no que resulta em incompreensibilidade. Nada mais é óbvio até que se diga e se comprove que é óbvio. A todo momento inúmeras ideias são geradas e conceitos são revistos e mudamos. Tudo acontece em uma velocidade que é difícil de acompanhar e de entender.

Use o BANI como uma ferramenta para examinar as mudanças ao seu redor. Aceite que a mudança está realmente acontecendo. A maioria das pessoas não gosta de mudanças e prefere que aconteça com todos, menos com elas. Ser honesto sobre seus sentimentos em relação à mudança o ajudará a aceitá-la. Reconheça que a taxa de mudança está se acelerando. A Lei de Moore descreve a duplicação da capacidade de computação a cada 24 meses. Reconheça que o crescimento exponencial afeta você e sua vida profissional.

Compreenda a natureza da mudança. Por exemplo, o autor Nassim Nicholas Taleb, em 2010, descreveu as consequências de eventos improváveis em previsões comuns e entendimentos tidos como certos em seu livro *A Lógica do Cisne Negro*, que postula que "só porque você nunca viu um cisne negro antes, não significa que não existe".

Em um ambiente BANI, você não pode chegar a uma estratégia viável sem fazer as perguntas certas. Se você acha que sabe as respostas, mas não fez as perguntas pertinentes e difíceis, tome cuidado para não cair em um modelo mental fixo, que, absolutamente, não é uma estratégia. As perguntas certas confrontam suas suposições tácitas e as abrem para novas ideias. Reunir um grupo seleto de funcionários para formular estratégias e planejar, muitas vezes, gera um diálogo interno sem sentido: "Quem está fazendo o que a quem?", "Por que fulano foi promovido ou não?", e assim por diante. Trazer especialistas externos pode ajudar sua equipe a criar estratégias. Esses especialistas abordarão suas preocupações concentrando-se no ambiente externo no qual operam seus concorrentes e clientes. Armado com seus *insights* e objetivos, você faz um trabalho melhor ao determinar como sua organização pode se adaptar com sucesso às circunstâncias em constante mudança.

Muitas organizações falham em planejar e definir seus resultados estratégicos de forma adequada. Isso produz uma estratégia insípida que é pouco mais do que listar objetivos e termina com uma "declaração de tamanho único" que pode ser aplicada a qualquer empresa. Concentre seu planejamento na criação de valor para sua organização, clientes e investidores específicos. Você ganha no mercado quando agrega mais valor do que seus concorrentes.

Comando e controle, agora ultrapassados, significavam, entre outras coisas, que apenas os altos executivos de uma organização se envolviam em sua estratégia. Isso não era pensamento inteligente no passado e não é pensamento inteligente hoje. Sim, os executivos seniores devem iniciar a estratégia organizacional, mas essa é apenas a primeira fase. Depois disso, cada gerente em todos os níveis deve adaptar a estratégia geral ao seu domínio de responsabilidade. A coesão estratégica é essencial para que a organização forneça valor genuíno. Elas trabalham juntas. A estratégia não existe no vácuo; é parte inseparável da liderança. A liderança tem três pilares: "liderança intrapessoal" para governar a si mesmo, "liderança estratégica" para liderar sua organização e "liderança interpessoal" para guiar outras pessoas.

COMO O BANI AFETA O PLANEJAMENTO ESTRATÉGICO DAS ORGANIZAÇÕES

Martin Luther King Jr. clamou que a sociedade precisava de uma revolução de valores. Seria então um simples pedido de socorro por uma nova consciência planetária, para nos relacionarmos com o outro e a natureza de forma diferente? Um clamor à consciência de que tudo o que temos é finito – principalmente os recursos naturais e os recursos humanos – e de que somos extremamente dependentes de tudo e todos?

Várias pessoas acreditam que a melhor forma de resolver a tão falada crise – aliás, sempre estaremos em crise, caso não mudarmos nossa consciência – é incentivar o consumo para resgatar a prosperidade do passado. Se realmente a economia melhorar e o tão estimado crescimento voltar, não vai durar muito tempo, pois logo ali na frente vamos encontrar uma barreira, ou, quem sabe, a mesma barreira: os recursos necessários para continuar girando o carrossel estarão bem mais raros e caros. Então, como trata-se de um carrossel, sentimos informar, ele dará voltas e voltas, cada vez mais e, como sempre, mais rápidas. Estamos levando a vida como se fôssemos máquinas, mas não somos, por isso estamos sofrendo tanto, e o mundo também; afinal, somos um ecossistema.

Com toda a certeza, pela frente virão novas revoluções, e quem não estiver disposto a trocar de lógica (esta lógica herdada da Revolução Industrial – linear, centralizada, especialista, desconectada e competitiva) e se conectar com uma nova consciência será queimado e engolido pelo próprio ego que ajudou a criar.

Conforme Luiz Mauro Sá Martino, no livro *A Teoria das Mídias Digitais* (2014), na década de 1960, um polonês chamado Paul Baran sugeriu que as estruturas da sociedade estavam mudando e precisaríamos pensar em novas conexões e possibilidades, para, assim, mudar o todo. Baran representou as estruturas sociais com os seguintes diagramas:

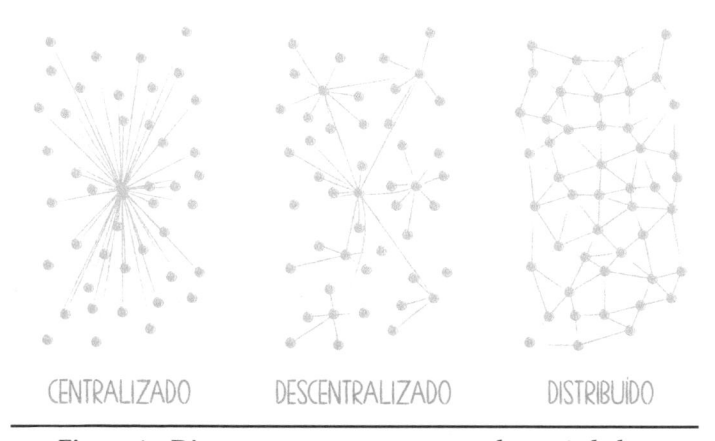

Figura 4 – Diagramas para as estruturas das sociedades.

O primeiro diagrama – CENTRALIZADO – traduz o momento em que todas as coisas no mundo eram concentradas e distribuídas de um único ponto para muitos. Remeta seu pensamento às literaturas passadas e verá que assim eram os reinos, feudos, senhores feudais e os governos, e o que mais existia na época. Com o crescimento do nível de consciência, esse modelo foi se fragmentando, dando origem ao segundo diagrama da figura – DESCENTRALIZADO –, representando a estrutura de quando a sociedade moderna descentralizou tudo e todos, formando pequenos núcleos ligados por pequenos nós. Com esse modelo surgiram os departamentos, os grupos, as escolas, as mídias, as novas religiões etc., transformando, de fato, e pela primeira vez, as relações e as distribuições de tudo entre nós.

Por fim, o terceiro diagrama – DISTRIBUÍDO –, ou, conforme consta em outras literaturas, "rede distribuída" ou simplesmente "rede", representa o momento em que estamos vivendo. Nesse modelo, todos os nós estão conectados na forma de uma grande rede distribuída, possibilitando muito mais acesso à informação e ao poder. A ampliação do nosso nível de consciência é favorecida para podermos nos conectar com pessoas com as quais nos identificamos, com que temos afinidades de valores e propósitos, em que cada um é parte de um todo maior.

O diagrama de Baran derruba o mito da concorrência, de que as pessoas são individualistas, egoístas e competitivas por natureza. Mas Baran é pouco – ou nada – lembrado nas escolas, nas quais são pregadas teorias de Charles Darwin, as quais afirmam que competimos para sobreviver. "Seja o mais forte, o nº 1 e vença." Quem nunca ouviu isso?

Quem nunca sentiu como se estivesse numa corrida de obstáculos? A mensagem do sistema descentralizado é que seríamos máquinas de interesse próprio e nada mais do que isso, o que só criou mais e mais separações. Dessa forma, não criamos uma consciência coletiva, mas individualista – e, com ela, um mundo de escassez.

A vida humana é um ecossistema. Quando você pensa assim, sua ótica muda de "EU" para "SOU". Sou parte disso tudo e quando protejo o outro e cuido dele, eu me projeto e cuido de mim mesmo; afinal, sou o ecossistema. O que você faz pelo mundo volta para você, porque você é o mundo – daí a importância do propósito coletivo.

Você pode divergir dessa opinião, mas ninguém é feliz sozinho. Ninguém brinca sozinho, ninguém nasce sozinho, ninguém é igreja sozinho, ninguém é sociedade sozinho, ninguém faz amor sozinho. É urgente relembrar e reviver que somos todos um e estamos conectados em rede.

Isso tem tudo a ver com a teoria de sistemas e redes distribuídas, e nos traz uma série de novas oportunidades e possibilidades. Mas não se engane, pois também traz uma série de responsabilidades. Sua felicidade é a minha. Seu crescimento é o meu. E se alguém ou algum pedaço dessa rede está morrendo ou está mal, isso afeta a todos. E esse mal é capaz de derrubar a rede. Para mantê-la saudável, precisamos tomar decisões baseadas na sustentabilidade não só econômica, mas também ambiental e humana.

Aprender é um dos maiores desafios e oportunidades que uma organização pode ter. A sua capacidade de aprender está diretamente relacionada à sua agilidade em se modelar e se adaptar rapidamente às novas estratégias organizacionais.

Assim, a *Agile Strategic* (**Agilidade Estratégica**) nasce como uma nova abordagem para desenvolver o Planejamento Estratégico de forma ágil e adaptativa. Fazendo com que os níveis táticos entendam os *drivers* estratégicos advindos do corpo tático da organização, traduzindo-os e desdobrando-os em planos operacionais junto aos times de base, resultando, de forma colaborativa e eficiente, na obtenção de resultados esperados.

O sequenciamento padrão na criação de um plano estratégico se dá desta maneira:
1. Definição da Missão.
2. Definição da Visão.
3. Definição dos Valores.
4. Análise Competitiva.
5. Análise SWOT.
6. Definição do Posicionamento Estratégico.
7. Desdobramento da estratégia em projetos, ações e metas.
8. Monitoramento e acompanhamento.

Agora, vamos analisar como um contexto BANI afeta cada um desses processos.

Etapa	O que mudou?
Definição da Missão. Definição da Visão. Definição dos Valores.	Que tal trocar Missão, Visão e Valores, por Propósito Organizacional? Ou até mesmo por uma Imagem que represente a essência da sua organização. Veja o conceito e os métodos IKIGAI e Points of You no Capítulo II.
Análise Competitiva. Análise SWOT.	Que tal trocar a Análise Competitiva e a Análise SWOT por Visualização e Design Organizacional? Veja o conceito e os métodos OCEANO AZUL e Análise de Horizontes Estratégicos no Capítulo II.

Etapa	O que mudou?
Definição do Posicionamento Estratégico.	Que tal trocar o Posicionamento Estratégico por Organizações Exponenciais? Entenda a Evolução do Posicionamento Estratégico e o conceito de Business Experience no Capítulo II.
Desdobramento da estratégia em projetos, ações e metas.	Que tal realizar este desdobramento clássico de objetivos em projetos e processos por meio de uma abordagem ágil? Veja o conceito de SCRUM, Retrospectiva e OKRs no Capítulo II.
Monitoramento e acompanhamento.	Que tal realizar o monitoramento e o acompanhamento de forma dinâmica? Você pode utilizar os conceitos de OKRs, KPIs e Design Sprint para melhorar efetivamente a sua gestão. Veja no Capítulo II esses e outros métodos.

Tabela 2 – Como o mundo BANI afeta o planejamento estratégico.

Conclusão: o mundo BANI chegou e todos estão tocando violino no *deck* do Titanic. É bem provável que o fim da era do Planejamento Estratégico não seja uma surpresa para você. Mas como atuamos estrategicamente em um mundo BANI? É possível? Sim, e elencamos algumas sugestões.

A estratégia deliberada normalmente é conhecida como estratégia organizacional clássica. Nesse modelo de estratégia, utilizamos um plano que orienta como os objetivos estratégicos se darão ao longo do tempo. É constituída em dois grandes passos, sendo o primeiro passo a execução, na qual a organização antecipa os acontecimentos do meio. Já o segundo passo é um plano de ação prévio para responder a estes eventos do meio de forma a potencializar seus resultados.

Por fim, uma estratégia emergente é pautada nas ações do dia a dia, ou seja, nas tomadas de decisões diárias. À medida que essas ações se tornam consistentes e formam um padrão, podemos dizer que temos uma estratégia definida. Por exemplo, se em todas as compras da sua organização você solicita 10% de desconto, temos aqui uma configuração de estratégia de compras definida. Vale ressaltar que não há necessidade de intenção consciente e variavelmente há uma diretriz que está sendo ignorada.

O NASCIMENTO DA ERA CAÓRDICA

Cinco anos após o lançamento de *Nascimento da era caórdica*, Marc Halévy lançou o livro *A era do conhecimento*, no qual chama esse novo ciclo de era noética. O nome tem origem do grego: "*noos*", que significa conhecimento, inteligência, espírito. Na era noética, os modelos matemáticos e racionais se misturam com metamodelos qualitativos, intuitivos e visionários para criar uma nova ética, uma mudança radical de valores da sociedade, na qual os deveres sobrepõem-se aos direitos – pois diante de todas as informações e de todo o conhecimento que alcançaremos, vamos nos tonar mais conscientes. É aqui que entra a sabedoria, ou seja, a consciência do conhecimento, transformando e transpondo a sociedade em qual vivemos.

Já Prem Baba, que é um mestre da linhagem espiritual sachcha, do norte da Índia, em seu último livro, *Amar e ser livre* (2015), ressalta que "as bases de uma nova sociedade chamam esse momento que estamos passando de 'parivartan', que significa 'transformação' em sânscrito".

O fato é que tanto Halévy quanto Prem Baba deixam claro que a nova riqueza será cognitiva e cultural, imaginativa e artística. O capital essencial de amanhã não será o dinheiro. Será o talento, bem como a inteligência, a intuição e a imaginação. E isso muda toda uma sociedade, toda uma geração. Na educação, na empresa, nos negócios, na cidade e no mundo. A sociedade do conhecimento e da consciência tomará o lugar da velha sociedade industrial e capitalista.

Na era do capitalismo consciente, quanto mais as organizações realizarem seus propósitos, mais elas vão faturar. No entanto, se uma organização busca maximizar seus resultados apenas para encher os bolsos de dinheiro, sem se preocupar com a saúde de todo o ecossistema, essa negligência pode voltar de forma negativa e potencializada a longo prazo. Por meio da insatisfação dos clientes, falta de comprometimento e infelicidade dos colaboradores, os lucros são, com certeza, insustentáveis.

Pare imediatamente esta leitura e acesse uma rede social. Com certeza, você se deparará com fotos de meditação, natureza, mensagens de autoajuda e outros registros de contato com a natureza. Mesmo que as pessoas não se deem conta ou muitas vezes estejam somente acompanhando uma modinha, a transformação do SER tem valor. Há grandes mudanças acontecendo e muitos movimentos e tribos se formando, como os de desescolarização, consumo consciente, apoio ao empreendedorismo, à colaboração, à busca e à realização de sonhos. Muito menos os pesquisadores, os filósofos, os idealistas compreenderão sozinhos o momento. Nem as ciências nem o Estado ou as religiões darão conta de resolver sozinhos o embaraço a que chegamos. Os nossos sentimentos mais genuínos farão com que repensemos "por que", "como" e "o quê" estamos fazendo enquanto empresas, negócios ou indivíduos. Se não transformarmos dentro, não conseguiremos transformar fora.

Acreditamos realmente que são as pessoas que movem o mundo. Se formos capazes de educá-las, instruí-las, transformá-las ou ao menos ampliar sua consciência e sua sabedoria, a solução um dia chegará. Olhe esse movimento do SER na alimentação, por exemplo, cada vez mais ganhando força. Não pode ser apenas modinha, concorda?

Estamos sendo encorajados não só a sermos mais autênticos, como a nos transformar em protagonistas da experimentação de tudo o que há no mundo. Só que por meio de um modelo mental evoluído, mais consciente, em que não precisamos somente comprar, adquirir, ter. Isso favorece diretamente a economia compartilhada, uma nova mentalidade de consumo em que não é preciso mais comprar para usufruir. Pode-se pegar emprestado, alugar, trocar, ou simplesmente viver.

Se tempo custa dinheiro, faça uma reflexão: inverta o sujeito e verá que o que estamos gastando é tempo de vida. Imagine o tempo que você gasta acumulando dinheiro. Será que pagamos com dinheiro ou com tempo de vida? Mas tem um detalhe nessa história: tudo se compra, menos a vida. A vida se gasta. Então, leve consigo esta pequena reflexão: antes de comprar alguma coisa, pergunte-se: "Realmente eu preciso TER isso?"

A sociedade precisa de um novo tipo de organização com base em propósitos compartilhados e valores da comunidade. Esse novo modelo extrairá as aspirações mais elevadas das pessoas. Essa organização é caracterizada pela falta de um destino objetivo ou específico, ela se orienta pela sua "causa". Ela existe em um estado de servir. Começa com uma busca intensiva por objetivos e depois desenvolve princípios, atrai pessoas e esclarece seu conceito antes que possa estabelecer uma estrutura e práticas para os membros usarem.

Criar uma organização caórdica não é um processo linear. É preciso pensar nesses três elementos – pessoas, processos e tecnologia – como um tipo de lente através da qual aqueles que criam a organização examinam porque ela é necessária e como ela pode se desenvolver.

Uma organização caórdica não pode ter lucro como objetivo. Embora o lucro possa ser um objetivo ou uma necessidade, o foco deve ser um bom propósito que traga benefícios ou valor à comunidade. Os princípios da organização – representando suas "aspirações comportamentais" da comunidade – devem então ser desenvolvidos com base nesse objetivo. Esses princípios afirmam as crenças básicas dos participantes sobre como todos os envolvidos se comportarão. Esse ideal ético e moral de como agir reflete na estrutura e na prática.

Embora os líderes possam orientar esse processo, eles não podem criar o propósito e os princípios sozinhos, impondo e forçando as pessoas a participarem. Em vez disso, os líderes devem agir para inspirar ou evocar essas ideias sobre propósito e princípio das "mentes e corações" dos membros da comunidade. Embora esses propósitos e princípios não possam ser plenamente realizados, uma vez que representam ideais, eles fornecem um sistema orientador de crença para inspirar a ação.

Essa organização atrairá as pessoas de que precisa para ter sucesso, uma vez que elas se aproximarão por seus ideais de propósito, princípios, conceito e estrutura. De certa forma, essa organização ajudará a liberar o espírito, comprometimento e engenho das pessoas.

Esse novo tipo de organização caórdica precisa de um novo tipo de líder que induza ou influencie o seguidor a segui-lo, não o obrigando pela força, pela necessidade econômica ou por um acordo contratual injusto. O comportamento forçado é a base da tirania, mesmo que benigna. Em vez disso, um verdadeiro líder deve liderar, simbolizando, legitimando ou fortalecendo o comportamento que os membros da comunidade desejam. Ele deve ajudar a dar voz e orientação aos membros da comunidade que almejam ser liderados de certa maneira.

As visões atuais de gerenciamento estão erradas, pois são "voltadas para baixo". O gerenciamento à moda antiga focava em gerenciar, exercendo autoridade de controle sobre seleção, motivação, treinamento, avaliação, organização e direção. Em vez de seguir esse modelo autoritário, o gerente deve primeiro gerenciar a si mesmo, o que significa gerenciar sua própria integridade, caráter, ética, conhecimento, sabedoria, temperamento, palavras e atos. Somente quem pode se autogerenciar é adequado para exercer autoridade sobre os outros. Além disso, um gerente deve ser responsável por gerenciar seus superiores para obter seu consentimento e apoio, e por gerenciar seus colegas para conseguir apoio, respeito e confiança. Então, se os funcionários do gerente se autogerenciam de maneira semelhante, sua responsabilidade passa a reconhecê-los e recompensá-los adequadamente e ficar fora do caminho do desenvolvimento deles.

Essa visão de liderança e gestão é baseada na premissa subjacente de que todos têm o potencial de ser um líder, pois todos nós nascemos líderes; isto é, até sermos obrigados a ir à escola e aprender a ser gerenciados e a gerenciar. Por sua vez, aproveitando a nossa capacidade natural de liderança, o verdadeiro líder pode induzir todos a fazer muito mais.

COMO TER AGILIDADE EM UM MUNDO 4D?

Se a velocidade de resposta, o crescimento e os resultados são os critérios-chave para avaliar a agilidade, como dissemos nos agradecimentos deste livro, então como as organizações os atendem? Ao contrário da caricatura bidimensional da agilidade retratada por alguns, a agilidade prática é experimentada em 4D: direção, dados, design e delivery (entrega), conforme representado na Figura 5.

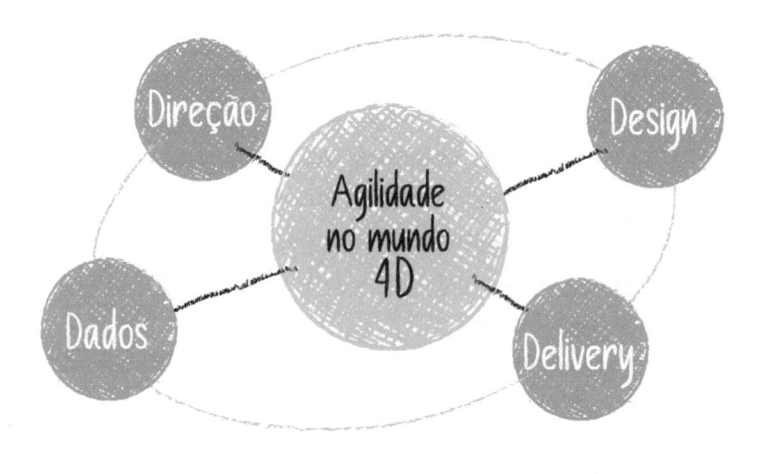

Figura 5 – Agilidade prática e experimentada.

Elemento	Descrição
Direção	Ter um propósito organizacional claro, estrutura de governança e liderança garante que você seja consistente na forma como se adapta. Determina o que e como adaptar (adaptabilidade) e parametriza como essas mudanças são feitas (controle).
Dados	A agilidade consome muitos dados – exige inteligência organizacional sistemática (interna) e de mercado (externa) para entender quando e como se adaptar. Isso não significa necessariamente dados mais volumosos, mas significa dados mais relevantes, reunindo o insight certo e os tomadores de decisão, independentemente de níveis, funções e limites organizacionais. Também requer um ritmo diferente para a gestão do desempenho organizacional e a tomada de decisões estratégicas.
Design	Não há agilidade sem flexibilidade operacional, e isso requer que essa flexibilidade seja projetada no modelo operacional e na própria cultura organizacional. Determina até que ponto uma organização pode responder rapidamente (velocidade de resposta) e se adaptar às mudanças (adaptabilidade). Discutimos o conceito de "Dinamismo por Design", o método pelo qual a agilidade é projetada na organização e que discutiremos no Capítulo II deste livro.
Delivery (Entrega)	Em um mundo cada vez mais VUCA ou BANI, aqui deixamos você escolher o seu acrônico favorito. A barreira tradicional impermeável entre estratégia e operações precisa se abrir para uma nova osmose gerencial à medida que a agilidade se alimenta da ação: testar, aprender e adaptar. A entrega é um diálogo entre você (líder), sua equipe, seus clientes, seus fornecedores, outras partes interessadas importantes e entre sua estratégia e sua realidade operacional. O aprendizado que isso proporciona impulsionará sua capacidade de resposta e adaptabilidade por meio de sua governança (controle).

Tabela 3 – Agilidade prática e experimentada.

Aqueles que estão familiarizados com as discussões sobre o pensamento ágil podem sentir que outros elementos estruturais ou procedimentais merecem discussão aqui, como iteração, flexibilidade estrutural ou decomposição, integração de funções, cultura, foco de aprendizagem, inovação, destruição criativa, melhoria contínua ou modelos orçamentários inovadores. Todos eles podem desempenhar um papel – e abordamos vários deles neste livro –, mas são essencialmente coadjuvantes do elenco em uma produção com quatro atores principais: direção, dados, design e *delivery* (entrega). Além disso, a agilidade não pode ser uma simples sobreposição em uma organização. Deve ser infundida através dela. No entanto, embora esteja ganhando terreno em algumas áreas – principalmente no desenvolvimento de *software*, de onde se originou, e em algumas *startups* –, estamos muito longe de vê-lo implementado de forma consistente e com sucesso em empresas estabelecidas e que usam um modelo mais tradicional de arquitetura organizacional.

A estratégia é o mecanismo ideal para criar agilidade, dado o seu papel virado para o mercado e voltado para a organização. No entanto, dois relatórios publicados em 2017 – um pelo Project Management Institute e o outro pelo The Economist Intelligence Unit – revelam que mais de uma em cada quatro (28%) de todas as iniciativas estratégicas falham em cumprir seus objetivos originais e intenção de negócios, com agilidade insuficiente identificada como uma das três principais barreiras para a implementação bem-sucedida da estratégia. A responsabilidade pelo fracasso é normalmente atribuída às escolhas estratégicas e às implementações inadequadas. Nossa experiência, adquirida através do trabalho com uma ampla gama de empresas nos últimos 20 anos, confirma que esses são, em muitos casos, sintomas – a verdadeira questão está na própria maneira como a estratégia é definida e gerenciada.

A NECESSIDADE DE AUTOGESTÃO E ACORDO

As organizações caórdicas também devem ter acordo e autogestão. As pessoas precisam alcançar acordos mútuos que contenham a essência da organização e a essência da autogovernança. As organizações existem apenas à medida que as pessoas concordam em participar delas e, assim, se organizam. Uma vez reunidos com base nesses acordos, a gerência não pode especificar esses relacionamentos com precisão, como pode ser desejado pela ciência ou descrito em um contrato. O melhor que podemos fazer é descrever a intenção, o senso de direção e os princípios de conduta.

É impossível tentar explicar todos os detalhes – e, na prática, eles nunca são os mesmos que os especificados em um contrato. A certeza e o controle mecânicos que os gerentes podem querer não são alcançáveis. As relações sociais são complexas demais para haver acordos sobre detalhes. Ao contrário, uma vez que as pessoas tenham um objetivo e princípios compartilhados, os tipos apropriados de ações para apoiar uma organização com esses objetivos emergirão desses ideais. Por sua vez, precisamos adotar essas ideias sobre acordo e autogovernança, já que as pessoas procuram desesperadamente um senso renovado de comunidade.

As organizações precisam ser mais responsivas a mudanças rápidas e mais espontâneas. A crescente velocidade da mudança pode ser observada em toda a sociedade, no que pode ser visto como a redução da necessidade de planejamento estruturado e rígido.

APRENDIZADO

- As organizações de comando e controle são cada vez mais irrelevantes na sociedade complexa e diversificada de hoje.
- Todos os sistemas complexos e adaptativos "existem à beira do caos". Eles têm a capacidade de se auto-organizar para criar ordem.
- Novos tipos de organizações caórdicas (caos equilibrado e ordem) devem se basear em um objetivo compartilhado que atraia as aspirações mais elevadas das pessoas.
- A formação de uma comunidade começa com um propósito.

- Três elementos – pessoas, processos e tecnologia – permitem que aqueles que criam uma organização examinem porque ela é necessária e como ela pode se desenvolver.
- Os líderes podem orientar o processo de desenvolvimento, mas não podem controlá-lo.
- Uma organização caórdica não pode ter lucro como objetivo. O lucro pode ser uma meta ou necessidade, mas o foco deve ser um objetivo que beneficie a comunidade.
- A organização dos relacionamentos dentro de uma comunidade decorre do pensamento sobre governança, propriedade, recompensas, direitos, obrigações e serviço comunitário.
- As organizações precisam ser mais responsivas a mudanças rápidas e mais espontâneas.

O *MINDSET* FUTURISTA

Atualmente, seguir um caminho a um determinado objetivo tornou-se relevante nas organizações, bem como nos indivíduos. São tantas escolhas, tomadas de decisões, objetivos, estratégias, sonhos, que, por muitas, vezes não sabemos como agir, muito menos o que escolher. Para que possamos ter mais discernimento em nossas ações pessoais e em nossas decisões profissionais, precisamos pensar estrategicamente e isso significa ter clareza dos recursos e dos objetivos a serem conquistados, planejar, ter foco, autoconhecimento, agilidade e adaptar-se constantemente.

Viver em um período de abundância de informação, excesso de estímulos e distrações, torna a possibilidade de gerar ansiedade e depressão muito mais comum, principalmente entre os líderes e gestores empresariais – uma realidade desta nova era. Em um mundo BANI, em que a não linearidade e a fragilidade estão constantemente nos assombrando, precisamos ser ágeis e coerentes o tempo todo. Não há tempo para persistir em erros. É preciso usar a criatividade a nosso favor a fim de resolver cada vez mais problemas complexos. O homem não está sozinho nesta jornada.

O grande salto do homem moderno é sua gigantesca teia intersubjetiva, composta de instituições, família, dinheiro, empresas, tecnologia etc. – construções psicológicas de natureza subjetiva. Não há mais uma dependência de um progresso biológico, mas sim de um condicionamento mental que acontece através da educação e da cultura.

Pensar estrategicamente é uma grande mudança de *mindset* neste contexto BANI. É a capacidade de enxergar as mudanças antes que elas se tornem óbvias demais. Em um ambiente caótico e acelerado é preciso saber agir – e agir bem. O tempo é um recurso escasso e limitado. Não podemos deixar para ser estratégicos quando o problema estourar e tudo se tornar ainda mais difícil. Ser estratégico é um estilo de vida, um modo de tomar decisões, resolver problemas e eliminar tarefas. Dessa forma, pensar estrategicamente é agir de forma consciente, visando explorar o máximo dos seus recursos na direção de um grande objetivo.

O pensamento estratégico é uma prática consciente de reflexão que busca antecipar, interpretar, planejar e aprender. As pessoas que pensam estrategicamente evitam agir sem compreender a razão das suas ações e consequências. Como o cérebro humano não lida bem com o excesso de informação e o mundo informacional cresce de maneira exponencial, é preciso dizer "não" para tudo aquilo que é distração.

O general tem a visão do campo de batalha do alto da montanha; salta entre o macro e o micro constantemente. Em um movimento visualiza o todo; em outro, os detalhes. Essa abstração cria inúmeros cenários para ampliar sua zona de visão, com o objetivo de encontrar um caminho para a vitória.

A essência do Planejamento Estratégico é o questionamento; questionar-se sobre o futuro, sobre a dinâmica do mundo, do mercado, dos negócios e das pessoas. Busca-se entender o funcionamento das coisas observando padrões e relações de causa e efeito de todo o sistema.

Se estruturarmos o Planejamento Estratégico em fases, a primeira fase é de analisar, ou seja, olhar para dentro de casa e perceber o que poderia ser mudado em comparação com o mercado e seus concorrentes. O objetivo principal dessa fase é o autoconhecimento organizacional, o que possibilita uma visão holística de todos os ativos fundamentais e essências da natureza do negócio. Transbordar a missão, visão e valores em um propósito bem definido é conceber suas intenções estratégicas a longo prazo. No entanto, esse diagnóstico precisa também expressar os fatores competitivos do negócio, esse processo parte do resultante dos seis graus da competição e da análise dos horizontes estratégicos (vide Capítulo II). O que pode ser questionado nesse processo? Um plano formal, com ações preestabelecidas, pode conduzir a organização na direção errada, particularmente num mundo BANI em que as mudanças são constantes e não lineares.

Assumindo que a estratégia é um pensamento, e esse pensamento vem naturalmente em nossa mente, podemos afirmar que antes mesmo do planejamento e do processamento formal do Planejamento Estratégico, já estamos envolvendo nossas percepções e intuições em prol da obtenção dos objetivos estratégicos. Como se trata de objetivos, e esses estão diretamente interligados às intenções estratégicas, por vezes, não temos clareza e então a palavra da ordem passa a ser "síntese", ou seja, a compilação e a consolidação de elementos abstratos, que têm sua origem em um processo não linear. O uso da criatividade para o desenvolvimento de novos contextos para os problemas já conhecidos é uma boa saída para obtenção de resultados diferentes na construção dos objetivos estratégicos.

O sucesso de uma organização está diretamente atrelado ao modelo estratégico e ao modelo de gestão que seus líderes, especialistas e colaboradores exercem no dia a dia.

Ter um pensamento estratégico e ser criativo são competências fundamentais que deveriam ser estimuladas e orientadas de forma organizacional. Esse tipo de abordagem é de grande valia e de suma importância na construção da estratégia, uma vez que cenários e projeções são realizados para redução de riscos, incertezas e uma maior assertividade na tomada de decisão. Essas mesmas competências serão necessárias quando a organização desejar inovar. Inovar não se trata mais de uma diferenciação estratégica, mas, sim, de uma sobrevivência no mercado.

Isso não quer dizer que não precisamos mais de um plano. Muito pelo contrário, servirá de linha, e não de trilho, para as ações empresariais. Batalha alguma foi vencida de acordo com o plano, porém jamais uma batalha foi vencida *sem* um plano. Os planos são inúteis, mas o planejamento é indispensável.

O pensamento estratégico pode ser aprimorado através de métodos, pois eles oferecem um caminho previsível para testar e validar ideias. A mente humana tem o hábito de divagar, possui pouca linearidade e consistência. O uso de métodos e estruturas de pensamento auxiliam na gestão, documentação e análise de informações. Vejamos alguns:

Técnica	O que é?
Imagens mentais	A criação de imagens mentais tem como centro a antecipação. O estrategista antecipa e levanta o maior número possível de hipóteses. Em um processo mental, imagina diálogos, movimentos, ataques e recuos, e a partir dessas imagens cria o seu planejamento. Quem antecipa leva menos sustos, pois entra no jogo entendendo as regras e visualizando os inúmeros desdobramentos.
Pensamento minimalista	O pensamento minimalista está em eliminar sempre a maior quantidade possível de distrações e focar no que é essencial. A essência é a parte mais difícil de alcançar, pois quem evidencia o que é essencial teve que mergulhar no caos e emergir com o que importa. Só quem tem uma visão global é capaz de eliminar o supérfluo. O pensamento minimalista é poderoso porque vivemos numa era de superabundância de informações.
Visão do projeto	A visão de projeto entrega mais controle. Quando um objetivo é visualizado como um projeto, fica mais fácil organizá-lo e executá-lo. Você desmonta aquele objetivo em tarefas pequenas, e quando ele está complicado, continua quebrando até encontrar uma fração que é realizável. Quando o problema parecer insolúvel, quebre-o em partes menores até encontrar o fragmento que seja possível concluir sua missão.
Pensamento estoico	Estudar filosofia é um meio poderoso para o estrategista aprimorar o seu pensamento e raciocínio. Os maiores problemas da humanidade já foram trabalhados pelas melhores mentes da história. A filosofia estoica serve como uma luva para os tempos modernos. Os estoicos oferecem uma perspectiva rica e interessante para enfrentar dificuldades e empreender uma profunda transformação pessoal. Nos ajudam a converter problemas em soluções, ansiedade em tranquilidade e indecisão em clareza. A tranquilidade de espírito e controle mental são alvos do estoicismo. É preciso focar no que se pode controlar e colocar toda energia nisso. O bom estrategista faz o melhor uso possível dos recursos quando foca nos pontos em que há chances de vitória.

Técnica	O que é?
Sucessivos porquês	A tendência do ser humano é resolver problemas de forma reativa; alguma coisa acontece e você toma a decisão. O caminho para resolver problemas é o questionamento. Só com o questionamento encontramos soluções. Se entender o motivo por trás do problema, será consideravelmente mais fácil de resolvê-lo. A essência de resolver problemas é tornar-se um bom questionador. Quanto melhor for suas perguntas, mais perto estará de encontrar uma boa solução.
Pensamento negativo	À medida que nos apegamos a uma ideia ou projeto, é mais difícil desenvolver senso crítico ou mesmo desistir da empreitada. Há um viés chamado dissonância cognitiva, que leva o indivíduo a quase uma cegueira em relação aos riscos e custos do projeto. A dissonância cognitiva tem tudo a ver com a dificuldade de assumir e reconhecer os próprios erros. O pensamento negativo é fazer um ensaio mental de tudo aquilo que pode dar errado no seu projeto. Por exemplo, você vai apresentar uma palestra e pensa em tudo que pode dar errado, como tropeçar e cair no chão, gaguejar, tremer, acabar a luz, queimar o projetor, esquecer as ideias e passar aquela vergonha na frente dos outros. Por incrível que pareça, esse processo de antecipação da tragédia te deixa mais preparado para o confronto. Ao antecipar, o cérebro processa aquelas situações e cria vários pontos de fuga.
Autoconhecimento	O autoconhecimento é a chave para o pensamento estratégico. Quem conhece mais sobre si mesmo faz melhores escolhas, pondera e planeja de forma mais poderosa. Esse conhecimento é valioso, pois permite o desenho de planos precisos, que evidenciam as forças e equilibram as fraquezas. A estratégia trata de potencializar e fazer uso inteligente daquilo que controlamos. O pensador estratégico deve buscar atalhos e respostas poderosas para seus questionamentos. Precisa desenvolver, ao longo do tempo, uma consciência ampliada, uma maior inteligência emocional e uma estrutura psicológica robusta para trabalhar seus projetos.

Técnica	O que é?
Leitura	Ler é uma prática fundamental para o crescimento pessoal. O pesquisador Stanislas Dehaene (neurocientista) afirma que o processo da leitura dispara ação em todos os hemisférios do cérebro, ou seja, não tem uma parte específica para a leitura no cérebro humano. O estrategista lê muito. Lê porque busca na história informações valiosas sobres grandes líderes, projetos e eventos. Lê para pensar melhor, ter robustez de raciocínio e uma mente analítica sagaz.
Mapa mental	Os mapas mentais são associações criativas e lógicas de insights. Um bom mapa mental organiza uma linha lógica de pensamento. Para um bom Planejamento Estratégico, é preciso explodir suas intenções estratégicas em objetivos estratégicos e posteriormente em projetos. Para tanto, o mapa mental pode ser uma ótima oportunidade na obtenção dessa estruturação visual. Uma vez que esses insights estejam estruturados, você poderá obter novas ideias, bem como novas formas de resolução de problemas.
Inteligência emocional	Durante muitos anos, persistiu uma crença quase unânime de que o QI (quociente intelectual) fosse o componente essencial para o sucesso. A inteligência emocional é uma questão estratégica. A vida adulta depende muito mais de relações e dinâmicas políticas do que de uma inteligência acima da média. Quem enxerga isso e trabalha de forma inteligente consegue entregar melhores resultados e colaborar ativamente para a vida de outras pessoas. Aquele que age por impulso, sem prudência e inteligência emocional, está fadado a ser abandonado ou tolhido.
Perguntas poderosas	As perguntas poderosas têm como objetivo aumentar o nível de consciência dos participantes. A ideia central é fazer questionamentos contínuos a cerca de um determinado problema, ou de uma determinada ideia. Saber perguntar é, sem sombra de dúvidas, mais eficaz do que responder. Perceba que os participantes, de acordo com os questionamentos, podem ser estimulados e engajados em assuntos sem necessariamente conhecê-los a fundo. Questionamentos e perguntas estruturadas de forma correta podem desenvolver os participantes e auxiliar na reflexão e análise dos cenários e contextos.

Técnica	O que é?
Mindset	Esta palavrinha nova no dicionário corporativo tem a ver com pessoas que acreditam que podem desenvolver suas habilidades. A vida moderna é marcada pelos seus desafios e a tecnologia avança a passos largos e o mundo é surpreendido a cada momento com novidades. Aquele que se fecha em crenças limitantes poderá perder inúmeras oportunidades e possibilidades de crescimento. Qualquer mudança provoca desconforto e resistência. Lutar pelo desenvolvimento pessoal é, sem dúvida, a batalha mais difícil. Há uma frase atribuída ao filósofo chinês Lao-Tsé, que pode ser útil para fechar esta série de técnicas para ampliar o pensamento estratégico: "Conhecer os outros é inteligência, conhecer a si próprio é a verdadeira sabedoria. Controlar os outros é força, controlar a si próprio é o verdadeiro poder".

Tabela 4 – Métodos e estruturas de pensamento auxiliam na gestão.

Quando precisamos realizar algo e sabemos o que queremos, a disciplina é uma decisão sem volta. A disciplina é possível por meio das repetições, então o sucesso, ou a excelência, é, de fato, um hábito. Remetemos o nosso pensamento a um hábito diário, por exemplo: acordar e escovar os dentes. Normalmente essa ação é inconsciente, pois executamos naturalmente, sem que haja a necessidade de cobrança ou de tomada de decisão: um hábito. Não há hábito sem disciplina, ou seja, a disciplina precisa existir, ela é consciente. Da mesma forma, um Planejamento Estratégico. Ele é uma disciplina, mas somente será consistente quando chegar ao ponto de se tornar um hábito junto a todos da organização.

MUITAS ESTRATÉGIAS FALHAM PORQUE NÃO SÃO REALMENTE ESTRATÉGIAS

Muitas estratégias acabam ficando pelo caminho, não sendo executadas. O que esses estudos não demonstram é que muitos processos de execução de estratégia falham porque a empresa não tem algo que valha a pena executar. A formulação estratégica acaba sendo um exercício de "intenções e ambições de futuro", fruto de uma expectativa ou mesmo de desejos.

Aqui também vai uma crítica a nossos amigos "especialistas" em estratégia. Temos visto muitos consultores de estratégia que chegam, fazem seu trabalho e documentam a nova estratégia em uma apresentação de PowerPoint e um relatório de peso. Organizam-se reuniões com o time de gestores, os colaboradores são orientados a mudar seu comportamento, os *balanced scorecards* são reformulados e os orçamentos são reservados para apoiar iniciativas que se enquadrem na nova estratégia. E então nada acontece.

Esse tipo de abordagem acaba não sendo colaborativa, muito menos engajadora junto à organização. Uma estratégia precisa ser clara, mas principalmente motivadora ao ponto de atrair seguidores. Antes mesmo de definir as novas estratégias da organização, porque não começar pelas não estratégias, ou seja, o que não queremos para a nossa empresa. Normalmente, a estratégia é confundida com os objetivos, e esses apenas trazem consigo o resultado. Sobretudo, é importante ter uma estratégia bem definida para atingir um bom resultado.

Outros ainda confundem estratégia com prioridades e escolhas da empresa, mas não formam uma estratégia coerente quando considerados em conjunto. Por exemplo, considere "Queremos aumentar a eficiência operacional; vamos crescer nos estados do Norte e Nordeste; e vamos alienar o negócio industrial e descontinuar os produtos da família relacionados ao setor de mineração". Essas podem ser decisões e prioridades excelentes, mas juntas não formam uma estratégia.

Entender as diferenças entre uma boa estratégia e uma estratégia ruim pode fazer toda a diferença:

- Uma boa estratégia não tem a ver com a visão ou com os objetivos. É um plano de ação cuidadosamente pensado e avaliado, projetado para ir ao encontro de um desafio. No entanto, muitos líderes utilizam metas, persuasão e *slogans* como se fossem estratégia.
- A estratégia ruim é uma espécie de pensamento mágico, é "floreada", foge dos verdadeiros problemas, confunde metas com estratégia e define objetivos irrealistas.
- A estratégia boa se concentra nas questões críticas e decide como lidar com elas, exige pesquisa e análise, escolhas difíceis, planejamento decisivo e ação.
- Identificar e alavancar as suas vantagens competitivas é o primeiro passo na elaboração de estratégias.
- "Diagnóstico", "diretriz política" e "ação coerente" formam o núcleo de uma boa estratégia.

- Os grandes estrategistas elaboram as suas próprias abordagens para resolver um problema; eles não vão atrás de opções padronizadas.
- Os objetivos estratégicos devem sempre ser práticos e viáveis.
- A estratégia boa representa uma hipótese ou um palpite sobre como aumentar o seu negócio da forma mais produtiva.

Uma boa estratégia utiliza os seus pontos fortes e vantagens como alavanca para uma oportunidade mais promissora, identificando as diferenças ou "assimetrias" que podem ajudar sua empresa a garantir uma vantagem sobre seus concorrentes. Frequentemente, essas assimetrias vêm da identificação de pontos fortes que outros podem enxergar como pontos fracos. Para aproveitar as vantagens particulares de sua empresa de maneira eficaz, identifique-as com precisão. Recomendamos que você evite qualquer competição na qual tenha pouca ou nenhuma vantagem. Chamamos essa situação de "lutar para empatar" – um esforço contraproducente que dá vantagem a os seus concorrentes. Por exemplo, uma empresa *startup* pioneira que desenvolveu uma nova fibra revolucionária para têxteis perderia sua vantagem ao desviar seu talento e recursos para construir uma empresa de roupas, pois é um negócio totalmente diferente. Quanto mais rápido você "agarrar o terreno elevado", maior será o sucesso estratégico que poderá obtê-lo. Pesquise e entenda cada detalhe de sua situação para saltar sobre seus concorrentes, especialmente aqueles que sofrem de inércia.

A boa estratégia é, na melhor das hipóteses, uma hipótese – um palpite sobre como aumentar seu negócio da maneira mais produtiva. Você saberá que acertou se, e quando, sua estratégia for bem-sucedida. Quando atingir o sucesso estratégico, extraia dele valiosas informações proprietárias a fim de ajudá-lo a refinar suas operações para alcançar o sucesso futuro contínuo. As empresas de sucesso são caracterizadas por manter experimentação interna e processos de seleção de baixo para cima ao mesmo tempo que mantêm a intenção estratégica dirigida pelo topo. Mas isso só será eficaz se você permitir que seus funcionários criem iniciativas de baixo para cima, que se enquadrem nos limites definidos por essa intenção estratégica.

Conforme já falamos, é necessário transformar a estratégia em hábito, e hábitos dependem de pessoas, e pessoas podem falhar na implementação. E os hábitos, nas organizações, são notoriamente rígidos e persistentes. Os hábitos certamente não mudam quando se diz às pessoas em uma reunião no conselho que elas deveriam agir de maneira diferente. Muitas vezes, os indivíduos nem mesmo estão cientes de que estão fazendo as coisas de uma maneira específica e de que pode haver maneiras diferentes de executar o mesmo processo. Normalmente, existem diferentes maneiras de fazer as coisas e raramente existe uma solução perfeita, uma vez que todas as alternativas têm vantagens e desvantagens – quer se trate da estrutura da organização, quer se trate do sistema de incentivos ou do processo de alocação de recursos. Frequentemente, resistimos à mudança, a menos que esteja claro que a alternativa é substancialmente melhor. Para um processo de implementação de estratégia bem-sucedido, no entanto, é útil colocar o padrão ao contrário: altere-o, a menos que esteja claro que o método antigo é substancialmente melhor. A execução envolve mudança. Abrace isso!

COMÉRCIO JUSTO

Você já ouviu falar em comércio justo? Se sim, que ótimo, eis um nobre motivo para praticar os dez princípios. Caso não saiba do que se trata, o comércio justo é um exemplo de união de valor econômico e social, que tem como meta aumentar a receita dos produtores, por meio do aumento do pagamento sobre a produção.

Pode ser que você esteja se perguntando: Como vou aumentar o valor pago ao meu fornecedor se não tenho dinheiro nem para meu negócio, se preciso vender cada vez mais barato para o meu negócio sobreviver? É, não é fácil, principalmente se continuarmos pensando com a cabeça de antes, do capitalismo do velho mundo. A resposta não está em uma única ação, mas em um conjunto delas. Mais uma vez devemos pensar no movimento que está acontecendo na alimentação.

Algumas pessoas já estão dispostas a pagar mais para estimular o desenvolvimento de produtores locais, pois reconhecem o valor do desenvolvimento em rede, bem como melhorar sua qualidade de vida e sua saúde a longo prazo.

De acordo com a Organização Mundial do Comércio Justo, os dez princípios dessa prática são:

1. Criar oportunidades para produtores economicamente desfavorecidos: reduzir a pobreza, empoderar o desenvolvimento econômico, estratégico e sustentável.
2. Transparência e responsabilidade: lidar de forma justa e respeitosa com toda a cadeia, inclusive com membros acionistas.
3. Práticas de negociação: propor o bem-estar social, econômico e ambiental dos pequenos produtores. Não maximizar os lucros ao ponto de "sangrar" a cadeia de valor.
4. Pagamento de um preço justo: acordo mútuo, por meio do diálogo e da participação de todos os envolvidos.
5. Assegurar que não haja trabalho infantil e forçado: aderir à convenção da ONU sobre direitos da criança e à legislação local e nacional sobre o trabalho infantil.
6. Compromisso com a não discriminação, a igualdade de gênero e a livre associação: sem discriminação.
7. Assegurar boas condições de trabalho: ambiente de trabalho seguro e saudável, cumprindo as leis locais, nacionais e da OIT – Organização Internacional do Trabalho.

8. Capacitação: melhorar as habilidades de gerenciamento, capacidade de produção e acesso a mercados.
9. Promoção do comércio justo: utilizar publicidade e técnicas de marketing honestas, mantendo padrões elevados de qualidade e embalagens de produtos.
10. Respeito ao meio ambiente: otimizar o uso de matérias-primas provenientes de fontes geridas de forma sustentável. Utilização de fontes de energias renováveis, reduzindo em todas as suas ações seus impactos ambientais por meio de produção orgânica.

Tiago Mattos (2017), no livro *Vai lá e faz*, diz que a normalidade de hoje é o absurdo de amanhã. Como querer que seus funcionários se preocupem em servir bem aos outros se não são bem servidos? Como valorizar o outro sem se sentir valorizado?

Infelizmente, nem todos veem assim. Muitos consumidores valorizam os preços baixos. Às vezes é uma necessidade, sabemos, porém, na maioria dos casos, não. Existem muitas pessoas conectadas com a lógica da vantagem, e do antigo capitalismo, dispostas a pagar pouco, custe o que custar. Só que geralmente é custoso entregar um produto com preço baixo. Quase sempre o que está em jogo é o planeta ou a vida dos indivíduos envolvidos no ciclo da produção.

Esse é um exercício de aprender a olhar de dentro para fora. Ainda estamos engatinhando nesta estrada. Valorizar e ajudar a desenvolver o que é nosso é questão de educação. Uma das frentes é estimular a educação desde a escola. Os maiores resultados serão nos médio e longo prazos. Primeiro, pensar a respeito, tomar consciência, mudar o olhar, depois o comportamento. Só assim mudaremos e deixaremos um legado digno.

Precisamos resgatar a consciência e os valores humanos. Podemos dizer que a grande virada trará uma economia mais consciente, humana, colaborativa, distribuída, sustentável, social e ética, sem contar criativa. Em todas as escolhas que fizermos, teremos a chance de trabalhar a favor da vida.

Tudo começa com o nosso amor ao próximo. Retomar em todos os sentidos aquele poderoso e nutritivo senso de comunidade que nossos ancestrais tinham e que nos foi "tirado" ao longo da vida, ou das gerações. Vale ressaltar que quanto mais estivermos dedicados a outras pessoas, quanto mais conectados com vínculo de amor, amizade, afeto, mais fortes nos tornaremos.

Nos países africanos, chamam esse movimento de "ubuntu", que significa humanidade com os outros, "eu sou quem eu sou porque somos todos nós". Podemos internalizar esse movimento sabendo que, para irmos mais longe, precisamos de pessoas ao nosso lado, precisamos dos outros para sermos nós mesmos, porque ser humano é ser com os outros. Na prática, é escutar, ver, sentir e enxergar verdadeiramente o outro como parte de nós. Obviamente com respeito, generosidade, empatia, partilha e compaixão.

Muitos negócios já estão tomando como verdade esse novo olhar da economia e vêm contribuindo para ajudar a curar o coletivo, ou seja, trabalhando em ações de sustentabilidade, em questões de conscientização ambiental e planetária.

Outros ainda trabalham o empoderamento feminino, a celebração da diversidade, dando a oportunidade por meio de ferramentas para que as pessoas atuem nessa transformação, conquistando relevância, admiração e identificação, potencializando o engajamento, como uma importante forma de relacionamento e (por que não?) de consumo.

Parece tudo muito poético, mas não basta entender apenas a teoria. Cada vez mais os próprios consumidores vêm se conscientizando e trazendo novas demandas de produtos e serviços que estejam de acordo com a consciência de comunidade, diversidade e representatividade. Veja o exemplo da indústria de bonecos e brinquedos, buscando se aproximar mais, e de forma realista, do seu público, respeitando a diversidade das crianças. Em 2015 surgiu o movimento Toy Like Me. Promovido por países com a intenção de melhorar a autoestima dos filhos com algum tipo de deficiência, o movimento estimula que criadores e fabricantes produzam bonecos que representem pessoas com deficiência, apresentando, por exemplo, bonecos em cadeiras de rodas, com bengalas, aparelhos auditivos, óculos etc.

Em 2016, a LEGO apresentou na Spielwarenmesse, uma feira de brinquedos em Nuremberg, na Alemanha, seus primeiros bonecos em cadeira de rodas. A Mattel, fabricante de uma das bonecas mais comercializadas do mundo, a Barbie, anunciou na mesma feira a expansão da linha com a inclusão de três biotipos – alta, baixa e curvilínea –, além de uma variedade de tons de pele e estilos de cabelo. Esse tipo de ação nos mostra que sociedade e mercado funcionam de maneira cíclica e o que fazemos pode ser a causa ou a solução do cenário cultural em que vivemos. Nesses exemplos, temos uma demanda e uma conscientização de que é necessário ter representatividade e diversidade nos produtos e referências, e mesmos produtos atuam como instrumentos dessa mesma conscientização quanto ao respeito e a valorização da diversidade.

Ainda nessa linha dos produtos, no Brasil, por exemplo, o movimento conta com as marcas BEM, de Leandro Benites, e TRENDT, de Renan Serrano, ambas de São Paulo; Cacau Francisco, de Fortaleza; Beira, de Lívia Campos, etc. Essas marcas trazem um design mais flexível de roupas que vestem bem meninos e meninas, sem uma classificação de gênero, e sem uma classificação binária de gênero. Há algumas décadas, era utilizado o termo moda "unissex", mas esse já caiu em desuso, porque atendia apenas à ideia de uma pré-classificação binária. Atualmente, algumas confecções já têm produtos não binários ou agêneros (apenas alguns exemplos de termos) para atender à demanda de pessoas que não se identificam com o um conceito predefinido de feminino ou masculino.

Como vamos ver mais à frente, é preciso estar sensível às demandas da sociedade como um todo e se colocar também como parte dessa transformação. Estruturas e pensamentos rígidos, tiranos e puramente racionais não vão sobreviver à nova era. Rigidez não é força, mas fraqueza. Isso vale para produtos e para a cultura interna da empresa.

COMPRAR É COISA DE "VELHO"?

Será que as novas gerações querem TER um carro em vez de USAR um carro? O que de fato importa é ter acesso, e não posse. Todos estamos começando enxergar o mundo como parte de um todo, uma visão única de humanidade na qual somos uma única família consumindo recursos de um único planeta.

Precisamos ter clareza de nossos valores para saber do que realmente necessitamos. Será que você não está desejando ter mais do que realmente precisa? Esperamos que não. Normalmente, enchemos nosso tempo, nossa vida, de incontáveis reuniões e projetos além do que realmente precisamos, e isso nos esgota fisicamente e, mais ainda, emocionalmente. O tempo para usufruir nossas conquistas é gasto no "querer mais".

Essa mesma busca desenfreada, às vezes, nos faz criar mais, produzir mais, querer vender mais, e assim esgotamos nossas fontes, tanto a natureza, quanto as pessoas que atuam nessa materialização, como colaboradores, parceiros, fornecedores.

As organizações e a sociedade estão interligadas. Por isso, é preciso haver consciência social nos negócios, intenção de compartilhar valor com a sociedade. O sucesso de uma organização vai depender do sucesso dessa interligação. Pena que essa noção ainda seja muito recente e poucos ainda entendam o que realmente isso significa.

Daqui pra frente, as necessidades da sociedade e do planeta determinarão as necessidades das organizações e definirão o mercado. Para sobreviver e nos transformar, vamos precisar nos conectar com novas habilidades comportamentais, técnicas e novos conhecimentos, principalmente o autoconhecimento.

O sistema de valores da humanidade vem mudando. Tenho visto cada vez mais pessoas preocupadas com ele, contribuindo para a humanidade de forma mais tangível do que qualquer organização ou governo, os quais estão sendo cada vez mais cobrados por suas atitudes e pelas ideias que disseminam.

Quando você cria um produto, um negócio, ou um projeto, sabe quanto dinheiro vai ganhar com aquilo ou o quanto pode realmente apoiar a vida das pessoas? Quantas vezes você pensa no impacto das coisas que você está fazendo?

Quantas vezes você tentou compreender verdadeiramente os sentimentos e as emoções que motivam as pessoas que se relacionam com você e sua empresa, seu negócio? Tentou sentir o que elas sentem como se estivesse na mesma situação? Infelizmente não é sempre que paramos para pensar verdadeiramente no outro. Mas a mesma força que temos para materializar o dinheiro, e tudo o que é material, temos para promover energia vital, mudanças e ações transformadoras.

Nesta nova era vamos precisar ser mais empáticos e buscar mais harmonia entre dinheiro e valores. O fato é que esse alinhamento começa em uma única fonte: você. Você se sente bem com o que anda fazendo? Está em paz? Seu carro, sua casa, sua roupa, seu estilo de vida, além da forma como você tem se comportado, representam seus valores? Você está de acordo com eles?

Muitos estão percebendo que quanto menos quiserem ter, de menos dinheiro precisarão, e estão se movendo em outra direção, na qual trocar, pegar emprestado, comprar em grupo passam a ser alternativas para uma vida mais leve e mais feliz. Outros já estão compreendendo que quanto menos temos, mais felizes somos, pois podemos fazer escolhas de carreiras, lazer ou relacionamentos, pautados no que realmente acreditamos. No que é essencial. Na era do compartilhamento, o acesso vale mais que o ter – não precisamos mais comprar alguma coisa para ter acesso a ela.

Hoje, por exemplo, não faz mais sentido uma campanha do passado, de que nos lembramos bem: "Já comprou a minha Caloi?". Isso porque podemos alugar uma bicicleta somente quando precisarmos usá-la. Veja o exemplo do Airbnb, a maior rede hoteleira do mundo, que sequer tem um hotel próprio. De fato, quem não se transformar vai perder relevância.

COCRIAR

Na prática, é a pura colaboração. Cocriar, cada vez mais, é uma das principais ferramentas e alternativas para as organizações oxigenarem seus resultados. A cocriação envolve vários públicos que se relacionam (experiência) com o seu produto ou serviço, seja ele cliente, parceiro, fornecedores, e até mesmo concorrentes, para, assim, juntos, desenvolverem algo a partir de *insights* coletivos. No movimento de cocriação, o desapego é a palavra da ordem, o ego e as defesas precisam ser deixados de lado para que, de fato, haja parceria e faça sentido. O valor está diretamente na variedade dos participantes e na soma que o grupo permite. Tem como consequência envolvimento e engajamento entre as partes, além da troca de experiências e expertises, desejos, e tudo o mais que tiver relacionado.

Outro caminho ou jeito de cocriação – quem sabe seja um sonho – é dar a oportunidade de todos os clientes participarem do processo criativo ou da execução de um produto ou serviço. Sim, isso mesmo, trazer o cliente para a mesa, mesmo sabendo que a sua "solução" ainda não esteja pronta.

Quando permitimos que todos os clientes possam cocriar com a organização, seja por meio da customização, ou da personalização de alguma parte da "solução", ocorre um estímulo à individuação, em vez da uniformização. O que tem bastante pertinência com a era do ser, em que o apoio à individualidade e à autoestima é um pilar da nova economia social colaborativa.

A economia colaborativa muda a forma como nós usamos os serviços e como as organizações vendem e comercializam seus produtos. É o primeiro sistema econômico a se opor ao capitalismo desde o socialismo no século XX. Na velha e míope visão do capitalismo, a organização contribuía com a sociedade por meio do lucro e da geração de emprego, que dava acesso à renda e ao consumo, e assim o ciclo se fechava. Toda e qualquer questão planetária e social ficava totalmente ausente dessa bolha. Porém, da mesma forma que precisamos cuidar da natureza para que continuemos tendo recursos para produzir e sobreviver, precisamos cuidar da comunidade à nossa volta, que é o organismo vivo que produz e consome o que fazemos.

A escassez de recursos e a sociedade em rede nos faz pensar que a melhor estratégia para sobreviver passa pelo hábito de compartilhar, ou reaproveitar o que já temos. Remeta seu pensamento ao passado e verá mais uma vez que essa é uma herança dos nossos antepassados. Surge, dessa maneira, uma nova economia, baseada no compartilhamento de recursos. Comprar e acumular bens não traz mais a tão prometida felicidade. E a angústia que um dia sentimos dá origem a um novo paradigma de satisfação da vida.

Na verdade, a possibilidade de trocar, pegar algo emprestado ou alugar sempre existiu. Mas a tecnologia legitimou e tirou aquela nossa velha vergonha de pedir emprestado. Essas iniciativas ainda contribuem para viabilizar um modelo de vida mais simples, com menos coisas, menos dinheiro e mais experiências. Se essas iniciativas forem vistas com bons olhos (e são), essas novas formas de economia podem se tornar oportunidades de crescimento, realização e novas fontes de renda.

Vamos precisar ajudar participando ativamente desta transformação. Considerar a sustentabilidade social no processo de produção, e os impactos gerados após a venda, é fundamental. Pense nas condições e relações de trabalho, colaboradores e parceiros, e também na vida de seus clientes. São todos esses elementos que estão na cocriação e fazem seu produto e serviço serem o que são.

POR QUE EVITAMOS PLANEJAMENTOS DE LONGO PRAZO

Como estrategistas, nosso trabalho é investigar o futuro usando modelos orientados a dados. Observamos que as equipes de liderança ficam presas em um ciclo de tratamento de riscos de longo prazo com soluções rígidas e de curto prazo, e no processo que convidam à "entropia organizacional". Se considerarmos uma empresa uma forma de organização, e a entropia uma lei da natureza na qual as formas de organização caminham para a morte e a desordem, podemos concluir que as empresas naturalmente seguem esse caminho.

As equipes que dependem de cronogramas lineares tradicionais ficam presas em um ciclo de respostas táticas, ao que parece ser uma constante mudança imposta a elas pelas forças externas. Com o tempo, essas respostas táticas – que exigem esforço e alinhamento interno significativos – drenam os recursos da organização e os tornam vulneráveis a interrupções.

Por exemplo, em 2001, eu, Lobão, conduzi um processo de Planejamento Estratégico com alguns executivos de jornais de Minas Gerais e Brasília, e com dois diários no Chile, projetos que aconteciam de forma simultânea. Estávamos tentando prever o futuro do setor de notícias. Eles também já haviam se estabelecido em um ano-alvo: 2005. Era um setor com perturbações visíveis, demonstrava claramente estar próximo à disrupção com o aparecimento da Internet e das novas tecnologias. Estava ficando muito claro que o ritmo da mudança era novo e surpreendentemente rápido. Particularmente, já conhecia o viés cognitivo em jogo (o ano desejado terminou em cinco), mas não previa a relutância em planejar além de quatro anos, o que, para os executivos, parecia um futuro distante. Estava preocupado que quaisquer estratégias que desenvolvêssemos para enfrentar riscos futuros e encontrar novas oportunidades fossem de natureza apenas tática, o que realmente acabou se tornando. Ações táticas sem uma visão do futuro a longo prazo resultariam em menos controle sobre como todo o ecossistema em que o setor de notícias e mídia poderia evoluir.

Os futuristas pensam sobre o tempo de maneira diferente, e os estrategistas das empresas podem aprender com sua abordagem. Para as incertezas do futuro – ou seja, oportunidades, riscos ou crescimento –, normalmente pensamos a curto e a longo prazos de forma simultânea. Para fazer isso, usei um método que mede a certeza e mapeia as ações, em vez de identificar a duração do tempo como trimestres ou anos. Note no esquema da Figura 6 que as linhas acabam sendo cones. Para cada projeto de previsão, construímos um cone com quatro categorias distintas: (1) tática, (2) estratégia, (3) visão e (4) evolução no nível de sistemas.

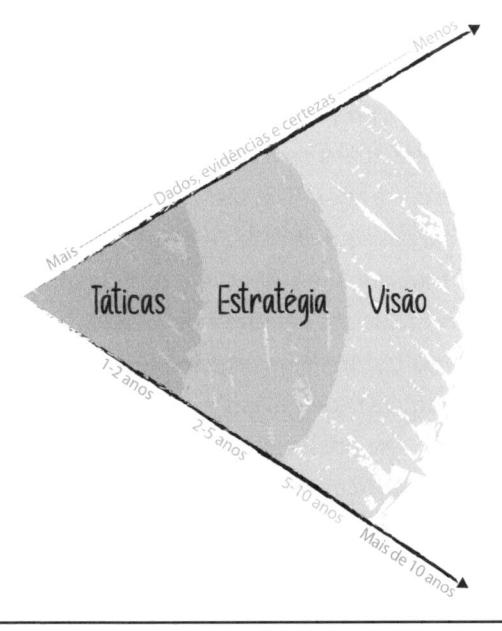

Figura 6 – Cone dos futuristas.
(Adaptado de: Amy Webb, Future Today Institute)

Iniciamos definindo a borda do cone usando eventos altamente prováveis para os quais já existem dados ou evidências. O tempo oscila para cada projeto, empresa e área, mas geralmente de 12 a 24 meses é um início. Como podemos identificar tendências e eventos prováveis (tanto dentro de uma empresa quanto externos a ela), o tipo de planejamento que pode ser feito é de natureza tática, e as ações correspondentes podem incluir coisas como redesenhar produtos ou identificar e direcionar um novo segmento de clientes.

As decisões táticas precisam ser levadas em consideração e identificadas, bem como estruturadas na estratégia da empresa. Nessa etapa do cone, normalmente, temos mais incertezas do que exatidão nos resultados, porque esperamos os próximos 24 meses a 5 anos. Essa fase acaba sendo mais familiar e tradicional para as equipes, uma vez que estamos descrevendo a estratégia tradicional e a direção que a organização tomará. Nossas ações incluem a definição de prioridades, alocação de recursos e a realização de quaisquer alterações de pessoal.

Muitas organizações ficam paralisadas entre estratégia e tática. Embora esse processo possa parecer um planejamento sério para o futuro, ele resulta em um ciclo perpétuo de tentar acompanhar: os concorrentes, os novos participantes e as fontes externas de interrupção.

Quando abordamos o futuro, você deve estar disposto a aceitar as incertezas e adaptar constantemente a visão da sua empresa. A visão de uma empresa não pode incluir todos os detalhes, porque ainda existem muitas incógnitas. Os líderes podem articular uma forte visão por 10 a 15 anos no futuro, ao mesmo tempo que estão abertos à iteração nas categorias de estratégia e tática à medida que encontram novas tendências tecnológicas, eventos globais, mudanças sociais e mudanças econômicas. Na categoria visão, formulamos ações com base em como a liderança executiva buscará a pesquisa, onde fará investimentos e como desenvolverá a força de trabalho que um dia precisará.

A visão para uma organização também deve se encaixar na última categoria: interrupção no nível dos sistemas que pode se desdobrar no futuro. Se os líderes executivos não tiverem um forte senso de como sua indústria deve evoluir para enfrentar os desafios de novas tecnologias, forças de mercado, regulamentação e similares, alguém estará em posição de ditar os termos do seu futuro. O cone dos horizontes de tempo, ao final, é muito amplo, pois pode ser impossível calcular a probabilidade de esses eventos acontecerem. Portanto, as ações tomadas devem descrever a direção em que você espera que a organização e a indústria evoluam.

Com uma linha do tempo tradicional, com datas e *check-in* rígidos, o cone não avança. A obtenção de dados, fatos e evidências e o avanço das suas ações diariamente são o início do cone e sua categoria é redefinida. O resultado, idealmente, é uma organização flexível, posicionada para iterar e responder continuamente a desenvolvimentos externos; dessa maneira, sim, o cone sempre avança.

Dezenas de organizações em todo o mundo usam o cone do horizonte de tempo diante de uma profunda incerteza. Como seus líderes estão pensando exponencialmente e realizando ações incrementais contínuas, eles estão em posição de moldar seu futuro. Isso pode ir contra sua fiação biológica, mas dê a você e à sua equipe a oportunidade de pensar no curto e no longo prazo simultaneamente. Resista ao desejo de escolher um ano terminando em zero ou cinco para iniciar seu processo de Planejamento Estratégico. Sem dúvida, você descobrirá que sua organização se torna mais resiliente após uma interrupção contínua.

COMO FAZER UM PLANEJAMENTO ESTRATÉGICO COMO UM FUTURISTA

Recentemente, ajudamos uma grande empresa de fabricação industrial em seu processo de Planejamento Estratégico. Com tanta incerteza em torno de veículos autônomos, 5G, robótica, comércio global e mercados de petróleo, os líderes seniores da empresa precisavam de um conjunto de objetivos e estratégias orientadores que ligassem o futuro da companhia aos dias atuais. Antes de nosso trabalho começar a sério, os executivos já haviam decidido um título para a iniciativa: Estratégia 2030.

Ficamos curiosos para saber por que eles escolheram 2030 como o ano específico para comparar o trabalho. Afinal, as forças que afetavam a empresa estavam em prazos diferentes: as mudanças no comércio global eram preocupações imediatas, enquanto o campo da robótica terá avanços incrementais, decepções e grandes avanços, às vezes com anos de diferença. Os executivos haviam escolhido o ano de 2030 por causa de algo exclusivo da empresa que aconteceria daqui a nove anos?

A razão logo ficou clara. Eles escolheram arbitrariamente o ano de 2030, um bom número redondo, porque isso lhes dava uma sensação de controle sobre um futuro incerto. Também contribuiu para uma boa comunicação. A Estratégia 2030 poderia ser facilmente compreendida por funcionários, clientes e concorrentes, e se alinharia às mensagens da empresa sobre suas esperanças para o futuro. Além disso, quando as empresas passam por seus processos de planejamento de longo prazo, geralmente criam cronogramas lineares marcados por anos que terminam em zero ou cinco. Seu cérebro pode contar facilmente em cinco, enquanto leva um pouco de trabalho extra para contar em quatro ou seis.

Prazos lineares agradáveis oferecem uma certa garantia: que os eventos podem ser predeterminados, o caos pode ser contido e o sucesso pode ser planejado e garantido. Sem sombra de dúvidas, o mundo real em que vivemos é muito mais confuso. Alguns aspectos como catástrofes naturais, regulamentações, diretrizes governamentais fogem totalmente do nosso controle. Uma vez que essas variáveis coexistem com a estratégia, naturalmente elas moldam o horizonte organizacional.

Normalmente, a alta direção, bem como os acionistas, ou até mesmo os conselheiros, são convidados a participarem das interações em que é definida a "visão". Isso ajuda as equipes a debater ideias, mas não substitui o pensamento crítico sobre o futuro. Os planos estratégicos de um, três ou cinco anos também não se tornaram básicos na maioria das organizações, embora sejam úteis para atender às metas operacionais de curto prazo. A incerteza profunda merece perguntas profundas, e as respostas não estão necessariamente vinculadas a uma data fixa no futuro. Onde você quer ter impacto? O que será necessário para alcançar o sucesso? Como a empresa enfrentará os desafios no horizonte? Esses são os tipos de questões fundamentais e profundas que são melhor abordadas no planejamento a longo prazo.

UMA ESTRATÉGIA ADAPTATIVA E EVOLUTIVA

Recentemente, Martin Reeves, Knut Haanes e Janmejaya Sinha lançaram a obra *Sua estratégia precisa de uma estratégia*. O livro conta com a participação de mais de 20 CEOs, os quais abordaram suas experiências, conhecimentos e perspectivas para a condução de estratégias de sucesso. Obviamente, essas estratégias foram realizadas em conjuntos com acadêmicos, que tiveram um papel importante na obtenção e identificação de *insights* de estratégias biológicas e evolutivas, essas associadas a ambientes complexos e de crescimento, incertos e dinâmicos.

A grande revelação está diretamente associada à condução desses CEOs com métodos e metodologias tradicionais e estáveis mesmo quando se deparam com cenários e mercados mutáveis e flexíveis. Assim sendo, fica a pergunta: o que impediria esses mesmos CEOs de adotarem novas práticas para novos cenários mercadológicos?

Na visão e análise dos autos, o que falta para esses CEOs é um método sistemático, ou seja, um plano, uma fórmula, ou até mesmo uma estratégia para traçar a própria estratégia organizacional. Diante desse cenário, os autores apresentaram uma nova abordagem pautada em dois grandes eixos e cinco abordagens distintas para o pensamento e o Planejamento Estratégico. Essas cinco abordagens surgem quando as variáveis previsibilidade, adversidade e adaptabilidade são reunidas em um quadro tridimensional. Martin Reeves, Knut Haanes e Janmejaya Sinha rotulam de *Clássica*, *Adaptativa*, *Visionária*, *de Formação* e *de Renovação* – numa Paleta de Estratégias. Observe a Figura 7.

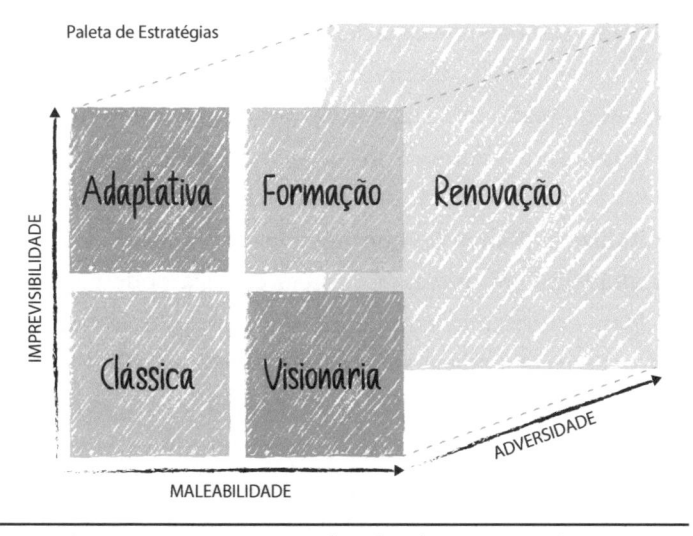

Figura 7 – As cinco grandes abordagens estratégicas.

A ABORDAGEM CLÁSSICA

Para implementar o método clássico de estratégia, a organização deve estar em um mercado estável e ter uma base estabelecida para a competição. Essa abordagem busca uma vantagem competitiva sustentável, posicionando a empresa de forma otimizada em um mercado atraente. Uma vez que a base da vantagem competitiva nesses ambientes é conhecida e inabalável, a vantagem pode ser baseada em escala superior, diferenciação (ou equivalentemente, escala em segmentos de mercado menores) ou capacidades superiores.

As empresas devem implementar métodos clássicos em um mercado relativamente estável e previsível, com uma base fixa para a competição. Nesses mercados não extensíveis, o risco iminente de um avanço é limitado e as condições da indústria podem ser consideradas como dadas. Os sinais do ambiente em que a abordagem clássica pode prosperar incluem setores maduros com altos retornos de escala, modelos de negócios estáveis, homogeneidade e taxas de crescimento moderadas.

Considere um processo de três elementos sendo análise, construção de um plano e execução eficaz. A análise tem como objetivo a competitividade da empresa, ou seja, a sua atratividade junto ao mercado, bem como uma identificação de concorrentes. O plano é o alvo, é o mapa, é para onde e como queremos obter sucesso. E a execução obviamente é a realização desse plano com maestria, seguindo-o à risca, com exatidão.

A ABORDAGEM ADAPTATIVA

Talvez o melhor momento para iniciar uma estratégia adaptativa seja quando o ambiente é difícil de prever e modelar – qualquer vantagem pode durar pouco. Ao contrário do método clássico de vantagem competitiva sustentável, o método da estratégia adaptativa se baseia na ideia de uma série de vantagens temporárias. Em um ambiente imprevisível e não extensível, a ênfase está na experimentação contínua e no ajuste em tempo real, ao invés de análise e planejamento de longo prazo.

Esse método é adequado para situações em que o ambiente de negócios é difícil de prever e moldar, e as vantagens podem ser de curto prazo. Com grandes mudanças na tecnologia, necessidades do cliente, produtos competitivos ou mudanças na estrutura da indústria, tudo isso indica a necessidade de uma abordagem adaptativa. Cada vez mais, ambientes de negócios requerem esse modo de pensar: não há mais espaço para planos de longos prazos, pois diante de um contexto BANI, esses tornam-se rapidamente obsoletos. Aproximadamente mais de 60% das indústrias estão inseridas nesse cenário frágil e incerto, requerendo que a estratégia seja, no mínimo, adaptativa e condizente com o mercado.

Elaborar uma estratégia adaptativa requer, logicamente, uma observação do mercado, mas principalmente respostas ágeis. Organizações adaptativas mudam, ou reescrevem seus modelos de negócio, experimentando novas abordagens, e assim escalando e adentrando em novos mercados. Outra característica marcante nessas empresas é a sua capacidade de superação da concorrência em performance e eficiência.

A ABORDAGEM VISIONÁRIA

A abordagem visionária permite que as organizações criem ou reconstruam um setor vendo a oportunidade e persuadindo-a de forma decisiva – uma estratégia rara, mas muito eficaz.

Essa abordagem permite que as empresas criem e reconstruam setores com um certo grau de previsibilidade, vendo oportunidades e perseguindo-as com decisão. Liderar dá à empresa uma vantagem de escala superior sobre seus concorrentes, permitindo que ela estabeleça padrões do setor, influencie as preferências do consumidor, desenvolva posições de custo vantajosas e determine a direção para todo o mercado. Embora métodos claros sejam frequentemente associados a *startups*, as grandes empresas precisam estar cada vez mais familiarizadas com esse método.

Essa estratégia é implementada quando há uma oportunidade de criar uma indústria – quando a empresa acredita que os resultados são previsíveis e o ambiente é plástico, mesmo que outros discordem da visão. Cenários futuristas podem surgir quando uma organização mapeia uma tendência emergente antes que a sua concorrência a veja, quando atualizações tecnológicas abrem alternativas de redesenhar o setor de atuação, ou até mesmo quando os clientes e usuários insatisfeitos com os produtos e serviços não são considerados e surge uma alternativa de um novo mercado a ser explorado.

A Figura 8, elaborada pelo BCG – Boston Consulting Group para a Harvard Business Review, ilustra como alguns dos principais setores se encaixam na classificação.

ADAPTADOR
Se o setor for imprevisível e a empresa não puder mudá-lo

MOLDADOR
Se o setor for imprevisível, mas a empresa puder mudá-lo

CLÁSSICO
Se o setor for previsível, mas a empresa não puder mudá-lo

VISIONÁRIO
Se o setor for previsível, mas a empresa puder mudá-lo

Eixo vertical: PREVISIBILIDADE
Eixo horizontal: MALEABILIDADE

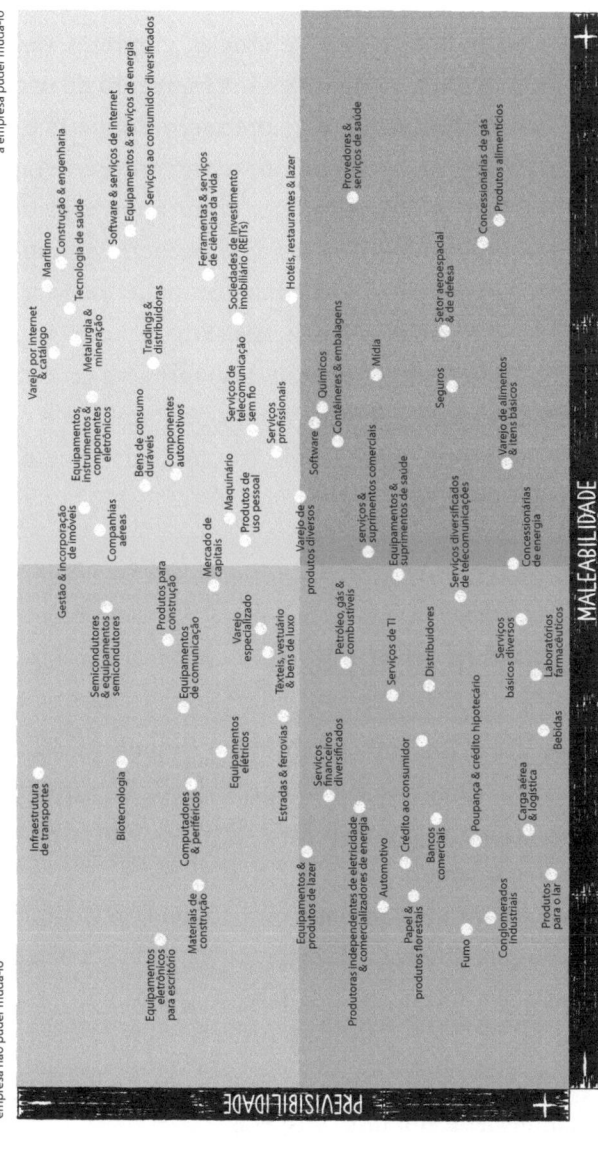

Pontos plotados no quadrante (aproximadamente):

- Equipamentos eletrônicos para escritório
- Materiais de construção
- Infraestrutura de transportes
- Biotecnologia
- Computadores & periféricos
- Equipamentos elétricos
- Gestão & incorporação de imóveis
- Semicondutores & equipamentos semicondutores
- Produtos para construção
- Equipamentos de comunicação
- Varejo especializado
- Têxteis, vestuário & bens de luxo
- Estradas & ferrovias
- Mercado de capitais
- Companhias aéreas
- Varejo por internet & catálogo
- Marítimo
- Construção & engenharia
- Metalurgia & mineração
- Tecnologia de saúde
- Software & serviços de internet
- Equipamentos, instrumentos & componentes eletrônicos
- Bens de consumo duráveis
- Componentes automotivos
- Equipamentos & serviços de energia
- Serviços ao consumidor diversificados
- Maquinário
- Produtos de uso pessoal
- Tradings & distribuidoras
- Ferramentas & serviços de ciências da vida
- Serviços de telecomunicação sem fio
- Serviços profissionais
- Sociedades de investimento imobiliário (REITs)
- Hotéis, restaurantes & lazer
- Equipamentos & produtos de lazer
- Serviços financeiros diversificados
- Produtoras independentes de eletricidade & comercializadoras de energia
- Automotivo
- Petróleo, gás & combustíveis
- Crédito ao consumidor
- Serviços de TI
- Poupança & crédito hipotecário
- Papel & produtos florestais
- Carga aérea & logística
- Bancos comerciais
- Distribuidores
- Serviços básicos diversos
- Laboratórios farmacêuticos
- Fumo
- Bebidas
- Conglomerados industriais
- Produtos para o lar
- Varejo de produtos diversos
- Software
- Químicos
- Containeres & embalagens
- serviços & suprimentos comerciais
- Equipamentos & suprimentos de saúde
- Serviços diversificados de telecomunicações
- Concessionárias de energia
- Varejo de alimentos & itens básicos
- Seguros
- Mídia
- Setor aeroespacial & de defesa
- Concessionárias de gás
- Produtos alimentícios
- Provedores & serviços de saúde

Adaptado de: BCG ANALYSIS

Figura 8 – Quadrante de previsibilidade e maleabilidade.

Escolher o momento certo é crucial: empresas visionárias de sucesso usam as lacunas – o surgimento de oportunidades, o reconhecimento e a apreciação de ideias e as reações de participantes estabelecidos – para previsão, construção e persistência. Primeiro, eles veem oportunidades, identificando megatendências com antecedência, aplicando novas tecnologias ou tomando medidas contra a insatisfação do cliente ou necessidades potenciais. Em segundo lugar, assumem a liderança na construção de empresas e produtos que concretizem a visão. Por fim, atenha-se a uma meta fixa enquanto supera com flexibilidade os obstáculos que não foram descobertos antes.

A ABORDAGEM DE RENOVAÇÃO

Ao operar em um ambiente hostil, o método atualizado pode refrescar a vitalidade e a competitividade da organização, que se caracteriza por duas fases distintas: sobrevivência e busca de crescimento.

Ao operar em um ambiente caótico, pode revitalizar e aumentar a competitividade da empresa. Quando o ambiente é tão difícil que a forma atual de fazer negócios não é mais sustentável, mudar a rota para conservar e renovar os recursos e, em seguida, redirecionar para o crescimento, é a única maneira de sobreviver e, por fim, prosperar.

Essas condições caóticas causadas pela incompatibilidade de abordagem estratégica da empresa com o meio ambiente ou choques externos ou internos podem ameaçar a sobrevivência da empresa. Embora esta possa não perceber imediatamente o perigo, a baixa margem de lucro de longo prazo ou o desempenho competitivo do crescimento das vendas, as quedas acentuadas no fluxo de caixa livre e na disponibilidade de capital, tudo isso indica que a sobrevivência da empresa está no meio do caos – e riscos de longo prazo.

As empresas devem primeiro notar e responder ao ambiente em deterioração o mais rápido possível. Portanto, as empresas precisam economizar para resolver de forma decisiva os obstáculos à viabilidade financeira e até mesmo à sobrevivência. Para fazer isso, a empresa deve focar nos negócios, cortar custos e reter capital enquanto libera recursos para financiar a próxima rodada da jornada de renovação. Nesse momento, a empresa precisa reiniciar sua bússola estratégica e se voltar para a próxima rodada da jornada da renovação, quando precisa pivotar para uma das quatro outras abordagens à estratégia.

É necessário entender o ambiente do seu setor, bem como a estratégia ideal. Correto? Sim, mas o maior problema é que a maioria das empresas e executivos não sabem em que ambiente em que atuam, ou pior, nem sabem, porque são psicologicamente programados como se o mercado ainda fosse clássico e não estivesse em constante e rápida mudança. Então, ao final, eles começam a desenvolver um plano estratégico, determinando primeiro a meta e, depois, voltando para encontrar o caminho. Tudo errado! A abordagem correta é primeiro investigar o ambiente atual do seu departamento (porque ele pode mudar de um ambiente para outro, ou apenas se tornar desfavorável), depois selecionar o estilo de estratégia para, então, determinar os objetivos (Tabela 5):

Caminho errado	Caminho correto
1) Estabelecer metas 2) Analisar o ambiente de mercado atual 3) Identificar obstáculos 4) Formular estratégias para superar os obstáculos	1) Identificar o ambiente competitivo atual 2) Identificar obstáculos 3) Adotar a estratégia adequada ao ambiente e obstáculos específicos 4) Estabelecer metas plausíveis, ajustar a estratégia

Tabela 5 – Caminho errado × Caminho correto.

Por fim, antes mesmo de você elaborar sua estratégia para obter resultados, você precisa se aprofundar em qual a estratégia adequada ao ambiente atual em que a organização está inserida (Tabela 6). A partir daí, é possível adaptar as metas específicas.

Item/ Paleta	Tipo de Ambiente	Atributos	Métricas – Sucesso
Clássica (Grande)	• Previsível • Inflexível	• Setor maduro • Baixo crescimento • Alta concentração • Regulação estável	• Escala • Participação de Mercado
Adaptativa (Rápida)	• Imprevisível • Inflexível	• Setor em desenvolvimento • Crescimento inconstante • Concentração limitada • Alta mudança tecnológica	• Tempo de ciclo • Índice vital de novos produtos (NPV)
Visionária (Pioneira)	• Previsível • Flexível	• Alto potencial de crescimento • Espaço em branco sem competidores diretos • Regulação limitada	• Imaginação • Criação • Persistência
Modeladora (Coordenadora)	• Imprevisível • Flexível	• Fragmentação • Nenhum concorrente ou plataforma dominante • Regulamentação flexível	• Lucratividade e Crescimento do Ecossistema • NVPI
Renovadora (Viável)	• Adverso	• Baixo crescimento, declínio, crise • Financiamento restrito • Fluxo de caixa negativo	• Corte de gastos • Fluxo de caixa

Tabela 6 – Estratégia adequada ao ambiente atual do seu mercado.

A AMBIDESTRIA ESTRATÉGICA

Destreza não é outra cor na paleta estratégica; é uma técnica que combina cinco métodos estratégicos entre si. Destreza é a capacidade de aplicar vários métodos estratégicos simultaneamente ou sucessivamente, desde que muitas empresas operem em mais de um ambiente estratégico ao mesmo tempo. Separação, troca, auto-organização e ecossistemas externos são formas inteligentes selecionadas de acordo com a diversidade e vitalidade do meio ambiente.

Muitas grandes empresas operam em vários ambientes que podem mudar rapidamente ao longo do tempo – expandindo muitas localizações geográficas e categorias de produtos diferentes – e são suportadas por vários recursos de habilitação. Essa diversidade exige que as empresas sejam flexíveis, pois não existe uma abordagem estratégica única que possa ser aplicada a uma grande empresa inteira por muito tempo.

A maneira correta de lidar com a ambiguidade depende do seguinte: em quantos ambientes diferentes a empresa opera (diversidade) e com que frequência esses ambientes mudam (dinâmico). A forma separada significa que diferentes abordagens estratégicas são gerenciadas de cima para baixo e executadas independentemente umas das outras em diferentes departamentos ou regiões geográficas. A empresa que aplica essa conversão gerencia um conjunto de recursos comuns que podem ser convertidos entre cinco métodos estratégicos. Auto-organização significa que cada departamento escolhe o melhor método de estratégia. No ecossistema, a empresa fornece externamente diferentes métodos estratégicos para operadoras que se especializam nos métodos necessários.

CONSCIENTIZAÇÃO DO *MINDSET*

Quantas vezes já faltou água em sua casa? Por acaso você já ouviu falar em racionamento de água? Quantas vezes já escutamos sobre o derretimento das geleiras, o aumento do nível dos mares oceânicos e, até mesmo, das temperaturas? Em 2019, a ONU estimou que esse recurso é escasso para 2,8 bilhões de pessoas, e serão 4 bilhões até 2030. Infelizmente, continuamos sem compreender que temos responsabilidade nisso tudo. Somos parte integrante e viva deste grande organismo chamado planeta Terra.

Deixamos de nos ver como parte da natureza e do outro; assim, esquecemos nosso propósito com o planeta, com as pessoas e com as organizações, para simplesmente satisfazer nossos próprios interesses. Sabemos que os recursos são finitos, mas, como só nos preocupamos com nossas próprias necessidades, agimos como se não fossem. E tudo começou a ruir. Muita coisa mudou no mundo desde que a indústria surgiu, porém parece que ela pouco se atualizou. Nunca fomos realmente encorajados a ter um estilo de vida que preservasse o planeta.

Vamos exemplificar com o alimento hambúrguer: a produção de um hambúrguer consome 2.400 litros de água, o que corresponde a mais de dois anos de consumo na vida de uma pessoa.

A população não vai parar de crescer, e com isso a demanda de recursos naturais será cada vez maior. Só que, quanto mais usamos esses recursos de forma desequilibrada, mais desestabilizamos o clima e mais difícil fica sua renovação. Além da preocupação com a água, o aquecimento global é uma grande ameaça que colabora com o cenário catastrófico que alguns ambientalistas anunciam, e mais uma vez a solução só depende de nós.

Você já parou para pensar quanto carbono emite em suas tarefas diárias? No trabalho e na vida pessoal? Tudo o que fazemos gera um impacto sobre a emissão de gases. Pequenos cuidados diários – como a atenção ao que você come e veste – podem contribuir com isso. É fato que, comendo carne vermelha, usando uma bolsa de couro, ou até mesmo uma simples blusa de malha com jeans, estamos causando um impacto imenso no futuro da humanidade. Mas, por falta de consciência, por não saber, não fazemos, não atuamos.

Podemos continuar comendo carnes e produtos agrícolas mesmo tendo noção das condições de produção e dos danos que fazem à Terra. Podemos continuar usando roupas de lugares que produzem de forma não ética, escravizando pessoas e saqueando o planeta, ou optar por ser agente da transformação.

Para realizarmos essas mudanças, vamos precisar passar por uma nova revolução industrial, o que para muitos, inclusive para nós, já começou. Toda a cadeia industrial precisará se transformar, e teremos que encontrar um novo jeito de fazer, mais sustentável. Essa transição vai ocorrer: ou vamos juntos desenhá-la, ou seremos apenas vítimas. Vamos precisar rever nossa existência na Terra, nem que seja por um instinto de sobrevivência.

Reflita no bem-estar dos seus colaboradores, no controle com a regulamentação da mão de obra e na economia e reciclagem de papel, coleta seletiva, reaproveitamento de materiais, economia de energia... Essas iniciativas podem vir de você, dos seus colaboradores, da área de gestão de pessoas, do marketing, até mesmo do comercial, pois podem se estender até o consumidor final, seu cliente. Dessa forma, começamos a ampliar a consciência de todos. Quanto mais pessoas estiverem nessa frequência, maiores as chances de criarmos soluções.

Se pensarmos que a Terra é circular, e de fato é, entenderemos que o planeta é cíclico. No entanto, a maioria dos produtos que produzimos é linear. Extraímos, produzimos, consumimos e jogamos fora com a crença de que os recursos naturais são infinitos, fáceis de adquirir e baratos, de modo que podem ser assim, simplesmente descartáveis. Precisamos estimular uma economia circular e não linear, na qual nada se perde e tudo se transforma, considerando o retorno de matérias-primas ao início da produção por meio da reciclagem ou reutilização.

Na dúvida, cabe a cada um fazer suas próprias escolhas, levando em conta o quanto acredita que está sendo a favor da vida.

IMAGINANDO O FUTURO: UM EXEMPLO PRÁTICO

Referenciamos as empresas como Airbnb, Uber, Lyft, TaskRabbit e outras como plataformas para a "economia compartilhada". É uma noção agradável – que pessoas criem e compartam valor. Mas esses negócios têm pouco a ver com compartilhamento. Na verdade, eles são bem-sucedidos precisamente porque não compartilham, mas sim agregam. É uma economia agregadora.

A Uber é uma corporação que agrega serviços de transporte. O Airbnb agrega quartos e é uma grande empresa que vale muitos bilhões de dólares. Outros agregam equipamentos e profissionais por meio de suas plataformas centralizadas e depois os revendem. No processo, eles coletam dados para exploração comercial. Nenhuma dessas companhias existiriam há uma década, pois as condições tecnológicas necessárias não existiam: *smartphones* onipresentes, GPS completos e sofisticados sistemas de pagamento.

Com a ajuda do blockchain, a tecnologia mais uma vez permitirá que você reformule setores e modelos de negócios inteiros. Os disruptores de hoje estão prestes a ser superados. Veja como exemplo o Arcade City, que usa um novo modelo de compartilhamento de carona, o sistema P2P (ponto a ponto). Apenas é estabelecida uma ligação fechada entre o condutor e o utilizador. Esse sistema P2P não está sujeito à legislação em vigor das "empresas de transportes".

Arcade City não controla os motoristas na sede, mas permite que os motoristas criem livremente suas próprias empresas de transporte como verdadeiros empresários. Os motoristas podem definir tarifas livremente, criar sua própria rede de passageiros frequentes e fornecer outros serviços, como entregas ou viagens. Os passageiros podem verificar as informações do motorista com antecedência e, em seguida, escolher suas informações pessoais favoritas.

Depois que o Uber encerrou as operações em Austin, o Arcade City estabeleceu a primeira rede autônoma de carona, que atualmente tem 43 mil membros. Austin's Arcade City forneceu transporte seguro e confiável para toda a cidade nos últimos meses. Lá, os passageiros e motoristas podem se comunicar diretamente e coordenar viagens sem um intermediário corporativo. A comunidade definiu seus próprios padrões para verificar os motoristas e outras estratégias.

No modelo de plataforma, a tecnologia é usada para automatizar os trabalhadores periféricos para realizar tarefas inferiores, enquanto o blockchain elimina o núcleo. A tecnologia não ignora o trabalho dos taxistas, mas suprime a demanda do Uber e permite que os taxistas trabalhem diretamente com os clientes. Imagine que, em vez do concentrador Airbnb, haja um aplicativo distribuído que é essencialmente uma cooperativa de propriedade de seus membros. Quando um inquilino deseja encontrar uma cotação, o *software* pesquisará todas as cotações, filtrará e exibirá as cotações que atendam às condições. À medida que a rede cria registros de transações no blockchain, a verificação ativa dos usuários melhora suas respectivas reputações e estabelece suas identidades, dessa vez sem intermediários.

Em um futuro próximo, acreditamos que a empresa será mais como uma rede, em vez de um nível de integração vertical na era industrial (cadeia de valor). Existe, portanto, uma oportunidade de distribuir (e não de redistribuir) riqueza de uma maneira mais democrática.

COMPETÊNCIAS DO FUTURO

Estamos vivendo em uma Era Digital, em que a tecnologia está mudando constantemente a maneira como vivemos e a forma como trabalhamos. Enquanto alguns trabalhos desaparecerão em poucos anos, outros, sequer existentes, logo se tornarão comuns.

Buscando captar quais habilidades serão fundamentais para crescer no mercado de trabalho, o Fórum Econômico Mundial divulgou em 2020 o relatório *The Future of Jobs Report*, no qual informa que as profissões em destaque para o futuro estão relacionadas às áreas de engenharia, computação, arquitetura e matemática. Percebemos, então, que os novos profissionais buscam tarefas mais ligadas à análise, senso crítico e inteligência de dados. Porém, não basta apenas ser um profissional ligado às áreas destacadas, é fundamental ter as habilidades necessárias, mostrando algo inovador para as empresas.

A mudança foi baseada no relatório *The Future of Jobs Report*, realizado pelo Fórum Econômico Mundial e apresentado em outubro de 2020. O estudo apresenta o futuro dos empregos, bem como as competências comportamentais para um profissional do futuro em 2025. O objetivo é passar informações sobre a relevância das tendências por setor e geografia, apresentando o horizonte de tempo esperado para que seu impacto seja sentido nas funções de trabalho, níveis de emprego e habilidades, com foco nas competências para o profissional no futuro.

Segundo o relatório, as principais competências para o profissional de 2025 devem ser:

1. Pensamento analítico e inovação.
2. Aprendizagem ativa e estratégias de aprendizagem.
3. Resolução de problemas.
4. Pensamento crítico.
5. Criatividade.
6. Liderança.
7. Monitoramento e controle de tecnologias.
8. Programação.
9. Resiliência, tolerância ao estresse e flexibilidade.
10. Raciocínio lógico.
11. Inteligência emocional.
12. Experiência do usuário.
13. Ser orientado a servir o cliente.
14. Análise e avaliação de sistemas.
15. Persuasão e negociação.

Os profissionais que desenvolverem essas competências ocuparão posição de destaque no mercado de trabalho, proporcionando às empresas e empreendimentos transformações sustentáveis e à distância.

Não há dúvida de que as mudanças tecnológicas, políticas e sociais estão impulsionando a transformação do mercado, e a tendência é que essas mudanças ocorram em um ritmo mais rápido. Para acompanhar esse crescimento, é preciso entender as mudanças e se preparar para elas. Afinal, vivemos em um mundo no qual a mudança é necessária e contínua.

2

CONCEITOS

O que eu preciso saber para mudar

Figura 9 – Guepardo (agilidade).

A chita ou guepardo (Acinonyx jubatus) é um animal da família dos felinos (Felidae). Seu comportamento é atípico em relação a outros animais felinos. Por conta de seu habitat na savana, vive na África, na Península Arábica e no Sudeste Asiático. É conhecido também como chita africana, lobo-tigre ou onça-pintada africana. A "almofada" do pé deste felino tem sulcos para melhor movimento em altas velocidades e sua longa cauda pode fornecer estabilidade ao se virar. Cada chita pode ser identificada pelo padrão de anel exclusivo em sua cauda. Tem uma pequena cabeça aerodinâmica e um pilar muito flexível, o que os ajuda na perseguição. É um predador e prefere uma estratégia simples: perseguir sua presa em alta velocidade em vez de emboscar ou caçar em grupos, mas às vezes pode caçar em pares.

A EVOLUÇÃO DO PENSAMENTO ESTRATÉGICO

Desde que a humanidade iniciou a produção de seus produtos e serviços, a ciência da gestão tem sido uma ferramenta básica usada consciente ou inconscientemente para compreender e formular estratégias de negócios. Por exemplo, Platão reconheceu as vantagens da divisão do trabalho: ao tornar os trabalhadores especializados em várias tarefas no processo de produção, pode-se obter melhores resultados em produtividade e eficiência do trabalho. Porém, somente no início do século passado é que os princípios científicos começaram a ser aplicados à gestão, principalmente a partir da obra de Frederich Taylor, Henry Fayol e Elton Mayo.

A estratégia organizacional é a ciência e a arte de desenvolver e utilizar os recursos disponíveis para atingir melhores resultados empresariais. É uma ciência porque constitui um sistema de conhecimentos, princípios e métodos sobre os quadros de conflito numa perspectiva social e política, integrando a história, a geografia, a política, a sociologia, a psicologia e as relações sociais. É uma arte porque, partindo das formulações de caráter científico e metodológico, introduz jogos de ação com o uso de capacidades morais e materiais, visando alcançar os resultados desejados. Assim, cria ou acrescenta à ciência. A estratégia organizacional é uma *interface* entre o desenvolvimento intelectual e a arte operacional, importando, por isso, que o estrategista tenha um caráter analítico, pragmático, inovador e multidisciplinar.

Se até pouco tempo atrás o processo da estratégia era caracterizado por longos períodos de estabilidade, interrompidos ocasionalmente por curtos períodos de mudança, hoje podemos dizer que o ato de administrar é gerir longos períodos de mudanças constantes, interrompidos por curtos períodos de estabilidade. Lidar com a mudança torna-se, então, uma atividade contínua para a maioria das organizações. O desafio dos líderes está em motivar seus liderados e estimular a criatividade e a tolerância em relação às mudanças organizacionais.

Não compete ao líder apenas garantir que sua equipe atue favoravelmente e sem atropelos no presente: ele precisa, acima de tudo, sugerir e promover mudanças que ajudem a empresa a se sair ainda melhor no futuro. A mudança pode e deve ser administrada de modo a nos ajudar a realizar objetivos pessoais, corporativos e sociais. Para que isso aconteça efetivamente, os líderes devem deixar de ser apenas agentes de mudança, ou mesmo contrários à mudança, para serem revolucionários organizacionais que procuram transformar o modo pelo qual trazem as mudanças que desejam. Isso requer o desmantelamento da hierarquia organizacional, da burocracia e da autocracia, usando colaboração, justiça e autogerenciamento para aumentar a participação, a motivação, o engajamento e a responsabilidade.

Portanto, a evolução do pensamento estratégico ocorre sempre como resposta às mudanças do ambiente. Durante as principais etapas, não se descartam todas as ideias das fases anteriores, ficando registrados os elementos mais importantes.

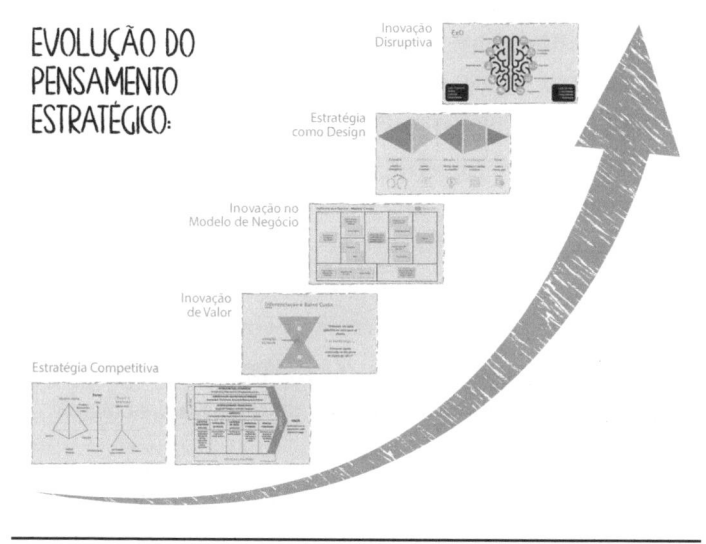

Figura 10 – Evolução do pensamento estratégico.
(Fonte: Lobão e Zilli, 2020)

Estratégia competitiva: nessa fase, o objetivo era criar uma vantagem competitiva – uma característica ou vantagem que uma empresa possa ter sobre seus concorrentes. Isso pode ser conseguido oferecendo aos clientes um valor melhor e maior. Michael Porter definiu os dois tipos de vantagem competitiva que uma organização pode alcançar em relação aos seus rivais: menor custo ou diferenciação. Essas vantagens derivam de atributos que permitem uma organização superar a sua concorrência, tais como posição superior no mercado, habilidades ou recursos. Porter propôs a teoria em 1985, enfatizando o crescimento da produtividade como o foco das estratégias nacionais. A vantagem competitiva assenta-se na noção de que a mão de obra barata é ubíqua e os recursos naturais não são necessários para uma boa economia.

O papel tradicional de buscar a estratégia competitiva de uma empresa pode ser resumido como: buscar uma vantagem consistente sobre os concorrentes, começando pela definição da parte do mercado a ser atendida, avaliando os determinantes da competitividade do mercado e competindo com outras indústrias. Comparado com oponentes, o uso de métodos pode fornecer melhores condições de forma mais eficaz.

Inovação de valor: seu objetivo é criar um mercado e tornar a concorrência irrelevante. Encontrar formas de diferenciação em um mercado cada vez mais complexo, globalizado, dinâmico e competitivo é um desafio, que envolve extensas análises, principalmente tomadas de decisões que afetarão toda a cadeia de processos criada para suportar o posicionamento definido pela empresa. A cena está ficando cada vez mais instável. Por exemplo, o posicionamento adotado vai desde a informação prestada aos diferentes *stakeholders* até a definição de modelos de negócio e públicos-alvo, e constitui o principal conceito de que todas as demais áreas da empresa devem desenvolver atividades para o alcance dos resultados.

Basicamente, com base em atributos como preço, posições semelhantes entre empresas do mesmo setor definem um modelo competitivo. A busca pela eficiência produtiva é cerceada, mais cedo ou mais tarde, por limites internos ou externos e, então, as margens de lucratividade são reduzidas para que a empresa consiga permanecer viva e, preferencialmente, competitiva, dentro da lógica e *status quo* vigentes.

Ter melhor qualidade, valor justo e um atendimento ainda melhor é a meta de todas as empresas. Portanto, fazer mais da mesma coisa não levará a organização a um nível mais alto de diferenciação. Na melhor das hipóteses, esse método continuará a existir até que as possibilidades de melhoria se esgotem e a exaustão seja alcançada. No nível empresarial, o posicionamento de produtos e serviços segue a mesma lógica evolutiva de diferenciação. Portanto, valor é o que os compradores estão dispostos a pagar para satisfazer suas necessidades e desejos (tangíveis ou intangíveis). Os produtos e serviços com maior valor percebido são aqueles cujas diferenças são valorizadas, desejadas e consumidas pelo público. Portanto, quando os atributos fornecidos por produtos e serviços são considerados semelhantes, equivalentes ou iguais, a atribuição de valor do cliente é muitas vezes concentrada nos benefícios mais óbvios e diretos, como o preço.

No mais recente método de modelagem de estratégia competitiva concebido por estudiosos da gestão, podemos nos concentrar no modelo Oceano Azul, que se baseia em uma lógica oposta ao pensamento estratégico tradicional de cima para baixo. No Oceano Azul, o foco da competição não deve ser colocado no ecossistema dos competidores tradicionais, eles exploram a mesma estratégia que eles. Os autores W. Chan Kim e Renée Mauborgne pregam que a melhor estratégia é se livrar do Oceano Vermelho de preços altos e explorar um Oceano Azul sem competição, criando produtos, serviços, categorias e mercados completamente subdesenvolvidos. Para o autor, a melhor forma de competir é tornando os competidores irrelevantes.

Kim e Mauborgne propuseram desenvolver estratégias inovadoras para olhar para suas realidades de mercado de uma perspectiva diferente, tentando encontrar espaços que os concorrentes ainda não desenvolveram e são avaliados por clientes e por potenciais clientes; propostas para atributos de grupo para quebrar os padrões do modelo de negócios atual.

Essa abordagem traz o poder de mudar a lógica da competição, colocando os produtos e/ou serviços de uma determinada empresa de forma única, sem comparar diretamente com os atributos de valor que norteiam o cenário de competição. Esses espaços de mercado inexplorados são o Oceano Azul definido pelo autor.

Inovação no modelo de negócio: tem como objetivo definir e criar modelos de negócios para gerar e entregar valor. Sua construção é essencial para o desenvolvimento estratégico e operacional de qualquer organização. É preciso lembrar que a inovação é a chave do sucesso. O modelo Canvas (geração de modelos de negócios) possibilita o desenvolvimento de inovações estratégicas, aumentando a competitividade da empresa. Portanto, o modelo de negócios é uma forma de incrementar o processo de gestão da empresa, o que inevitavelmente levará a melhores resultados, inclusive financeiros.

O Canvas é a ferramenta mais comumente usada e consiste em nove partes: proposta de valor, base de clientes, relacionamento com o cliente, canais, atividades-chave, recursos-chave, parcerias-chave, estrutura de custos e fontes de receita. A proposta de valor é composta por uma série de fatores. Portanto, produtos de alta qualidade podem não necessariamente alcançar sucesso de vendas. É comum ver empreendedores acreditarem que a alta qualidade de seus produtos trará sucesso imediato e ficarem frustrados por não entenderem por que não podem ficar tão frustrados quanto imaginavam. Entre vários fatores, a forma de comunicação (incluindo embalagem, idioma utilizado, cor), disponibilidade (onde e como o produto será fornecido) e o preço adequado são fundamentais para que o cliente perceba o valor de um novo produto. Além disso, é necessário provar ao cliente que seu produto é capaz de superar os produtos que ele está acostumado a comprar.

Quando os benefícios de algo (por exemplo, conforto, beleza e facilidade de uso) excedem seu custo, dizemos que é valioso para os clientes. É importante lembrar que custo não é apenas dinheiro, mas também custo de energia (é fácil comprar?), tempo (eles precisam de tempo para entregar?), custo psicológico (vão me criticar por comprar isso?). A escolha da segmentação do cliente é crítica para a proposta de valor correta. Um segmento é um grupo de pessoas que podem ser agrupadas de acordo com um conjunto de características (como renda, estilo de vida ou valores pessoais). Produtos com proposta de valor clara e alinhados ao público-alvo são muito valorizados por esse segmento de mercado e muitas vezes criticados por terceiros (pessoas que não valorizam esses produtos).

A adoção de estratégias relacionadas ao cliente é a base do sucesso. A prioridade deve ser dada aos serviços em todos os canais (redes sociais, WhatsApp, sites, lojas físicas). Você também deve definir como o produto chega ao cliente: é pela loja física? Quer mandar para a casa dele? Essas decisões afetam diretamente os custos operacionais.

A empresa precisa definir suas atividades principais, os recursos necessários e os custos envolvidos na criação e operação da empresa. Sem essas informações, você não será capaz de construir um negócio sustentável. Você também deve considerar quem são seus parceiros e quem pode ajudá-lo a divulgar e viabilizar seu negócio. Por fim, na modelagem de negócios, são definidas as fontes de receita da empresa. Se as etapas anteriores forem feitas corretamente e, principalmente, se a proposta de valor estiver adequada com as necessidades do público-alvo, ganhar dinheiro será uma consequência natural.

Estratégia como design: tem como lógica central a inovação contínua por meio da experimentação rápida. O *Design Thinking* é um termo cada vez mais popular, mas que ainda desperta dúvidas em alguns profissionais. De fato, a partir dos valores dessa abordagem, é possível trazer inovação e efetividade para suas estratégias. Sim, o *Design Thinking* é uma abordagem, não uma metodologia ou roteiro de ação com um passo a passo bem definido e etapas fixas, imutáveis.

O design como estratégia de gestão possui características multidisciplinares e visa posicionar de forma satisfatória a empresa, marca e produtos de consumo no mercado-alvo com o menor custo possível e otimização de processos por meio de experimentos (*MVP – Minimum Viable Product*, em inglês). A gestão de *Design Thinking* é responsável por gerenciar todas as atividades que possam trazer melhorias para a empresa no curto, médio ou longo prazo, desenvolvendo produtos que atendam às necessidades do consumidor, concluindo-os no prazo e eliminando custos excessivos. Essa é uma estratégia que ajuda as organizações a aumentar a eficiência, permanecer competitivas e diferenciar seus produtos e serviços. Trata-se de uma atividade claramente multidisciplinar, que executa planos estratégicos e operacionais com base na visão e missão da empresa.

O verdadeiro *Design Thinking* não surge no universo da espontaneidade, mas necessita de disciplina, método e muita pesquisa que deem asas à criatividade. É preciso estar sempre com os pés na realidade e em constante processo de renovação, acompanhando as novidades tecnológicas, o mercado e as oscilações da moda em uma constante tentativa de prever os anseios dos consumidores.

Inovação disruptiva: a inovação disruptiva causa uma transformação no setor. Também conhecidas como organizações exponenciais, as empresas que realizam inovações disruptivas são capazes de criar abundância (decorrência da disrupção causada pela desmaterialização, desmonetização e democratização) a um ambiente de negócios em rápida mudança, por sua capacidade de crescer dez vezes mais rápido que as organizações tradicionais. São organizações cujo impacto é desproporcionalmente grande, quando comparadas com suas semelhantes, devido ao uso de novas técnicas de organização que alavancam tecnologias aceleradoras.

Empresas como Amazon, Google, Airbnb, Facebook, Spotify, Uber, iFood e Skype estão transformando setores de alto a baixo, da fabricação ao varejo e serviços, chegando até mesmo à filantropia. Esse novo modelo de pensar e entregar valor permite que as organizações se adaptem às mudanças causadas pela Quarta Revolução Industrial, à medida que aproveitam o melhor das metodologias anteriores e acrescentam elementos para abordar as tecnologias exponenciais e suas implicações.

Hoje, estamos experimentando mudanças exponenciais em todos os aspectos da organização, muito além de quaisquer mudanças no passado. Nossa resposta à onda de mudança é usar o próprio poder da mudança. Para fazer isso, você precisa transformar uma organização linear em uma organização exponencial.

A economia industrial está centrada na expansão de escala. Depois que uma empresa cria um produto de sucesso, o desafio é usar as economias de escala tanto quanto possível. Isso pode reduzir custos e permitir que a empresa supere seus concorrentes, ganhe participação de mercado e estabeleça sua própria posição de liderança. Todos os investimentos estão voltados para o *scaling up* (marketing em larga escala, produção em larga escala, distribuição em grande escala), e a empresa é uma organização centralizada e hierárquica.

Mas, na Era Digital, os investimentos nessas escalas estão se tornando uma desvantagem competitiva. A tecnologia de computação em nuvem e a inteligência artificial subverteram as economias de escala. No campo da computação em nuvem, qualquer pessoa pode usar recursos técnicos baratos, o que significa que a escala não é importante. As empresas podem alugar o mínimo de coisas que precisam, o que não traz muitos benefícios para as empresas com muitos negócios. Mas não se trata apenas de tecnologia – o mesmo modelo se aplica a qualquer função. Por exemplo, ficou mais fácil usar as plataformas digitais para contratar os funcionários de que a empresa precisa.

No plano econômico, o acesso à tecnologia reduz as barreiras à entrada em setores e as PMEs a entrar em novos negócios. A inteligência artificial tem um impacto profundo em escala. Se as novas tecnologias e plataformas possibilitam uma produção lucrativa sem escala, a IA permite saber o que cada consumidor quer, para que os produtos e serviços possam ser customizados. Por outro lado, as "deseconomias" de escala aparecem mais cedo.

Quanto maior a escala, mais dados a empresa tem e, quanto mais dados, mais fortes são os recursos de inteligência artificial. Mas a questão é que qualquer empresa que ofereça produtos indiferenciados em escala perderá participação de mercado – e, eventualmente, escala. Portanto, há espaço para empresas ou plataformas aproveitarem essas novas tecnologias e novos modelos de negócios. O desafio, então, é como se livrar do legado de economias de escala. Muitas empresas na Era Industrial não perceberam a mudança nas tendências de consumo, mas, em alguns casos, por questões de escala, conseguiram recuperar o tempo perdido copiando ou adquirindo concorrentes.

Na Era Digital, os modelos de negócios em grande escala podem não perceber as tendências e não podem compensar o tempo perdido. A escala está profundamente enraizada na empresa – em termos de estrutura, indicadores de desempenho, remuneração, processos, habilidades dos funcionários e cultura –, é difícil fazer a transição. Isso não é um problema apenas para a empresa. Por exemplo, a Alemanha é mundialmente conhecida por sua tecnologia de engenharia de alta qualidade, mas a economia alemã está lutando para fazer a transição para o mundo digital. O país ainda não possui um ecossistema empreendedor vibrante do qual possam nascer novos modelos.

PENSADORES QUE INFLUENCIARAM CADA ETAPA DO PENSAMENTO ESTRATÉGICO

Muitos dos líderes empresariais de hoje viveram, estudaram e experimentaram um modelo clássico de competição. A maioria das grandes empresas participava de indústrias bem definidas, que vendiam produtos ou serviços com grande semelhança. Elas ganharam vantagem ao buscar economias de escala e capacidades como eficiência e qualidade, seguindo um processo de análise deliberada, planejamento e execução focada. Observe a Figura 11.

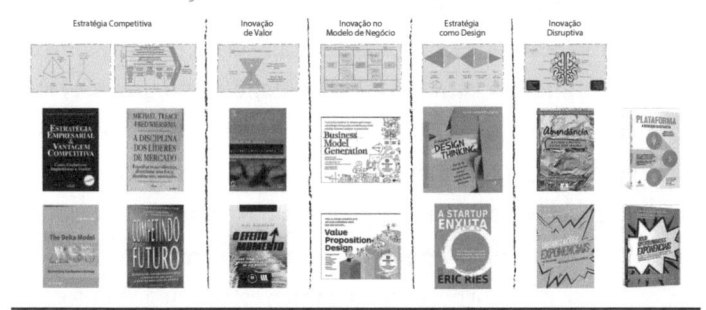

Figura 11 – Evolução das influências do pensamento estratégico (Fonte: Lobão e Zilli, 2020).

O tradicional manual de estratégias já não é suficiente. Em todas as empresas, a concorrência está se tornando mais complexa e dinâmica, ao mesmo tempo que os limites da indústria estão se desfazendo. O tempo de vida do produto e da empresa está diminuindo. O progresso tecnológico e a ruptura estão transformando rapidamente os negócios. A alta incerteza econômica, política e competitiva é evidente e provavelmente persistirá no futuro previsível.

Assim, além das vantagens clássicas de escala, as empresas estão agora disputando novas dimensões de concorrência – *modelando* situações maleáveis, *adaptando-se* a situações incertas e *sobrevivendo a* condições adversas – que, por sua vez, exigem novas abordagens. As apostas são maiores do que nunca: a diferença no desempenho entre as empresas de quartil superior e inferior aumentou em cada uma das últimas seis décadas.

Os líderes empresariais estão lidando com preocupações competitivas complexas no curto prazo. Mas eles também devem olhar além da situação atual e entender, em um nível mais fundamental, o que separará os vencedores dos perdedores na próxima década. Novos imperativos da concorrência virão em primeiro plano para muitas empresas. Nos modelos tradicionais de produção, as empresas operavam em uma cadeia de valor linear para fornecer uma gama restrita de produtos. No entanto, a atividade econômica está cada vez mais organizada em *ecossistemas* – redes complexas e semifluidas de empresas que ultrapassam os limites da indústria convencional.

Os ecossistemas combinam informações e capacidades de uma ampla variedade de atores, aumentando sua capacidade coletiva de explorar novos caminhos e aprender sobre o mercado. Eles também permitem o rápido desenvolvimento de novas ofertas em resposta a oportunidades emergentes que não poderiam ter sido previstas. Esses benefícios serão essenciais em futuros ambientes de negócios, que provavelmente serão mais complexos e menos previsíveis do que os do passado.

No entanto, perceber esses benefícios requer uma nova lógica organizacional, um novo *mindset*. Os ecossistemas não podem ser gerenciados com sucesso, com planejamento e controle deliberados. Em vez disso, as organizações precisam ser adaptáveis para responder aos sinais que emergem do ecossistema – por exemplo, implementando processos internos flexíveis e responsivos. Além disso, precisam desenvolver capacidades de modelagem para influenciar indiretamente o ecossistema em direções mais benéficas – por exemplo, projetando plataformas que incentivem outras partes interessadas a agir de determinadas maneiras.

MAPA DE *STAKEHOLDER*

O conceito de *stakeholders* refere-se a grupos que detêm direitos legais sobre a organização (FREEMAN, 1984). Isso leva em consideração qualquer indivíduo ou grupo que possa influenciar a realização das metas da organização ou ser afetado pelo processo de busca dessas metas. Podem ser: acionistas, credores, gerentes, funcionários, consumidores, fornecedores, comunidades locais, o público etc.

No entanto, Bowditch & Buono (1992) definiram os *stakeholders* como sendo: "grupos ou pessoas identificáveis que uma organização depende para sobreviver: acionistas, funcionários, clientes, fornecedores e entidades governamentais". O modelo dos *stakeholders* sugere que o comportamento estratégico é afetado por diversos grupos situados em seu ambiente e as estratégias da organização devem buscar satisfazê-los da melhor maneira possível.

De acordo com PMBOK (2013), a gestão das partes interessadas inclui identificar todas as pessoas, grupos e organizações que podem ser afetados ou impactados. De acordo com o projeto, analise as expectativas das partes interessadas e seu impacto no projeto, e desenvolva estratégias de gestão adequadas para permitir que as partes interessadas participem efetivamente da estratégia da organização.

Ainda assim, dentro do mapeamento dos *Stakeholders* é interessante destacar o nível que cada integrante tem em relação à organização no que tange a função, responsabilidades, autonomias, experiência, escolaridade, conhecimento do negócio, tempo de casa, grau de ligação, grau de influências e demais características necessárias para estabelecer um mapa completo das partes interessadas da organização.

Não existe jeito certo ou errado. Existe o que melhor se adapta às suas necessidades e recursos disponíveis. A compreensão do mapa de *stakeholders* e como usá-lo expande as possibilidades de métodos estratégicos para identificar e ajustar benefícios, determinar informações-chave, estabelecer narrativas e escolher a melhor forma de aumentar as estratégias de impacto.

Uma dica valiosa que nós autores gostamos de aplicar em nossos trabalhos de consultoria é a relação entre duas grandes variáveis na organização: poder e interesse. Ou seja, comece a identificar na organização os colaboradores, ou até mesmo os acionistas, ou investidores, enfim, as pessoas que possuem um alto interesse e um alto poder. Essas, com certeza, são as pessoas que devemos gerenciar, ou cuidar de perto, às quais nunca pode faltar informação, engajamento nas estratégias, nos anseios e desejos, bem como identificação de possíveis resistências e riscos à estratégica corporativa. Esse grupo de pessoas chamamos de "grupo que temos que gerenciar de perto".

A segunda referência é identificar as pessoas que possuem alto poder, porém baixo interesse, o que chamamos de pessoas que devem ser mantidas satisfeitas. Essas pessoas não participam ativamente, sobretudo têm o poder de decisão, e por terem essa tomada de decisão, devem estar alinhadas com a estratégia, os *drivers* e, principalmente, a uma visão a longo prazo da empresa.

A terceira referência é exatamente o oposto da segunda, ou seja, pessoas que possuem alto interesse, porém baixo poder. Essas não têm poder, obviamente, mas possuem uma alta influência no grande grupo – "pessoas que temos que gerenciar de perto".

Por fim, e não menos importante, o grupo de pessoas que possuem baixo interesse e baixo poder. Normalmente, esse é o grupo de pessoas que demonstra um certo descontentamento geral, principalmente um desconforme e resistências. É um grupo que merece ser olhado com carinho, pois podem causar um grande dano à estratégia se um grande volume de pessoas estiver mais enquadrado nele.

Ainda assim, você pode estar se perguntando: "Por que eu preciso de um Mapa de *Stakeholder*?".

A resposta é simples: quanto mais conhecemos as pessoas, menos as conhecemos. Assim, quanto mais identificarmos os *stakeholders* na organização, com mais clareza e fluidez o processo de comunicação, engajamento, decisão se dará. Então, aqui seguem algumas questões-chave para você refletir a respeito dos seus *stakeholders*:

- Frequência de contato.
- Nível de necessidade que temos deles para atingir nossos objetivos.
- Nível de poder ou influência que eles têm sobre a estratégia.
- Se eles querem ou não que tenhamos sucesso.
- Como podemos mantê-los do nosso lado.
- Como podemos torná-los mais solidários.
- Como podemos afetar a quantidade de influência que eles exercem.
- Como podemos trazê-los para nosso lado.

BX – *BUSINESS EXPERIENCE*

A estrutura de quase tudo o que fazemos – como e o que as pessoas compram, como e onde trabalham, como interagem com os outros – foi derrubada por eventos mundiais em 2020. As mudanças de comportamento do consumidor que foram citadas no começo deste livro, com as características marcantes das gerações, são o começo dessa transformação.

Nessa transformação, as empresas não se limitam mais a pensar apenas na experiência dos clientes, ou seja, no *Customer Experience* (CX) e estruturar toda a organização em torno da entrega de experiências excepcionais. Agora, há uma evolução do CX: o BX, uma abordagem mais holística, que permite que as organizações se tornem obcecadas pelo cliente. Considerando que o CX estava limitado à competência do diretor de marketing (CMO) ou diretor de operações (COO), o BX está na sala da alta direção como uma prioridade do CEO porque se vincula a todos os aspectos das operações de uma empresa junto a sua estratégia e seu posicionamento no mercado

BX é, em grande parte, uma nova categoria de liderança, e CEOs experientes e suas equipes de liderança adotarão essa liderança ao entrarmos na próxima década. Podemos dizer que essa é uma forma inovadora de promover o desenvolvimento dos negócios.

Muitas organizações parecem fora de sincronia, muito rígidas ou agem mais devagar do que mudanças nos consumidores.

À medida que as expectativas aumentam, experiências simples, rápidas, claras e intuitivas são fornecidas aos clientes, o que significa que são fáceis de replicar e não diferenciadas o suficiente para ganhar automaticamente participação de mercado. Como resultado, agora é mais difícil distinguir apenas pelo ponto de contato com o cliente do que décadas atrás. Se a experiência de uma organização não atender aos padrões definidos por empresas que não competem diretamente com ela, eles serão considerados um fracasso. Isso ocorre porque as expectativas do consumidor realmente se tornaram fluidas em diferentes categorias de produtos e serviços. Eles não comparam mais a experiência da marca entre duas empresas diferentes no mesmo espaço. Em vez disso, eles fazem comparações entre a experiência de marca de, por exemplo, um provedor de serviços móveis com uma das melhores companhias aéreas da classe, ou até mesmo um jogo baseado em design e tecnologia, como o Airbnb.

Se executado corretamente, um investimento na CX produzirá bons resultados: mais clientes, vendas e fidelização. Sua importância não diminuiu, mas sua proposta de valor está perdendo força, porque muitos dos princípios básicos do CX agora são comuns. Por 25 anos, os designers de todos os lugares vêm melhorando gradualmente os pontos de contato e estabeleceram padrões. Por exemplo, sabemos dar as boas-vindas a novos clientes do banco por meio de um bom processo de integração. Vimos como exibir roupas em uma loja digital. Normalmente, esperamos um *checkout* on-line super-rápido com o mínimo de cliques.

Com o aumento das expectativas, isso traz aos clientes uma experiência simples, rápida, clara e intuitiva, o que significa que eles são fáceis de replicar e não diferenciados o suficiente para ganhar automaticamente participação de mercado. Como resultado, agora é mais difícil distinguir apenas pelo ponto de contato com o cliente do que décadas atrás.

As marcas estão sob uma pressão tremenda para representar algo maior do que os produtos e serviços que vendem. Hoje, oito em cada dez consumidores dizem que esse propósito é pelo menos tão importante para eles quanto o CX. Entre os consumidores das gerações Y e Z, mais da metade dos consumidores (em comparação com 37% dos demais consumidores) disse que quando uma empresa se decepcionar com seus comentários ou comportamento sobre questões sociais, gastará parte da transferência do prestador de serviço.

O reconhecimento de que a visão e o propósito de uma marca podem desempenhar um papel crítico em seu crescimento é a base de uma abordagem BX.

A Netflix, por exemplo, não apenas criou um serviço de *streaming* de filmes; ela transformou toda a sua empresa para possuir a experiência em torno da programação e como a vemos em casa. Pense nisso como um BX de: o negócio do entretenimento doméstico.

A PicPay, por sua vez, não apenas criou um aplicativo de pagamento; ofereceu uma forma universal de pedir e emprestar dinheiro a amigos e familiares, independentemente da afiliação bancária e sem o incômodo de dinheiro. Pense nisso como um BX: o negócio de pagamentos sem atrito.

Você deve se tornar uma organização de escuta. Isso significa captar sinais por meio de dados e pesquisas para entender o que as pessoas estão dizendo e como estão se comportando (saber que os dois não são sempre os mesmos). Por fim, BX significa aprender de forma eficiente e contínua com seus clientes. A integração rápida e contínua de percepções qualitativas e quantitativas sobre um grupo de pessoas pode informar resultados acionáveis e convidar seus clientes a colaborar na formação do futuro.

TXM – *THINK EXPERIENCE MANAGEMENT*

Novos métodos e abordagens são necessários para obter uma compreensão desse contexto e integração de dados das necessidades não atendidas das pessoas. Combinar a segmentação de mercado tradicional com a pesquisa de pensamento contextual pode produzir uma maneira rica e unificada de entender e prever o que os clientes podem fazer e por que, com base nas necessidades dos clientes em diferentes situações. Já se foram os dias de pesquisas de subdivisões que duravam um ano. Fazer com que seja rápido e nas mãos certas é a chave. Um bom BX significa aprendizado contínuo e eficiente com os clientes. A integração rápida e contínua de percepções qualitativas e quantitativas sobre um grupo de pessoas pode fornecer resultados acionáveis e convidar seus clientes a trabalharem juntos para moldar o futuro.

Fundado em 2006, na Universidade Federal de Santa Catarina, o Laboratório de Orientação da Gênese Organizacional (LOGO UFSC) desenvolve pesquisas e projetos de extensão que contemplem a construção e desenvolvimento de marcas como seu objeto de estudo. O laboratório trabalha com uma metodologia própria para os projetos a TXM Branding. A metodologia possui uma abordagem que combina diferentes ferramentas de design, UX Design e tem como base teórica o Brand DNA Process®, desenvolvido com base nas pesquisas do laboratório.

TXM é um acrônimo para "pense, experimente e gerencie" (as três etapas principais do método). Desde o início do processo criativo, a TXM envolveu as partes interessadas e formadores de opinião por meio de cocriação e colaboração. De acordo com Prahalad e Ramaswamy (2004), a qualidade da experiência do cliente depende da natureza do envolvimento do cliente na cocriação de produtos ou serviços. Não importa como os indivíduos escolhem cocriar e colaborar em suas experiências, é necessário promover um ambiente no qual todos possam criar sua própria experiência personalizada.

A fase de pensamento começa com a construção e verificação do DNA da marca. Essa operação é realizada utilizando o processo de DNA da marca. A ferramenta se baseia na analogia de que, assim como os seres vivos, as marcas também possuem o DNA que determina suas características, tornando-as reais. Ele é gerado a partir desse processo e servirá de guia para definir a personalidade da marca e como ela deve ser comunicada.

É um método desenvolvido no âmbito do design para identificar o DNA da marca e criar valor para a empresa, pois recomenda que os seus diversos *stakeholders* partilhem a sua experiência desde o início do trabalho criativo e participem no serviço de design de produto e comunicação. Em termos de emoções e tribos, esse modelo defende a participação dos clientes-alvo da organização, e essa participação deve começar no início do processo criativo. Isso pode criar condições para a geração de tribos, pois elas mesmas são participantes do impulso de criatividade e inovação da empresa, por isso sentirão fortemente seu envolvimento no grupo (PRESTE e GOMEZ, 2010).

Os elementos que compõem a essência de marca por meio da metodologia TXM foram distribuídos em cinco conceitos característicos e complementares que regem todas as atividades da atmosfera de marca:

- **Emocional:** aproxima a marca dos seus aspectos decisórios de fidelização do consumidor. Evidenciam o seu diferencial perante as marcas concorrentes.
- **Mercadológico:** representa a maneira pela qual a marca se apresentará no mercado de modo vendável.

- **Técnico:** relaciona-se diretamente com o produto ou serviço oferecido pela empresa. As qualidades técnicas do produto representam a tangibilidade da marca.
- **Resiliente:** representa a capacidade de adaptação da marca.
- **Integrador:** integra os outros quatro conceitos de forma a proporcionar autenticidade à marca e um efetivo posicionamento no mercado.

Aplicação da TXM em uma organização de planejamento tributário e fiscal, a qual possui um *software* para automatização dos cálculos e cenários.

Conceito	Definição
Técnico	Visibilidade fiscal
Resiliente	Motor de cálculo
Emocional	Consolidação
Mercadológico	Lucratividade
Integrador	Maior lucratividade por meio da visibilidade fiscal

Tabela 7 – Modelo TXM Branding – *Software* **de visibilidade fiscal.**

Mais um exemplo de aplicação em uma empresa de treinamentos para casais empreendedores.

Conceito	Definição
Técnico	Equilíbrio
Resiliente	Capacitação
Emocional	Plenitude
Mercadológico	Empreender em Casal
Integrador	Referência

Tabela 8 – Modelo TXM Branding – Treinamentos para casais empreendedores.

Propõe a TXM Branding como um método cocriativo de construção e gestão de marcas que explora a criação de experiências como um modo de agregar valor emocional e mercadológico à marca.

INOVAÇÃO DE EXPERIÊNCIAS

A inovação de experiências é a solução de problemas de uma maneira totalmente nova. Isso requer repensar seu ponto de partida para a inovação, com base nas necessidades humanas. Por exemplo, se a inovação focar apenas em um único aplicativo, ela pode levar a serviços mais confiáveis ou soluções mais personalizadas, mas nenhum deles sozinho mudará as regras do jogo. Eles são melhorias em produtos, serviços e experiência de marca, não inovações substanciais. E eles serão relativamente fáceis de replicar. Quando as inovações se unem de forma coerente e complementar para criar valor na experiência, é mais difícil de implementar e mais difícil de replicar (mais transformador para os clientes).

Como a experiência que você precisa fornecer mudou drasticamente e continua a evoluir, a necessidade de criar flexibilidade em seus sistemas e processos nunca foi tão forte. Somente integrando tecnologias, ferramentas, dados e processos podemos alcançar a centralização no cliente em uma escala maior. Isso o ajudará a construir e manter o BX, a se adaptar a situações desconhecidas e fornecer a melhor e mais relevante experiência ao cliente.

Primeiro, use a nuvem para construir uma infraestrutura técnica mais ágil. Pense no seu sistema como uma pilha. Cada vez mais nuvens devem estar no fundo. Isso não apenas permite que você economize custos, mas também conecte dados e pessoas de maneiras mais novas, rápidas e criativas.

Então, usando a economia da arquitetura em nuvem, você pode reinvestir em dados alimentados por IA para melhorar o desempenho. Os dados suportam o reconhecimento de padrões na nuvem para ajudá-lo a ver e entender as coisas. Como os dados continuam a impulsionar o desempenho por meio de experiências mais relevantes e impactantes, você pode usar esse conhecimento para melhorar sua infraestrutura de nuvem e aumentar a eficiência.

Por que existe uma camada de nuvem e uma camada de dados? Por sua vez, são apenas investimentos em tecnologia e operações. Eles criam valor por meio das experiências que criam. Portanto, não divorcie seu investimento dos resultados do cliente. Inverta esse pensamento e planeje sua estratégia de tecnologia em torno de seus objetivos de experiência.

INOVAÇÃO DOS MODELOS DE NEGÓCIO

A maioria das empresas que pensam que são inovadoras e que estão desenvolvendo modelos de negócios disruptivos estão, na verdade, comprometidas com a inovação sustentável. Quando uma empresa só faz melhorias incrementais em seus produtos para atender às necessidades dos clientes que já se encontram num mercado existente, isso não causa interrupções. Ao contrário, em um modelo de negócio disruptivo, um novo mercado é criado, o modelo de negócio é completamente diferente do anterior, além de significar até uma nova modelagem de processos. Para facilitar o entendimento, dividimos os modelos disruptivos em dez classificações:

Modelos	Exemplos
Freemium	Google Drive, Dropbox, Miro, Easy.Reto, LinkedIn e Tinder
Free Model	Facebook, Instagram, Twitter, Tik-Tok e WhatsApp
Acesso ao Proprietário	Taxi 99, AirBNB, Hotel Urbano, BlaBlaCar e QuintoAndar
Market Place	Megazine Luiza, Alibaba, Mercado Livre e Americanas.com
Hyper market	HAVAN, WallMart, Angeloni, Carrefour e Rede Pão de Açúcar
Experiência	Tesla, Disney, Starbucks, Havainas, Nike e Louis Vuitton
Pirâmide	Amazon, Hotmart, Udemy, Nuvemshop, Shopify e JivoChat
Sob Demanda	Uber, Ifood, GetNinjas, iPrestador, Singu e Beauty Date
Ecossistema	Apple, Android, Nespresso, SEBRAE, Google e Microsoft
Modelo de Assinatura	Netflix, Weuse, Glambox, Wine, Leiturinha e GloboPlay

Tabela 9 – Modelos de negócios e empresas.

Modelo de Assinatura *(Subscription)*: venda de serviços e/ou produtos por meio de um modelo recorrente de entrega. É a transformação da venda de produtos para o desenvolvimento de relações sustentáveis, também chamada da economia da recorrência (*subscription economy*).

Esse modelo incorre em uma transformação das relações comerciais entre consumidores, empresas e segmentos, baseando o consumo em acesso, não em propriedade. No modelo de assinatura, o cliente tem acesso ao produto ou serviço mediante a uma quantia paga periodicamente ou de acordo com a especificidade de cada cliente. Nesse modelo, as empresas contam com um fluxo financeiro corrente, propiciando uma prestação de serviço contínua e independente das provisões de pagamentos futuros.

A Netflix foi uma revolução no mercado cinematográfico, substituindo as locadoras de vídeos, nas quais o consumidor tinha poucas opções em relação aos lançamentos, devido ao acervo limitado, tinha prazo para devolução e multas em caso de descumprimento do prazo. Hoje, pela assinatura, há um vasto acervo disponível e indicações de filmes de acordo com o perfil do cliente, o que se torna um diferencial se tratando da customização (personalização), um dos cinco comportamentos centrais dos clientes na Era Digital. A Apple também oferece um serviço de locação de filmes, similar ao formato das antigas locadoras de vídeos, em que o cliente paga pelo aluguel de um vídeo, que fica disponível por 48 horas. O vídeo também pode ser adquirido em definitivo.

Para o efeito, a lista da economia circular contém regras para que as empresas possam aderir ao grupo para promover a criação de uma nova economia e apoiar modelos de negócio de subscrição:

1. Simplicidade na adesão e no cancelamento.
2. Precificação baseada em consumo, tabelas ou *ranges*.
3. Serviços transparentes (sem "contratos leoninos").
4. Serviços e produtos "*as a service*" (direitos de acesso e não propriedade).
5. Conveniência, comodidade e utilidade.

Modelo *Freemium*: O *Freemium* (*free+premium*) tem como premissa oferecer serviços gratuitos e acessíveis aos clientes, apresentando um serviço diferenciado mediante pagamento. Para oferecer os serviços adicionais que agregam valor para o cliente, as empresas têm um baixo custo e utilizam a colaboração dos usuários, transformando os dados em informações eficientes, bem como *feedbacks* para reavaliar e aprimorar o produto.

O Tinder, popular aplicativo de relacionamentos, oferece a função *premium* mediante pagamento periódico de acordo com o plano escolhido. O Tinder Gold permite que o usuário veja quem curtiu o seu perfil, dá acesso ao Passaporte (serviço do *app* que permite acessar o Tinder de outras cidades), oferece cinco "superlikes" por dia e um Boost (que destaca o usuário na sua região) por mês. O Dropbox oferece um serviço de armazenamento de arquivos pautado no conceito de "computação em nuvem", em que até 2GB são oferecidos de forma gratuita, enquanto a versão *premium* Dropbox Business oferece um local central e seguro para acesso e compartilhamento de arquivos para o trabalho em grupos.

Para transferência de arquivos, o WeTransfer também faz esse trabalho de graça para arquivos de 2GB e mantém por uma semana os arquivos disponíveis. A assinatura do WeTransfer Pro permite transferir até 1TB e manter os arquivos disponíveis para sempre.

Modelo Grátis *(Free)*: o modelo Free não gera custo ao usuário (consumidor final), mas existe uma via de mão dupla entre os benefícios que os usuários têm em relação aos serviços gratuitos e a gama de dados que eles proporcionam para que as empresas possam realizar análise de perfis e comportamento do consumidor e estratégias de marketing.

O Google, em suas vertentes na prestação de serviços on-line e de *software*, utiliza as informações obtidas a partir das buscas dos usuários para identificar e analisar os perfis dos consumidores, facilitando a elaboração de estratégias de marketing, sendo sua principal fonte de lucros as receitas advindas da publicidade a partir do Google Ads. O Facebook é uma rede social de acesso gratuito, na qual os usuários fomentam seu conteúdo. Em contrapartida, o excesso da propaganda e campanhas publicitárias tem sido alvo de críticas dos usuários.

Modelo de propriedade × serviço (*access over ownership*): o modelo "*as a service*" (economia compartilhada) é uma reação ao consumismo exagerado que conduziu a sociedade a reflexões e mudanças acerca dos modelos econômicos adotados. Atrelada aos avanços tecnológicos e à escassez de recursos naturais, essa vertente de consumo sustentável vem ganhando espaço e possibilitando que as pessoas possam adequar e manter seu padrão de vida a partir da redução de custos e dos benefícios oferecidos.

O modelo "*as a service*" consiste em um serviço de locação de um espaço ou produto de sua propriedade a outra pessoa. A ideia de compartilhar algo, por si só, está muito ligada aos valores sustentáveis cada vez mais enraizados em nossa sociedade e, nesse sentido, há uma procura e uma receptividade muito grande dos usuários. É um modelo em crescimento devido ao sucesso de algumas empresas pioneiras, como a Airbnb, uma plataforma que permite anúncios de acomodações e meios de hospedagem, atendendo a todos os públicos e com caráter customizado, por se tratar de um espaço particular e privado dos locatários.

Já a ZipCar utiliza o modelo *Sharing Car*, que oferece condições atrativas, preços acessíveis e possibilidade de locação do carro por dia ou por horas, com o diferencial do uso do carro compartilhado. Para obter sucesso com o modelo de aluguel por assinatura é necessário encontrar nichos de produtos que geralmente são caros para adquirir e exigem rotatividade de novidades pelos clientes, como roupas de grife e brinquedos.

Marketplace: nesse modelo de negócio, as empresas criam uma estrutura para a venda de seus produtos sob a ótica da acessibilidade. A empresa tem grande representatividade no mercado e "aluga" sua loja virtual para seus usuários exporem e venderem produtos. A receita se dá por meio de uma porcentagem recebida pelo proprietário da plataforma após cada venda efetivada.

Em uma abordagem simplista dos domínios da Transformação Digital, a competição entre as empresas hoje vislumbra interações entre organizações e consumidor final, em uma parceria pautada pela disputa por influências através de produtos e serviços que agreguem mais valor para o cliente.

O eBay, fundado nos Estados Unidos, é uma empresa de comércio eletrônico, atualmente o maior site do mundo para compras de bens, um shopping popular da Internet e pioneira nesse serviço. A subsidiária StubHub do eBay no Brasil é uma plataforma de compra e venda de ingressos para eventos ao vivo entre particulares.

Outro exemplo de e-commerce é a Amazon, que, após alguns insucessos na diversificação dos seus negócios, como o Amazon Auctions (um serviço de leilão da web), desenvolveu em 2000 a Amazon Marketplace, que possibilitou aos usuários vender e comprar livros e CDs, dentre outros produtos novos e usados, e em 2014 tornou-se a maior em seu segmento. Essa história de sucesso você conhece bem!

Hyper Market: as "superlojas digitais" oferecem ampla variedade de produtos e serviços. A ideia central é propiciar ao cliente a comodidade de realizar as mais variadas compras em um único local. Suas estratégias estão voltadas a uma disputa de mercado implacável, tendo como principal artifício a prática de preços baixos e atrativos altamente discrepantes do comércio convencional.

Nesse modelo de negócios, o objetivo principal das organizações é eliminar os concorrentes, em uma busca constante da expansão de suas fronteiras. A Amazon, pioneira nesse segmento, embora tenha uma oferta de produtos diversificados e em grande escala, possibilita ao cliente personalizar suas contas e a integração de serviços, o que leva ao aumento no número de vendas. A Zalando, plataforma de moda on-line com mais 250 mil artigos de roupas, representando mais de 2 mil marcas, tem como foco o desenvolvimento digital da sua plataforma, a valorização do perfil empreendedor das pessoas e atenção especial ao crescimento do mercado desafiador e criativo das *startups*. No Brasil, o Magazine Luiza está fazendo um belo trabalho com esse modelo de negócio disruptivo.

Modelo de experiência: é utilizado por empresas que atuam em mercados extremamente competitivos e que se adequaram aos domínios de Transformação Digital. Nesse caso, o cliente se dispõe a pagar uma quantia equivalente ou superior ao valor que agrega ao produto. As empresas tradicionais buscavam produzir em larga escala e oferecer produtos em massa de acordo com suas projeções e conveniências aos consumidores. Com a transformação digital, os clientes têm um grande poder de influência e a decisão de compra passa pelo acesso ao produto, pela forma com que eles interagem com esse produto, pela customização (personalização) e pela conexão com a organização.

A Tesla é um referencial quando se trata do modelo de experiência. É uma empresa automotiva (mercado muito competitivo) que desenvolve, produz e vende automóveis elétricos de grande desempenho. A Apple também adotou esse modelo e, com base na exclusividade dos produtos e do acesso a diversos aplicativos restritos apenas aos seus clientes, não só conseguiu influenciar diretamente a decisão de compra e fidelização do consumidor, como fez com que eles saíssem em defesa da marca e dos produtos.

The Pyramid: o modelo piramidal é utilizado por organizações em que parte de sua receita provém de programas afiliados e revendedores. Esse conceito é contextualizado em uma "hierarquia de esforços", em que a empresa que está no topo da pirâmide, em detrimento de sua maturidade empresarial, recebe parte de sua renda sem o mínimo de esforço comercial, já que o empenho para obter sucesso nas vendas reside em seus afiliados.

Esse é um modelo relativamente acessível e econômico, uma vez que só se paga um percentual para os afiliados após a efetivação da venda de seus produtos. Cerca de 40% das vendas da Amazon provêm das vendas terceirizadas de seus produtos. São mais de 900 mil membros afiliados que recebem comissão por indicar clientes para a Amazon pela divulgação dos *links* em seus sites. A Amazon Afiliados é a segunda maior rede de publicidade do mundo, favorecendo a acessibilidade e conectando-se com as particularidades dos clientes.

Modelo *on-demand*: esse modelo engloba um dos principais atributos internos das organizações exponenciais. A partir de análises e do uso de processos específicos, há um direcionamento das correspondências externas, cujos dados são processados e redirecionados para o interior das organizações, contextualizando assim a interface. O próprio nome desse modelo de negócio permite identificar sua finalidade, que é atender ao cliente de acordo com sua necessidade, sua demanda.

Por lidar com um cliente específico, é de extrema importância que a qualidade, a segurança e a comodidade estejam em conformidade com as expectativas do consumidor. A Uber é uma empresa americana que oferece, a partir de seu aplicativo, serviços de transporte urbano semelhantes aos dos taxistas tradicionais, com segurança devido ao monitoramento do trajeto e à colaboração na melhoria do aplicativo, pela avaliação dos motoristas e pesquisa de satisfação.

The Ecosystem: o modelo de ecossistema é o mais eficaz em termos de integração do cliente. Sabendo que nas características de uma organização exponencial a participação é uma ferramenta para agregar valor a um produto, o modelo ecossistêmico não visa apenas reter clientes, mas também influenciá-los para que possam usar seu produto para se defender de acordo com suas dependências e necessidades.

A Apple contextualiza o modelo de ecossistema de forma clara: a integração e customização de seu sistema operacional e a qualidade de *hardware*, como iPhone, Airpod, iPad, Apple TV e Apple Watch, permitem que os usuários se conectem e resolvam rotinas diárias com praticidade.

No mundo dos negócios, a digitalização se tornou um fenômeno em grande escala, com produtos tradicionais sendo substituídos por produtos digitais, ou pelo menos equipados com novos modelos de negócios disruptivos. Muitas indústrias perceberam claramente que a digitalização vai muito além da melhoria de produtos, serviços e processos de produção. Isso tem a capacidade de alterar fundamentalmente muitas características econômicas – especialmente os modelos de negócios.

Embora seja óbvio que eles mudarão, nem sempre é fácil entender completamente os recursos que impulsionam a inovação. O comportamento do consumidor está intimamente relacionado ao impacto da transformação digital nos modelos de negócios, e esse tipo de inovação pode oferecer oportunidades significativas, seja em períodos de rápido crescimento econômico ou de turbulência.

Comece com o porquê. Para que vivemos? Quando descobrimos o significado de nossa existência, tudo se torna claro e tudo se torna significativo, quando sentimos que nossa influência no mundo e nosso poder de mudança aumentaram. Depois de compreender o seu verdadeiro propósito, nada permanecerá o mesmo. As cores da vida mudam, você consegue extrair energia e inspiração de lugares que não imaginava, o trabalho torna-se mais significante e gratificante, uma fonte de satisfação e alegria.

Este é o segredo de uma vida com propósito: transformar sua paixão em profissão, gerando felicidade todos os dias da semana. A vida é curta e passa muito rápido, ela está passando por você neste exato momento, e somos gratos por você estar lendo nossas reflexões agora. Não deixe escapar a chance de torná-la significativa. O mais importante é a realização por meio do que você faz, sua chance de ser importante é agora, é hoje, para o mundo.

Quando amamos alguém ou alguma coisa, ela se torna uma interminável fonte de inspiração e força. Então procure se lembrar do que você amava fazer, do primeiro momento em que foi feliz. Ou de quando era adolescente, ou mesmo nos trabalhos pelos quais já passou. Quais desses momentos você gostaria de eternizar em sua mente? É exatamente nesse momento que encontramos o estado de *flow* em nossas vidas.

Vamos entender que *flow* é fluir, mas daremos o contexto de fluxo, afinal, o fluxo tem sido um dos principais indicadores de propósito. Mihaly Csikszentmihalyi, em seu livro *Flow: The Psychology of Optimal Experience* (2008), define um estado mental de operação em que a pessoa está totalmente imersa no que faz, caracterizado por um sentimento de total envolvimento e sucesso no processo, como se nada mais importasse. Por exemplo, quando eu – Rodrigo Peter Schilling – estou dando aula, ou uma palestra, sobre algum tema que domino ou curto muito, perco a noção do tempo, pois tem tudo a ver com o meu propósito. Outras pessoas podem sentir isso quando estão costurando, navegando nas redes sociais, atendendo a clientes ou realizando uma venda. Espero realmente que o propósito não seja apenas mais uma modinha e, de fato, sinto que não vai.

O filósofo Peter Singer, no livro *A vida que podemos salvar* (2011), diz que a única maneira de alcançar realização profissional e pessoal é dedicar nossa vida a uma causa transcendente, maior que nós mesmos. Da mesma forma que nossos propósitos, as empresas não devem ser somente orientadas a dar resultado, a lucrar, a vender mais e mais. Peter acredita também que um propósito orientado a uma causa ética pode ser especialmente transformador. Por causa da ética, muitos entendem como trabalhos sociais ou ligados ao meio ambiente algo relacionado à caridade ou à vontade de fazer justiça.

Para fortalecer meu propósito, eu, Rodrigo Schilling, em um dos meus negócios – a Fábrica Incubadora Social, lancei os *45 min de Fábrica*. São 45 minutos em que convido pessoas comuns a falarem para a comunidade assuntos relacionados a empreendedorismo, inovação e gestão de negócios e organizações. Acontece semanalmente, sem ingresso, sem inscrição, sem custos, sem remuneração. A única forma de monetização é a troca de experiências entre quem apresenta os *45 min* e quem assiste. Essa troca tem nome, e todos a chamam de conhecimento.

Independentemente de qual seja o seu propósito – que é a felicidade por meio da liberdade criativa –, é importante a noção da necessidade que temos hoje de direcionar nossas paixões, nossos impulsos criativos, para algum dos principais dilemas da humanidade. E, assim, torna-se tão simples nos realizar profissionalmente, obviamente, ganhar dinheiro e ter um impacto positivo no mundo, deixando claro e explícito o seu legado de vida.

Hoje, quanto mais temos acesso à informação, mais nos tornamos conscientes de todas as coisas que estamos vivendo. Ganhamos força interna, uma vontade de espalhar tudo isso para o maior número de pessoas possíveis. Usar as redes sociais, *networking*, clubes, associações, ambientes educacionais, tudo para ampliar o nível de consciência de todos, abrir olhos, cabeças, corações... De propósito, claro. E você, já parou para pensar e refletir a respeito?

Pensando nisso, separamos sete dicas para atingir o seu público adaptando ou, até mesmo, mudando completamente seu modelo de negócio:

1. **Analise o negócio:** o primeiro passo é determinar a localização da estagnação do negócio e as oportunidades que a mudança pode trazer. Identificar inclui analisar áreas de mercado com potencial de crescimento em um determinado período (por exemplo, nos próximos cinco anos) para que sua decisão possa ser voltada para incubar ideias específicas, investir em um determinado modelo de negócio ou adquirir uma determinada *startup*. Sua análise é um filtro de oportunidade – sem ela, sua carteira de investimentos pode ser inconsistente com seu mercado-alvo. A análise confiável também pode inspirar as pessoas a gerar ideias que a empresa pode usar. Após forte análise de mercado, a Embraer não seguiu o modelo tradicional de terceirização, mas optou por terceirizar a maior parte de sua produção e adotar um modelo de cooperação arriscado com fornecedores. Essa estratégia ajuda a reduzir custos e torna a empresa mais competitiva no mercado.
2. **Compreenda o público:** para entender como o comportamento do consumidor afeta os modelos de

negócios, é necessário conhecer de perto o público e entender suas necessidades. E se as pessoas não estiverem interessadas em seu produto? Não as culpe! Em vez disso, aja como um designer. Mergulhe na vida delas até descobrir como criar uma solução que atenda às suas necessidades reais. Os inventores dos primeiros telefones celulares sentaram juntos e acusaram o público de não comprar esses aparelhos? Em vez disso, eles determinaram o desenvolvimento do telefone para atender às necessidades reais de cada vez mais pessoas.

3. **Tenha cuidado com as barreiras de inovação:** é preciso ter cautela quanto aos rumos que impedem a inovação dentro da empresa. Algumas organizações que se estabeleceram no mercado não são orientadas para a pesquisa e descoberta de novos modelos de negócios viáveis, muito menos fornecer espaço e tempo para novos investimentos. Frequentemente, os empreendedores precisam vender novas ideias de produtos para os chefes das unidades de negócios existentes, e esses gerentes não têm incentivo para fazer tudo o que precisam para ter sucesso. A função de desenvolvimento de produto corporativo visa concentrar recursos na execução e desenvolvimento de modelos de negócios e projetos existentes. Os modelos de pesquisa e execução são fundamentalmente inconsistentes, portanto, o ambiente de inovação

deve ser completamente separado da organização de desenvolvimento do produto. Quando A.G. Lafley virou presidente da Procter & Gamble, encontrou uma cultura de inovação exclusivamente interna. Lafley queria uma P&G mais capaz de cultivar ideias vindas de fora. Depois de anos de investimento, a P&G, hoje, tem um processo moderníssimo para buscar ideias fora da empresa – o que inclui uma rede global de recursos e *sites* de troca de conhecimentos on-line.

4. **Desenvolva novas propostas de valor:** crie modelos de negócios para atender às preferências do cliente. A inovação em modelos de receita pode não fornecer as mesmas vantagens sustentáveis que os mesmos procedimentos no setor industrial ou comercial. No entanto, em tempos de turbulência econômica, as novas preferências dos clientes e métodos de gastos são forças motrizes importantes para a mudança dos modelos de preços e propostas de valor. Fatores internos impulsionam a inovação do modelo de negócios, e mudanças impulsionadas internamente (como inovação de produto ou serviço) também geram demanda por novos modelos de negócios. A Kodak, principal líder no mercado de câmeras, demorou muito para enfrentar o desafio das câmeras digitais e declarou falência em 2013.

5. **Não se assuste com as propostas que surgirem:** e se o surgimento da inovação engolir o negócio principal?

Em primeiro lugar, considere que a inovação disruptiva não começa como uma competição contra os mercados existentes. Muitas vezes começa em um mercado novo, negligenciado ou inexistente. A empresa não deve esperar até que esteja mais madura para começar a adotar novas soluções. Em segundo lugar, e mais importante, nenhuma empresa pode sobreviver por muito tempo sem se reinventar. Se ela não mudar, outra empresa será criada. É necessário alterar antes do início do jogo. A tecnologia do café solúvel desenvolvida pela Nestlé criou uma demanda por um novo modelo de negócios. Na verdade, estimulou a criação de outra empresa – a Nespresso –, na década de 1980, para a produção de café em dose única, com o objetivo de atender a um mercado consumidor de alta qualidade.

6. **Aproveite as capacidades básicas para criar valor para o cliente:** muitos inovadores de sucesso usam recursos e funções de maneiras novas e exclusivas. Eles entendem a relação entre os elementos inovadores do modelo de negócios e criam valor a partir dele para adaptar ou mudar seu modelo de negócios. Quase todos os modelos de negócios de sucesso mostram consistência e capacidade de cooperar com muitos parceiros. A inovação bem-sucedida do modelo de negócios requer o uso de ativos e recursos de alto valor dentro da organização, como habilidades, talentos, processos ou tecnologias exclusivas.

Por exemplo, ao projetar e lançar o iPod, a Apple explorou a capacidade de projetar uma experiência de usuário eficaz e aplicá-la à indústria musical.

7. **Use as informações estrategicamente para fazer previsões futuras:** inovadores de modelos de negócios bem-sucedidos têm uma compreensão especial de seus clientes e do valor que sua empresa pode fornecer a novos segmentos de mercado, por meio de novos mecanismos de entrega ou novos produtos. A compreensão dos clientes, mercados, canais e concorrentes é cada vez mais baseada em análises sofisticadas que fornecem as informações necessárias para criar vantagens de maneiras novas e exclusivas. Por exemplo, Spotify e Netflix ouviram as necessidades dos consumidores e mostraram que não há necessidade de esperar para usar os produtos que fornecem. Se os clientes quiserem ouvir uma música ou assistir a um filme, eles podem usar essas plataformas. A prospectiva é essencial para que a organização compreenda o impacto potencial de novas oportunidades e novas tecnologias, grupos de clientes emergentes e novos recursos de produtos ou serviços.

A capacidade de entender melhor os possíveis cenários futuros por meio de novos modelos é, agora, mais importante do que nunca, pois as organizações precisam operar e tomar decisões em um mercado cada vez mais competitivo e inovador.

GESTÃO DOS HORIZONTES ESTRATÉGICOS

Pensar no futuro significa aprender diferentes maneiras de pensar. Mudanças emergentes desafiarão nossas suposições atuais e, com o tempo, decisões, políticas e produtos de hoje se tornarão obsoletos. Como protegemos nosso pensamento e planejamento para o futuro?

A estrutura 3H mapeia as ondas de mudança sobrepostas atualmente visíveis por meio da seguinte mentalidade: gestão, visão e empreendedorismo. Veja a imagem 12.

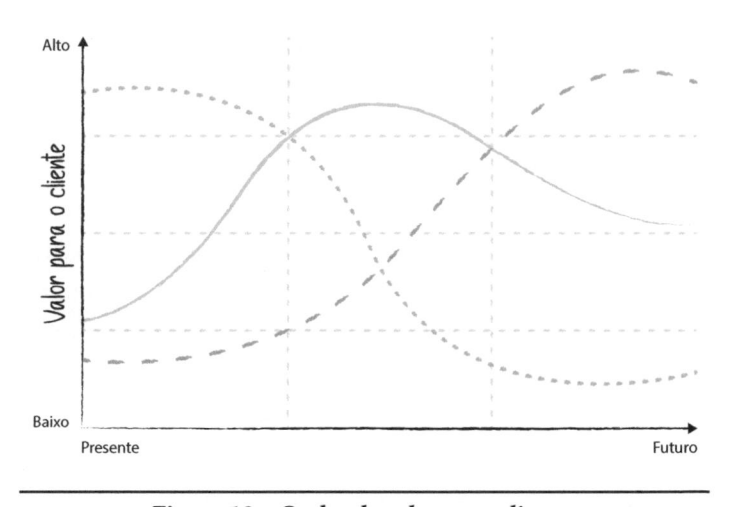

Figura 12 – Ondas de valor para cliente.

A estrutura dos Três Horizontes (3H) de inovação e crescimento ajuda a pedir às pessoas que primeiro expliquem suas suposições e, em seguida, explorem novas mudanças para reformular o que pensam, desejam e fazem. A etapa final analisa a história, propõe possibilidades e cria ações que unem o hoje e o amanhã.

O quadro estratégico "*3 Horizons of Innovation and Growth*" (3H) foi formulado por Bill Sharpe, do International Futures Forum, como parte do trabalho do *British Foresight Plan Smart Infrastructure Project*. Sharp, inicialmente, queria descrever as ondas sobrepostas de inovação e mudança tecnológicas de forma mais realista do que o mapeamento de tecnologia tradicional.

Os 3 Horizontes de Inovação se mostraram amplamente úteis como modelo conceitual para ajudar as pessoas a pensarem em suposições atuais, mudanças emergentes e futuros possíveis e desejados. O *framework* está em constante evolução e existe uma biblioteca considerável de estudos de caso. Vamos listar três deles a seguir.

Em termos de estruturas estratégicas, as três visões de inovação e crescimento são uma das melhores estruturas disponíveis. Ao dividir suas metas em três "escopos" diferentes, essa abordagem pode ajudá-lo a se concentrar no crescimento e na inovação.

O modelo da McKinsey divide a inovação em três níveis, levando em consideração o tempo e o impacto:
- **Horizonte 1:** manutenção dos principais negócios.
- **Horizonte 2:** cultivando negócios emergentes.
- **Horizonte 3:** criando negócios genuinamente novos.

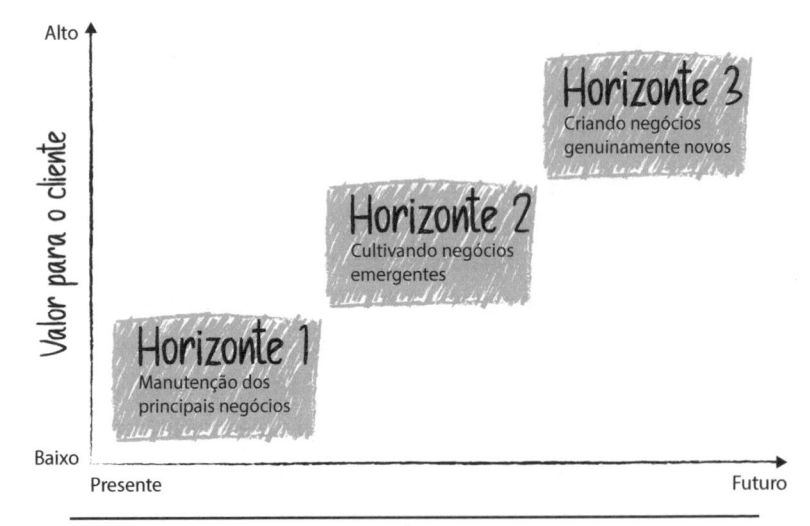

Figura 13 – *Framework 3H.*

Esse quadro estratégico é capaz de ligar o presente ao futuro desejado e ajuda a identificar as diferentes situações que podem surgir devido ao conflito entre o presente embutido e esses futuros imaginados.

No livro *Lightning Expansion*, Reid Hoffman se refere a esse método de desenvolver e manter vários modelos de receita como "*multithreaded*" em vez de "*single-threaded*", que se concentra apenas em um modelo de fórmula A.

Multithreading é uma estratégia adotada por empresas de sucesso como LinkedIn, Apple e Salesforce. Envolve a combinação do desenvolvimento de produtos maduros em Horizonte 1 (H1) com o desenvolvimento de novos produtos e fontes de receita como Horizonte 2 (H2) e Horizonte 3 (H3).

Ter vários fluxos de receita separados é uma maneira inteligente de as empresas se protegerem das mudanças perturbadoras do mercado e encorajar e promover a inovação interna. Veja como Steve Jobs manteve sua equipe inicial do Macintosh separada da equipe da Apple. A *single-threading* em que uma empresa concentra todos os seus esforços em um único produto principal validado é muito mais arriscada.

Os problemas que os "3 Horizontes" ajudam a resolver:
- Se você está tendo dificuldade para articular a inovação.
- Se você está tendo dificuldade para projetar planos para o futuro (**Dica:** encontre tempo para sua estratégia do produto).
- Se você está tendo dificuldade para ver onde a inovação se encaixa no plano da empresa a longo prazo.

Pensar em "3 Horizontes" permite:
- Reforçar e proteger modelos de negócios que atualmente se encaixam no mercado de produtos.
- Experimente e expanda desenvolvendo novos negócios.
- Segure-se contra as rápidas mudanças do mercado.

Finalmente, uma das razões mais comuns para usar esse método é a diferença clara entre a inovação de amanhã e a realidade de gestão de negócios de hoje. As Três Visões de Inovação foram elaboradas para ajudá-lo a preencher essa lacuna intelectual. Para esse fim, ele criou um trampolim entre começar um negócio lucrativo hoje e expandi-lo para o futuro.

Essa estrutura estratégica ajuda a garantir que você esteja entre suas necessidades atuais (Horizonte 1), o estado futuro de seu negócio (Horizonte 3) e as etapas necessárias para atingir essa meta (Horizonte 2). Sempre mantenha o equilíbrio. Veja a imagem 14.

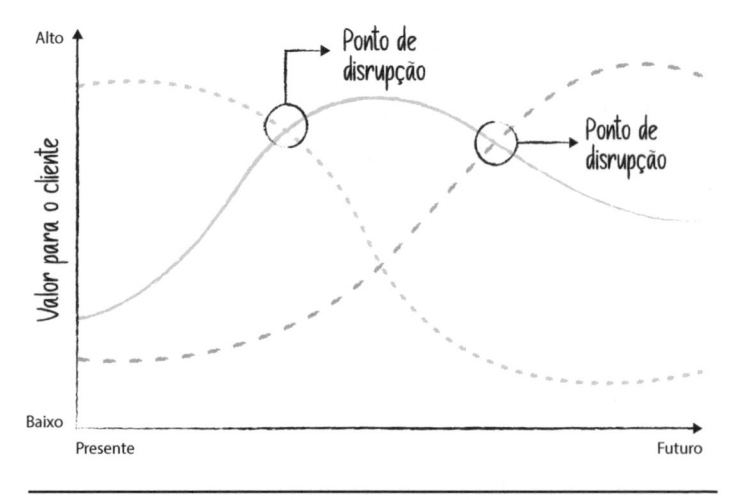

Figura 14 – Três horizontes de inovação.

A MENTALIDADE DO HORIZONTE 1 (H1): O GERENTE

Horizonte 1 (H1) é voltado para a ação. Essa é a perspectiva de curto prazo de um modelo de negócios de geração de receita validado em 90%, responsável por manter os sistemas de negócios normalmente.

A maioria de suas atividades de geração de receita direta ocorrerá no Horizonte 1 (H1). Para um varejista, por exemplo, isso incluirá metas diárias relacionadas às vendas, marketing e atendimento aos seus produtos/clientes. Seus objetivos no Horizonte 1 (H1) são principalmente aumentar as margens de lucro, melhorar os processos existentes e manter os fluxos de caixa.

Para esses produtos verificados, as atividades relacionadas são baixas, mas o risco também é muito baixo. Esses produtos podem ser gerenciados e otimizados por equipes de vendas, operações, marketing e crescimento. Mas não se esqueça: os produtos do Horizonte 1 (H1) exigem otimização incremental contínua.

A Apple faz iPhones. Eles lançam novas versões algumas vezes por ano e sabem que as pessoas se apressam em comprar a nova versão com a tecnologia mais recente. É por isso que um produto como o iPhone X está no portfólio H1. Claro, havia alguns recursos atualizados do iPhone 7, como a completa falta do botão inicial do *Touch ID*, que foi substituído pelo *FaceID* – mas, em essência, ainda é um iPhone.

A MENTALIDADE DO HORIZONTE 2 (H2): O EMPREENDEDOR

O Horizonte 2 é voltado para a criação. Aqui, a inovação real pode ser realizada em 40% a 75% dos casos de negócios verificados. Isso ocorre porque os produtos nesse portfólio estão em estágio de transição, portanto, precisam ser testados, otimizados, aprimorados e, finalmente, verificados ou invalidados. Você deve usar produtos existentes ou modelos de negócios bem-sucedidos e estendê-los a novas áreas de oportunidades e atividades geradoras de receita.

Em Horizonte 2 (H2), você pode usar os recursos existentes e expandi-los para novas áreas de atividades geradoras de renda. As atividades do Horizonte 2 (H2) podem incorrer em custos iniciais, mas esses investimentos devem ter retorno confiável. Essa é uma extensão baseada em seu modelo de negócios atualmente validado. Exemplos disso podem incluir a introdução de novas linhas de produtos ou a expansão geográfica de seus negócios ou novos mercados.

Para você aproveitar ao máximo seus projetos de H2, será necessário adotar uma mentalidade estimulante, e para desenvolvê-los efetivamente, é necessária uma mentalidade flexível e empreendedora. Você precisa estar aberto para:

- experimentação;
- prototipagem;
- adaptação ágil;

- otimização;
- matar projetos com falha;
- e, é claro, fazer *backup* de todos os seus experimentos com dados concretos.

Essas inovações adjacentes são melhorias ou desenvolvimentos que podem ser feitos em produtos e serviços já existentes ou novos que sejam semelhantes ou intimamente consistentes com produtos já verificados.

Os produtos adjacentes não são novos e não testados, mas também não são seus principais produtos verificados. Eles são amplamente suportados pelo Horizonte porque são construídos a partir do núcleo dos produtos Horizonte 1.

O Uber foi fundado em 2009 como um aplicativo de táxi. Obviamente, isso parece não ter nada em comum com os serviços de entrega de comida, mas em 2014 o Uber lançou o UberFRESH (renomeado Uber EATS). Eles começaram a integrar opções de alimentos ao aplicativo principal do Uber – produtos H1 – na esperança de atrair profissionais famintos na hora do almoço, mas depois de determinar suas necessidades alimentares, eles criaram um aplicativo separado.

A comida não é a primeira coisa que o Uber oferece, a empresa começou com produtos de loja de conveniência que vão de remédios a pasta de dente. Essa é uma aventura inovadora para o H2. O Uber já possui um aplicativo que pode fornecer serviços sob demanda de acessibilidade. A maior parte da tecnologia é semelhante ao seu produto principal.

O mapa GPS em tempo real mostra a localização do motorista de táxi ou serviço de entrega de comida. As melhorias nessa área devem ser graduais, em vez de fundamentais. A seguir, está uma lista de perguntas sobre o projeto Horizonte 2 (H2):

- Você está resolvendo uma verdadeira dor para o seu mercado-alvo?
- A dor é grande o suficiente para as pessoas pagarem por isso?
- Esta é a solução certa para a dor?
- O momento é certo?
- Quanto custaria adquirir clientes?
- O mercado é grande o suficiente?
- Você pode alcançar seus clientes através dos canais existentes?
- O modelo financeiro faz sentido?
- Você tem a equipe certa para construir seu projeto?

Você deve classificar cada uma dessas perguntas com base em dois critérios: "Conhecido/Desconhecido" e "Crucial/Não Crucial". Observe a Figura 15.

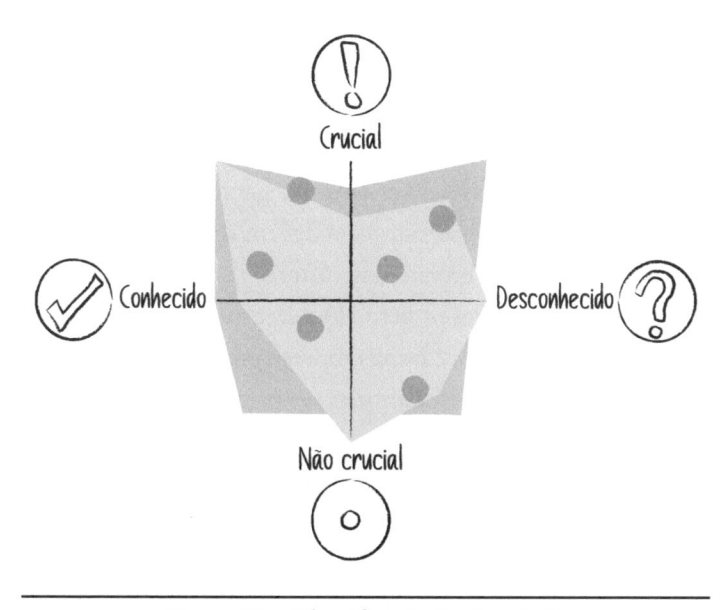

Figura 15 – Classificação horizonte 2.

A MENTALIDADE DO HORIZONTE 3 (H3): O VISIONÁRIO

A mentalidade Horizonte 3 (H3) concentra-se na visão. Embora as ideias de muitos visionários possam eventualmente se tornar o "novo normal" no futuro, elas podem ser consideradas exageradas e abstratas. Os produtos dessa categoria são completamente diferentes e o nível de risco (ou desconhecimento) é próximo a 100% – mas as recompensas têm um potencial enorme.

No Horizonte 3 (H3), você pode mostrar sua visão, seus valores e suas crenças para criar um negócio verdadeiramente novo. Os projetos nessa categoria devem ser a ideia de alcançar um crescimento lucrativo no futuro.

Nesse ponto, seu projeto H3 parece uma longa jornada, mas, à medida que você e sua empresa progridem e se desenvolvem, seu projeto H3 também se tornará o foco. Em cada etapa de conversão do projeto H2 em H1, você também deve ver que o projeto H3 fica mais claro e se torna menos desconhecido e arriscado, mas, cuidado, essas ideias podem não ser comprovadas e podem não ser lucrativas por um longo tempo. Isso abrangerá projetos de pesquisa, projetos-piloto ou novas fontes de receita que exigem um grande investimento inicial.

COMO AS MENTALIDADES INTERAGEM?

De acordo com a University of Dundee, a estrutura das Três Visões de Inovação pode causar conflitos na organização. Os indivíduos tendem a se enquadrar em uma das três formas de pensar e pode ser difícil para eles se alinharem com as pessoas que trabalham em outras áreas.

A tabela a seguir é uma boa maneira de visualizar as interações entre diferentes mentalidades que estão prestes a surgir e como transformar uma mentalidade negativa em positiva para ajudar a fortalecer a colaboração interna da empresa e desenvolver aliados. Diferentes mentalidades no horizonte precisam ser capazes de trabalhar lado a lado, não competir.

		Mindset negativo	Perspectiva positiva
Horizonte 1	Horizonte 1	• Concorrente, vencê-lo ou assumir o controle.	• Infraestrutura útil, potenciais no lobby por interesses compartilhados.
	Horizonte 2	• Parasita de investimento potencial. Monitore.	• Forte de ideias e melhorias, altera o escopo do que pode ser feito.
	Horizonte 3	• Fantasioso e irrelevante. Ignorar ou matar para impedir a construção de uma tração que desafiaria o domínio (H1).	• Esperança para o futuro, possibilidade de renovação.
Horizonte 2	Horizonte 1	• Dinossauros em movimento. Obstrutivo.	• Não desafia o papel de H1. Se relaciona mais com minha vida do que H1.
	Horizonte 2	Competidor por recursos.	• Destino da inovação, fonte de suporte e formas de expandir.
	Horizonte 3	• Impraticável.	• Aliados na criação de tração.

		Mindset negativo	Perspectiva positiva
Horizonte 3	Horizonte 1	• Enorme erro. Risco. Barreira ao progresso.	• Inspirador. Fonte de ideias. Recursos. Potencial quando desbloqueado. Habilidades que podem ser implantadas em escala.
	Horizonte 2	• Obstrutivo. Eles estão usando mal a nossa visão.	• Aliados em potencial. Prática promissora, trampolim, muda o escopo do que é preciso.
	Horizonte 3	• Concorrente da visão. Debater vigorosamente.	• Amplie o debate para além da presença. Coloque questões mais profundas de valor em jogo.

Tabela 10 – As diferentes mentalidades do horizonte.

MÉTODOS E METODOLOGIA PARA IMPULSIONAR SUA MUDANÇA

Atualmente, a empresa enfrenta pressão contínua para manter a competitividade no mercado. Para fazer frente aos desafios colocados pela competitividade, os empreendedores estão cada vez mais aprendendo a inspirar uma cultura de inovação e invenção nas organizações. No entanto, o atual desenvolvimento da inovação é uma tarefa árdua até mesmo para os empreendedores mais experientes, pois suas características multifacetadas dificultam uma compreensão normativa do assunto.

Uma das principais falácias do desenvolvimento da inovação é que as organizações ou empreendedores inovam isoladamente. Ou seja, ideias inovadoras são geradas por indivíduos ou grupos completamente isolados. Em contraste, até mesmo grandes empreendedores desenvolvem suas ideias por meio de interações importantes e diversificadas com grupos e indivíduos na comunidade.

Nesse sentido, os gerentes podem fazer muitas coisas para promover o desenvolvimento da inovação na empresa. Independentemente do tamanho da sua empresa, você pode primeiro explorar o potencial criativo de seus funcionários e sua compreensão dos clientes, concorrentes e processos. Mas, além disso, a chave para apoiar esse processo é estabelecer um clima organizacional favorável.

Hoje, as empresas geralmente não são as mais hospitaleiras com pessoas que têm pontos de vista incomuns sobre alguma coisa. Por outro lado, até algumas coisas novas precisam ser inovadas. Portanto, não importa como as organizações inovadoras os reivindicam. O que realmente importa é a capacidade dos funcionários de introduzir e desenvolver novas ideias na organização.

A inovação envolve mais pessoas ou processos? Em última análise, precisamos combinar os dois. Pessoas talentosas podem ser prejudicadas por processos ruins. Da mesma forma, sem a motivação para a mudança, os processos inteligentes podem não ser suficientes para atender às necessidades dos funcionários. Mas, além disso, é necessário estabelecer um ambiente voltado para a inovação, pois é possível desenvolver ideias através da colaboração entre processos, pessoas e meio ambiente.

Tenha um bom ambiente. Primeiramente, faça uma pergunta: "Se eu fosse um dos funcionários da empresa, estaria motivado a fazer sugestões inovadoras?". Somente quando o ambiente permitir o desenvolvimento de ideias, estas poderão ser desenvolvidas. Estabelecer uma aproximação da hierarquia pode fornecer aos funcionários a legitimidade de novas ideias. Além disso, o ambiente físico de sua empresa deve refletir essa abordagem. Minimize a distância entre as pessoas e incentive o trabalho em equipe e a criatividade.

Inovação colaborativa. As capacidades de inovação da empresa vêm principalmente do aprendizado com o ambiente externo ou interno, por isso você precisa promover a interação do pessoal dentro da organização e a interação com agentes externos, fornecer acesso a novas informações e, assim, fornecer oportunidades de aprendizagem. Além de estimular a colaboração entre os colaboradores, a empresa também deve integrar fornecedores, clientes e outros agentes externos no processo de inovação.

A inovação requer processo. Basicamente, a inovação é realizada por meio de etapas identificáveis. O estágio inicial combina insatisfação com o *status quo* e inspiração de dentro ou de fora da organização. Posteriormente, temos a invenção da solução e sua adoção externa. Embora as etapas sejam fáceis de identificar, cada empresa desenvolve seus processos de forma única. No entanto, as organizações devem ter uma compreensão consistente do método real de desenvolvimento de ideias.

Ter um processo de inovação reconhecido pelos funcionários contribui para o desempenho geral de desenvolvimento criativo da organização. Além disso, quando há um líder que incentiva e orienta os colaboradores, o processo de inovação da empresa torna-se mais eficaz.

DESIGN THINKING

A popularização da ideia de aplicar o *Design Thinking* aos negócios é geralmente atribuída a duas figuras do Vale do Silício: o professor da Universidade de Stanford David Kelly, que fundou a empresa de consultoria em inovação IDEO, e seu colega Tim Brown, autor do livro *Change by Design*. Mas essas tecnologias são, na verdade, muito mais antigas. "Se olharmos para o movimento Bauhaus em 1919, descobriremos que eles usaram muitos elementos do *Design Thinking*. Antes da IDEO, já havia professores escrevendo artigos sobre este assunto", disse o consultor e professor Luis Alt. Ele é um dos autores do livro *Design Thinking Brasil*.

O *Design Thinking* é usado principalmente para criar novos produtos e serviços. Porém, o escopo da utilidade é muito amplo: pensar em soluções para os problemas da empresa e de seus clientes, desenvolver novas ferramentas e até construir uma marca, enfim, é inovar na prática. O processo de *Design Thinking* é normalmente realizado em pequenos grupos, divididos em várias etapas, que podem ser divididas em sete, cinco ou quatro etapas. Siga as etapas descritas na Figura 16.

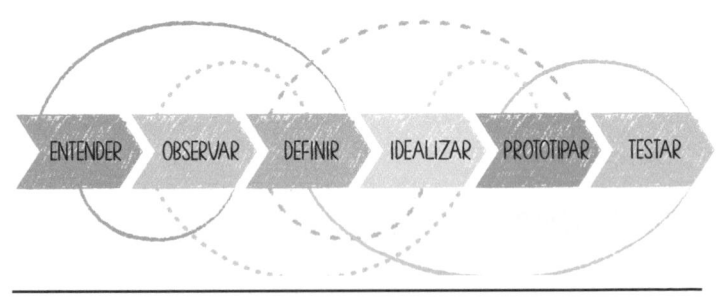

Figura 16 – Estrutura *Design Thinking*.

- **Criar empatia ou entender:** Entender quais são as necessidades das pessoas envolvidas no problema (consumidores, colaboradores etc.), do que precisam, do que gostam, o que querem.
- **Observar:** Momento de questionar e explorar. Entender as reais necessidades das pessoas e como elas se relacionam, ou seja, exercer o olhar empático sobre ela.
- **Definir:** A partir daquela pesquisa, delimitar qual é o problema, o que precisa ser resolvido ou criado.
- **Idealizar:** É a fase de *brainstorm*, em que as ideias e sugestões devem fluir sem censura, sem medo de errar.

- **Prototipar:** Escolher uma ou algumas ideias e criar protótipos. Pode ser um desenho, uma maquete feita com caixas velhas e fita crepe, algo que simule o produto, serviço ou a solução final.
- **Testar:** Experimentar os protótipos e escolher o que faça mais sentido.

Quando precisamos entender melhor o espaço do problema e identificar os primeiros usuários, o "pensamento de design" realmente entra em jogo. Existem vários estilos de *Design Thinking*, mas todos seguem a tendência do diamante duplo. De forma simples, o primeiro diamante começa espalhando e coletando muitas ideias, conversando com as partes interessadas e, em seguida, fundindo, agrupando essas ideias e determinando os principais pontos problemáticos, problemas ou tarefas a serem realizadas. O segundo diamante começou com um trabalho diferente para projetar um grande número de soluções potenciais e, em seguida, prototipou e testou as ideias mais promissoras. O *Design Thinking* se concentra na percepção qualitativa em vez de quantitativa.

DESIGN DE SERVIÇO

Não apenas os produtos precisam ser projetados. Os serviços também precisam ser projetados para beneficiar os usuários e atender às suas expectativas e desejos. É aqui que entra o design do serviço.

Quando você tem duas cafeterias próximas uma da outra, e elas vendem exatamente o mesmo café e os preços são exatamente os mesmos, o design do serviço é o que faz você entrar em uma ao invés de entrar na outra.

O design de serviço foi introduzido pela primeira vez como uma disciplina no currículo de Design em 1991. Desde então, o campo vem sendo estudado e aplicado ao mercado. Na prática, design de serviço significa planejar e organizar as atividades de pessoal, infraestrutura, comunicações e componentes de serviço para melhorar sua qualidade e resultados.

O objetivo do design de serviço é construir um processo que atenda às necessidades dos consumidores e participantes, de modo que o serviço seja mais amigável, mais competitivo e relevante para o cliente. Segundo Luis Alt, sócio da Livework no Brasil, a disciplina "propõe o pensamento estratégico e operacional do serviço, bem como a visão das pessoas que usam e prestam o serviço". Não basta carisma, deve ser útil e atender aos objetivos da organização.

Luis explicou ainda que, dessa forma, os serviços se tornam mais inteligentes, econômicos e lucrativos. Isso porque o pensamento envolve usuários e colaboradores no desenvolvimento. Podemos explicar o design de serviço na forma de cinco elementos principais, que são definidos pelo livro *Isto é Design Thinking de Serviços: Fundamentos, Ferramentas, Casos*, de Marc Stickdorn e Jakob Schneider:

1. Centrado no usuário: as pessoas estão no centro do processo.
2. Cocriação: envolve várias pessoas em seu desenvolvimento.
3. Sequencial: os serviços são visualizados em sequência ou elementos-chave.
4. Transparência: clientes devem conseguir enxergar todo o processo que será criado.
5. Holístico: leva em consideração todas as partes de um negócio, incluindo seu contexto externo.

Por meio do design de serviços, criamos uma experiência mais agradável para os usuários, que utilizarão serviços que atendam às suas necessidades com o mínimo de resistência. No entanto, o design do serviço é muito diferente do design da experiência do usuário. Por favor, veja a Figura 17.

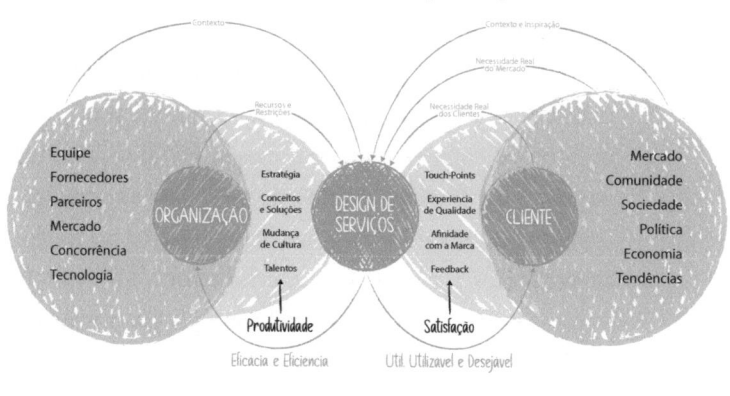

Figura 17 – Estrutura de design de serviços.

Por definição, o design de serviço estuda a interação entre todas as pessoas em um serviço, não apenas os consumidores. Além disso, também é responsável pelo processo, espaço, equipamentos para esse serviço e pela experiência que a empresa deseja que os usuários tenham. Um designer de serviços é um profissional que lida com todos esses problemas em tempo real, ao mesmo tempo, podendo identificar defeitos e fazer sugestões de melhorias.

O design de experiência do usuário (UX Design) não tem necessariamente todos esses fatores, pois presta mais atenção ao usuário (UX U).

Luis Alt disse que o design de serviço usa uma abordagem de *Design Thinking* para desenvolver projetos. Ele explicou que tais projetos são mais complexos porque requerem conhecimentos específicos sobre relacionamentos.

Esses conceitos específicos tornam o design de serviço tão importante e profissional:

- **Função:** Este é um conceito semelhante ao usado em marketing. Uma função é um resumo dos tipos e segmentos de clientes que você deseja atender. Usamos papéis para nos referirmos às motivações, desejos, preferências e valores dos usuários para os quais desenvolvemos serviços. Este é um método importante porque pretendemos desenvolver algo em torno do usuário e pensar a partir dele.
- **Jornada do consumidor:** até agora, o design do serviço é um pouco como a experiência do usuário. O conceito

é entender as melhores e piores partes da interação com o cliente. Sua jornada começou antes mesmo de ele colocar os pés no negócio, e ele precisa levar isso em consideração ao projetar o processo de serviço.

- *Blueprint:* esse conceito vai além da jornada do consumidor e visa entender o cliente de uma forma abrangente, incluindo os processos que ajudam a criar e entregar experiências.

Ao criar um serviço, ele deve passar por um processo de construção. Não podemos simplesmente tentar fazer com que o que os consumidores precisam seja correto. Sua pergunta nem sempre é clara.

MAPA DE EMPATIA

Em tempos de conflito, ouvimos a expressão "o mundo precisa de mais empatia". Isso ocorre porque esse sentimento descreve a capacidade de compreender o estado emocional dos outros, colocando-se na perspectiva dos outros. A empatia permite que você olhe para a situação de uma perspectiva diferente e entenda por que o indivíduo está agindo de determinada maneira, evitando desacordo, um conflito necessário.

Agora, imagine eliminar esses sentimentos dos clientes, melhorando, assim, a excelência de nossos produtos, serviços e assistência. Os mapas de empatia são divididos em categorias como dor, necessidades e sentimentos nos quadrantes fáceis de visualizar. É assim que funciona o mapa de empatia. Como o nome sugere, a ideia é descrever a personalidade do cliente em detalhes para melhor entendê-la.

O mapa de empatia pode ser desenhado em um quadro negro, *flip chart*, papel sulfite ou computador. Quando feito no papel, geralmente é preenchido com notas adesivas. Qualquer que seja o suporte escolhido, ele deve ser dividido da forma representada na Figura 18.

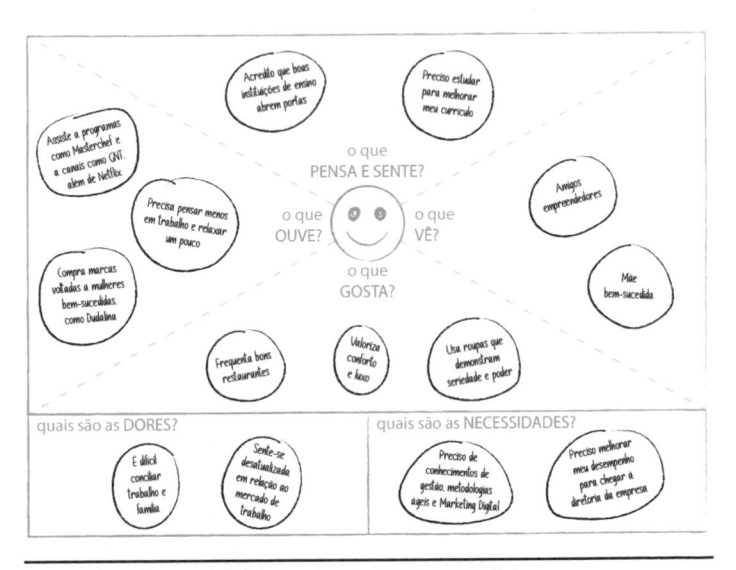

Figura 18 – Mapa de Empatia.
(Fonte: RD Station.)

O QUE VÊ?

Esse primeiro quadrante fala dos estímulos visuais que seu cliente recebe. Tente responder a perguntas como:
- Em que mundo o cliente vive?
- Quem são os amigos do seu cliente?
- Como é a sua rotina?

O QUE OUVE?

Aqui, pense no que seu cliente ouve, não somente no sentido sonoro, de músicas ou conversas, mas também nas influências que recebe de fontes diversas, como meios de comunicação. Procure responder perguntas como:
- Este cliente é influenciado por quais ideias e pessoas?
- Ele tem ídolos?
- Possui marcas favoritas?
- Quais mídias ele acessa?

O QUE PENSA E SENTE?

São as ideias que seu produto ou serviço desperta na mente dos consumidores.
- Em relação ao mundo, como o cliente se sente?

- Quais são as suas angústias?
- Quais são os seus maiores desejos e sonhos?

O QUE FALA E FAZ?

Esse item diz respeito ao consumo do produto ou serviço, desde quando o cliente toma a decisão de comprá-lo. Para entender o que sua persona fala e faz, preste atenção ao comportamento dele: ao discurso que faz e ao que pratica. Responder a perguntas como estas pode ajudar:
- Quais os temas que seu cliente costuma abordar?
- Quais são as suas atividades de descontração?
- Como ele age em relação aos assuntos abordados por ele mesmo?

QUAIS SÃO AS SUAS DORES?

Corresponde às dúvidas e obstáculos que o seu público precisa superar para consumir seu produto.
- Quais são os medos do seu cliente?
- Seu cliente possui alguma frustração?
- Quais são as principais barreiras que seu cliente precisa superar?

QUAIS SÃO AS SUAS NECESSIDADES?

Tem relação com o que você pode colocar em prática para surpreender seu público-alvo, mostrando possibilidades. Questione-se sobre:
- Qual é o significado de sucesso para o seu cliente?
- Qual é a visão de futuro do seu cliente?
- Qual é o seu grande objetivo?

Ter empatia significa colocar-se no lugar do outro. Ao fazer isso com seus usuários, clientes, colaboradores, você irá compreendê-los de uma forma honesta, sincera e, melhor, evitando achismos no momento de tomada de decisão.

OCEANO AZUL PARA UM NOVO NORMAL

Essa estratégia desafia as empresas a transpor as barreiras dos setores já existentes, como o Oceano Vermelho.

Mas o que é o Oceano Vermelho? A concorrência intensa entre as empresas em superar seus rivais, para abocanhar a maior fatia de demanda existente, com abordagem convencional e menores perspectivas de crescimento. E é nessa hora que as empresas inovadoras iniciam a sua trajetória em busca do Oceano Azul, estratégia criada pelo estudioso chinês Chan Kim e a francesa Renée Mauborgne em 2019.

Para ganhar o futuro, as empresas devem parar de competir entre si.

Para chegar ao Oceano Azul, as empresas devem explorar espaços inexplorados no mercado, investir em inovação e tornar a concorrência irrelevante. No entanto, nunca existe uma boa empresa e um bom departamento. Ao navegar no Oceano Índico, outros concorrentes buscarão espaço nesse novo mercado, reduzindo as margens de lucro e voltando à competição sangrenta no Mar Vermelho. Ou seja, a estratégia da Oceano Azul é analisar o mercado e continuar a inovar com base nessa análise!

Uma vez que a empresa entende como o Oceano Vermelho funciona, além da sua dinâmica, ela também entende os mercados em que a empresa já atua, seus consumidores e concorrentes. No entanto, você também precisa observar cuidadosamente seus não consumidores, pois a oportunidade está com eles.

A estratégia do Oceano Azul visa direcionar o negócio para um mercado que ofereça resultados mais efetivos, ou seja, um mercado que ofereça menos concorrência e custos, de forma a se diferenciar das demais empresas. Além disso, orienta as empresas a terem um bom desempenho no ambiente de negócios atual, que deve continuar a inovar.

Na estratégia do Oceano Azul, existem várias maneiras de buscar a implementação. A primeira delas é responder às seguintes perguntas:

1. Existem razões incontestáveis pelas quais os compradores desejam seus produtos?
2. O preço é adequado para o público que você deseja atrair?
3. É possível produzir produtos com valor novo e inovador, fornecer um preço especificado e ainda ter uma boa margem de lucro?
4. Quais são os obstáculos para viabilizar o projeto e quais medidas precisam ser tomadas para enfrentá-los?

ELIMINAR (ESTADO NORMAL)	ELEVAR ("GALINHA")
MANTER/REDUZIR ("PATA")	CRIAR (AÇÃO A LONGO PRAZO)

Tabela 11 – Modelo Oceano Azul.

ELIMINAR (ESTADO NORMAL)	ELEVAR ("GALINHA")
• Terminologia e distinções enológicas • Qualidade do envelhecimento • Investimento em Marketing	• Preço em comparação com o de vinhos populares • Envolvimento dos varejistas

MANTER/REDUZIR ("PATA")	CRIAR (AÇÃO A LONGO PRAZO)
• Complexidade do vinho • Variedade de vinhos • Prestígio dos vinhedos	• Facilidade de beber • Facilidade de escolher • Diversão e aventura

Tabela 12 – Exemplo de aplicação do modelo Oceano Azul.

Eliminar: são ações, ou requisitos de produtos/serviços que não fazem diferença frente a concorrência. O esforço empregado não condiz com uma diferenciação no mercado.

Manter/Reduzir: "Pata" significa botar o ovo maior que a "Galinha". A pata voa, nada, porém não faz mais do que a obrigação, ou seja, já é algo esperado. E, se necessário, é um requisito de produto ou serviço que precisa ser reduzido, porém, não ao ponto de eliminá-lo.

Elevar: "Galinha" significa botar um ovo menor que o da "Pata", mas quando bota, cacareja alto, anuncia ao mundo. São requisitos que devem ser potencializados e disseminados junto ao marcado. É onde sua organização terá mais visibilidade e maior diferenciação junto à concorrência.

Criar: ações de longo prazo que demandam planejamento. É uma evolução natural do seu produto ou serviço, que visa uma diferenciação, porém, ainda não implementada. Pode-se utilizar esses requisitos como um incremento, ou até mesmo uma disrupção do mercado.

Apresentamos a seguir uma aplicação da técnica do Oceano Azul em uma empresa do setor financeiro, a qual possui um aplicativo de visibilidade fiscal. A técnica foi utilizada com a perspectiva de negócio, ou seja, olhando a empresa e seu produto hoje e realizando a projeção para os próximos anos.

- **O que fazemos?** Solução em tecnologia especializada e segura para aumento da margem de lucro.
- **Por que fazemos?** Temos propriedade numa biblioteca de mais de 1 bilhão de regras fiscais mapeadas no território nacional.
- **Como fazemos?** Por meio da visibilidade fiscal.
- **Para quem fazemos?** Empresas do segmento de atacado, distribuidor e varejo que desejam obter assertividade no preço de seus produtos.

MODELO ATUAL	
Eliminar	**Elevar**
• Rápida tomada de decisão • Venda consultiva	• Agilidade nas informações • Aumento da margem de lucro • Assertividade no preço de compra e venda • Rede de parceiros
Reduzir/Manter	**Criar**
• Fácil ativação • Assertividade no preço do serviço • Apresentar conteúdo de valor	• Segurança na informação • Suporte e Atendimento Humanizado • Precificação descomplicada • Base de conhecimento aberta (YouTube, blog) • Venda Digital

Tabela 13 – Modelo Oceano Azul – Empresa de *Software* visão atual (2020).

MODELO OCEANO AZUL – PRÓXIMOS ANOS	
Eliminar	**Elevar**
	• Segurança na informação • Agilidade nas informações • Aumento da margem de lucro • Venda consultiva (Consultoria Especializada)
Reduzir/Manter	**Criar**
• Fácil ativação	• Suporte Humanizado • Assertividade no preço de compra e venda • Assertividade no preço do serviço • Rápida tomada de decisão • Conteúdo de valor • Rede de parceiros • Precificação descomplicada • Base de conhecimento aberta (YouTube, blog) • Venda digital

Tabela 14 – Modelo Oceano Azul – Empresa de *Software* visão projetada (2021).

De acordo com a estratégia Oceano Azul, a melhor maneira de vencer a competição é parar de tentar vencê-la. Em outras palavras, procure mercados inexplorados.

INICIALIZAÇÃO ENXUTA/LEAN UX

A pequena diferença com o design thinking é que o empreendedor (ou intraempreendedor) normalmente possui entendimento do espaço do problema. O Lean considera que tudo é uma hipótese ou suposição até a validação, logo, mesmo esse bom entendimento do espaço do problema é apenas uma hipótese. O Lean tende a começar especificando suas suposições em uma tela (enxuta) centrada no cliente e, em seguida, priorizar e validar essas suposições com base no risco mais alto de todo o produto. O processo de verificação de uma hipótese é criar um experimento (construção), testá-lo (medir) e aprender se nossa hipótese ou suposição ainda permanece. O Lean usa percepções qualitativas desde o início, mas depois força você a definir dados quantitativos viáveis para medir a eficácia da solução de problemas e se a estratégia de crescimento está no caminho certo. A frase "Saia do prédio" é frequentemente associada à *Lean Startup*, mas o mesmo princípio de alcançar os clientes também conta obviamente para o *Design Thinking* – e para *Design Sprint, Agile*.

DESIGN SPRINT

Parece que o método *Google Venture-style Design Sprint* pode ser derivado da tecnologia descrita no livro *Lean UX*. A principal vantagem do *Design Sprint* é compartilhar ideias, protótipos e conceitos de teste durante o *Sprint* de cinco dias. No curto prazo, o *Design Sprint* se concentra apenas em parte da solução, mas é uma ótima maneira de aprender rapidamente, esteja você no caminho certo ou não.

O que é? Cinco dias para criar, projetar, prototipar e testar uma ideia.

Recomendado a quem? Empresas em estágio inicial; ideias imaturas; projetos internos.

Quando é usado? Antes de gastar tempo e dinheiro em *startups* ou ideias; antes que a equipe ágil recém-formada comece a trabalhar no projeto; antes de começar a aprofundar o desenho de funções complexas.

Quem está envolvido no *Sprint*? Pelo menos um designer, um *stakeholder* (CEO da *startup*, dono da grana, dono da ideia, dono da bola), um product manager, uma pessoa que conhece bem os usuários do produto, e alguém com um *background* mais técnico (desenvolvedor). Um facilitador para orientar as sessões coletivas.

Figura 19 – Estrutura *Design Sprint*.

MÉTODOS ÁGEIS – MANIFESTO ÁGIL

Assim como lidar com a incerteza do nosso problema, solução e premissas de mercado, o desenvolvimento ágil é uma ótima maneira de lidar com a incerteza no desenvolvimento do produto. Não há necessidade de especificar todos os detalhes de um produto antecipadamente, porque aqui também há muitas suposições e incertezas. O *Agile* é uma ótima maneira de criar, medir, aprender e validar suposições, criando um Produto Mínimo Viável (PMV) no jargão *Lean Startup*. Devemos definir e priorizar uma lista de pendências de valor a ser entregue e trabalhar em *Sprints* curtos, entregando e testando o valor como parte de cada *Sprint*.

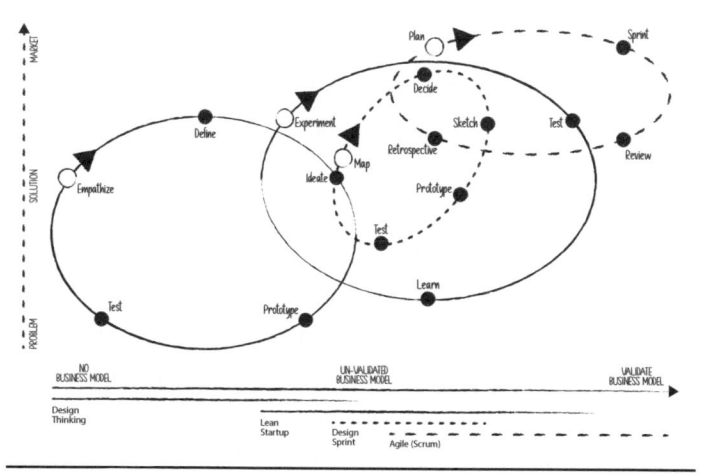

Figura 20 – Visão *Agile*.

De qualquer forma, a maioria das metodologias de inovação pode agregar um grande valor e cabe realmente à equipe decidir por onde começar e quando aplicar quais métodos e técnicas. O ponto em comum com o qual a maioria pode concordar é evitar se apaixonar por sua própria solução e ouvir os comentários qualitativos e quantitativos dos clientes.

O manifesto ágil é o manifesto de valor e os princípios básicos do desenvolvimento de *software*. Embora relacionado à área técnica, o impacto do manifesto e o desenvolvimento ágil que se propõe é inegável para empresas de diferentes áreas. Atualmente, quem pode dizer que não foi atingido pela entrega, participação e inovação mais rápida, produtiva e informativa promovida pelos *softwares* de empresas como Uber, IFood, Netflix ou Airbnb?

O Manifesto Ágil foi criado em fevereiro de 2001. Na época, 17 profissionais praticavam métodos ágeis, como XP, DSDM, Scrum, FDD etc., e se reuniam nas montanhas nevadas de Utah, EUA.

Embora esses 17 desenvolvedores tenham usado métodos diferentes, eles têm os mesmos princípios básicos. Durante a reunião, chegou-se a um consenso sobre aspectos importantes do desenvolvimento de *software*. Logo todos acharam melhor levar a reunião a um nível superior.

Eles decidiram escrever um documento como uma chamada para o novo processo de desenvolvimento de *software*. A primeira parte limita-se a encontrar um nome que expresse bem o significado da ação. "Métodos leves" não são mais uma escolha válida porque não podem explicar o significado desejado. Depois de considerar em vários nomes, eles acreditam que o termo "ágil" reflete melhor o método proposto.

O Manifesto Ágil enfatiza os valores que todos os profissionais ali reunidos concordam em seguir e divulgar. Os valores do Manifesto Ágil são os seguintes:

- Indivíduos e interações não são apenas processos e ferramentas.
- Executar o software é mais importante do que documentação abrangente.
- A Cooperação com os clientes é mais do que apenas negociação de contratos.
- Responder às mudanças em vez de seguir o plano.

Para entender melhor, veja a seguir os quatro valores do Manifesto Ágil:

1. INDIVÍDUOS E INTERAÇÕES NÃO SÃO APENAS PROCESSOS E FERRAMENTAS

Devemos entender que o desenvolvimento de *software* é uma atividade humana, e a qualidade da interação entre as pessoas pode resolver problemas de comunicação de longo prazo. Processos e ferramentas são importantes, mas devem ser simples e práticos.

2. EXECUTAR O SOFTWARE É MAIS IMPORTANTE DO QUE UMA DOCUMENTAÇÃO ABRANGENTE

O maior indicador de que sua equipe realmente construiu algo é um software (produto, processo ou serviço) funcional. Os clientes desejam e pagam por resultados, e isso pode ser alcançado e somente quando o software tem pleno funcionamento. A documentação também é importante, mas não é suficiente para criar valor.

3. A COOPERAÇÃO COM OS CLIENTES É MAIS DO QUE APENAS NEGOCIAÇÃO DE CONTRATOS

Devemos agir com o cliente, não "contra" ele ou ele "contra" nós. O que deve acontecer é a colaboração, a tomada de decisões conjuntas e o trabalho em equipe para que todos busquem objetivos.

4. RESPONDER ÀS MUDANÇAS EM VEZ DE SEGUIR O PLANO

O desenvolvimento de *software* e produtos é um ambiente altamente incerto, por isso não podemos nos permitir grandes planos e lugares inundados. O que se deve fazer é aprender com as informações e comentários e sempre ajustar o plano.

Os Doze Princípios do Manifesto Ágil se tornaram um guia para operação, método e seleção de ferramentas da equipe de projeto ágil para maximizar os resultados. Estes são os 12 princípios:

1. Nossa maior prioridade é satisfazer o cliente através da entrega contínua e adiantada de *software* com valor agregado.
2. Aceitar mudanças de requisitos, mesmo no fim do desenvolvimento. Processos ágeis se adequam às mudanças, para que o cliente possa tirar vantagens competitivas.
3. Entregar frequentemente *software* funcionando, de poucas semanas a poucos meses, com preferência à menor escala de tempo.
4. Pessoas de negócio e desenvolvedores devem trabalhar diariamente em conjunto por todo o projeto.
5. Construir projetos em torno de indivíduos motivados, dando a eles o ambiente e o suporte necessário e confiando neles para fazer o trabalho.
6. O método mais eficiente e eficaz de transmitir informações para e entre uma equipe de desenvolvimento é por meio de conversa face a face.
7. *Software* funcionando é a medida primária de progresso.
8. Os processos ágeis promovem desenvolvimento sustentável. Os patrocinadores, desenvolvedores e usuários devem ser capazes de manter um ritmo constante indefinidamente.

9. Contínua atenção a excelência técnica e bom design aumenta a agilidade.
10. Simplicidade: a arte de maximizar a quantidade de trabalho não realizado é essencial.
11. Melhores arquiteturas, requisitos e designs emergem de times auto-organizáveis.
12. Em intervalos regulares, a equipe reflete sobre como se tornar mais eficaz e então refina e ajusta seu comportamento de acordo.

Com o Manifesto Ágil, foi necessário estabelecer uma organização permanente para representá-lo. Assim, no final de 2001, nasceu a Agile Alliance. Essa organização sem fins lucrativos dedica-se a promover a compreensão e discussão das pessoas sobre os vários métodos ágeis disponíveis no mundo e a consolidar os alicerces do manifesto.

Todo método ágil que existe hoje tem valores e princípios enraizados no manifesto, métodos como Scrum, Kanban e XP o trouxeram, por isso são chamados de ágeis. A real possibilidade de trazer produtos ao mercado de forma mais rápida e satisfatória popularizou os métodos ágeis em todo o mundo. Para aqueles que decidem ser ágeis, a recompensa é enorme, não inútil. Empresas como Google, Yahoo, Microsoft e IBM usam esses valores e princípios.

Sobretudo, além do processo de desenvolvimento de *software*, empresas que produzem outros tipos de produtos também podem utilizar os princípios e valores do Manifesto Ágil (Scrum ou outra metodologia ágil).

LIVE E *GOLDEN CIRCLE*: O QUÊ? POR QUÊ? COMO?

A idade média da população tem se elevado, enquanto as taxas de natalidade têm diminuído, deslocando para a faixa da meia-idade o foco da sociedade. Enfim, os valores que sempre giraram em torno dessa parte da população acabaram se fortalecendo, parecendo estar disseminando ainda mais, a saber: o cuidado, a compaixão, a resiliência, a aspiração por significado, a preocupação com a comunidade e o legado de vida. Como nada é por acaso, esses mesmos valores estão nascendo com as gerações mais novas, *millenials*, geração Z, alfa, entre outras…

Isso tem mudado bastante a vida das pessoas e das organizações, que precisam absorver esses valores para continuarem existindo. Grande parte desses valores parece hoje estar resumida em uma única palavra: o propósito. Embora esse conceito, ou essa "modinha", não seja nova, a sensação é que foi descoberto recentemente pelos empreendedores e aventureiros de negócios. De fato, sentimos que o propósito vem transformando a vida de muitas organizações, que estão indo além do lucro para potencializar seu impacto na sociedade e para a sociedade.

Tanto se fala de propósito, mas é claro: propósito vem de dentro, vem do coração, é o que te faz levantar todos os dias, é a razão pela qual você existe, seja ela refletida, ou não, em seu negócio/empresa. É a resposta clara do porquê você faz o que faz, seja como pessoa ou como organização. A inspiração foi do *Golden Circle* (Círculo de Ouro) do consultor de liderança e gerenciamento Simon Sinek (*Comece pelo porquê*, 2018), que acredita que as pessoas não compram mais o que você faz, e sim o motivo pelo qual você faz, o que está fazendo (Figura 21).

Figura 21 – *Golden Circle.*

Aqui vale uma reflexão profunda, ao ponto de se perguntar:
- **O quê?** – O que de fato você ou sua organização entrega para a sociedade?
- **Por quê?** – Qual a justificativa de você ou sua empresa realizar o "O quê"?

- **Como?** – Qual é a entrega de valor? Como você entrega o seu "O quê"?

Organizações com propósito claro e verdadeiro, ou seja, que "vem de dentro", têm atraído pessoas com paixão, comprometimento, criatividade e energia para lutar pelos mesmos ideais, pois, ali, o colaborador se sente fazendo parte de algo maior, relevante para o mundo. Se isso transforma internamente a organização, imagine o quanto impacto isso tem no mercado e, até mesmo, na relação com os clientes finais.

Fica, assim, muito claro que as pessoas que hoje se sentem mais felizes e bem-sucedidas são as mais conscientes do seu papel no mundo e o poder que seu trabalho lhes confere. Algumas encontraram a razão para sua carreira e se sentem muito mais energizadas, poderosas e satisfeitas com suas conquistas.

No livro *Conscious Capitalism*, John Mackey e Raj Sisodia dizem que existem quatro grandes categorias ou classificações de propósitos:

O Bom: é o mais comum entre as organizações e as pessoas. Está ligado ao servir aos outros – aprimorar a saúde, a educação, a comunicação e a qualidade de vida. É motivador e gratificante para quem o abraça, pois o resultado é sentido de forma instantânea. É bastante apropriado para o varejo e para quem atua nele.

O Verdadeiro: descobre e aprofunda o conhecimento humano. Para muitos, tem um grande valor descobrir e aprender algo que ninguém jamais conheceu para o avanço coletivo da humanidade. É compartilhar por meio de livros, cursos, palestras, blog... (será que este é o nosso?!)

O Belo: persegue a excelência e a perfeição. Tem valor porque é algo intensamente satisfatório para a alma e enriquece a vida de diversas maneiras. Está relacionando com trabalhos de criativos das artes em geral: música, pintura, fotografia, artesanato...

O Heroico: envolve a coragem para fazer o que é certo para mudar ou melhorar o mundo. Vai um pouco além dos três anteriores, pois propõe-se a fazer o que nunca foi feito, persegue o desejo de transformar o estado das coisas de forma profunda. Empreendedores de várias áreas, principalmente ligados à tecnologia, economia criativa/colaborativa, se enquadrariam aqui.

E você e sua organização, em qual das categorias se encontram ou têm maior aderência? Pense nisso!

Propósito Organizacional tem como objetivo identificar o que a organização ama, no que é melhor, do que o cliente precisa, para que é paga, que missão, paixão, vocação e diferenciais tem para, assim, elaborar o propósito da organização (IKIGAI). O propósito é o porquê de a organização existir (O *Golden Circle* de Simon Sinek), é a alma da organização.

Por fim, apresentamos a técnica de *Golden Circle,* aplicada em uma empresa de pequeno porte do segmento têxtil, nichada para peças femininas, *plus size*. Perceba a importância do conjunto de palavras utilizadas, porém, principalmente, os *insights* racionais e emocionais para a marca:

- **O quê?** Bem-estar, empoderamento, "a pessoa se encontrar" e "se sentir bem com ela mesma".
- **Por quê?** Entendem do que os clientes precisam, quebrando o conceito da moda *plus size*; "sofrem na pele o preconceito".
- **Como?** Peças femininas para disfarçar sem tapar.

A empresa PMGYZ é disruptiva ao ponto de evoluir a indústria da moda, produzindo sonhos, entregando liberdade e felicidade por meio de peças femininas que disfarçam, mas não tampam.

IKIGAI – PROPÓSITO, VALORES E A IDENTIDADE ORGANIZACIONAL

IKIGAI é uma filosofia de vida da ilha de Okinawa, no sul, onde as pessoas são mais felizes, com uma vida média de mais de 100 anos e um alto nível de objetivos. Essa filosofia tem chamado a atenção das pessoas porque representa um caminho para a felicidade e a conquista de objetivos, independentemente de qualquer religião ou crença.

No Ocidente, é a base do método IKIGAI de desenvolvimento humano e tem ajudado inúmeras pessoas a replanejarem suas vidas e, assim, tentarem encontrar mais sentido e propósito para empregos, negócios, organizações, relacionamentos – e vidas.

Em japonês, IKIGAI significa "a razão pela qual acordo todas as manhãs" ou "a razão da vida". Esse conceito traz o universo do desenvolvimento humano para tudo o que fazemos para encontrar um significado.

Essa ferramenta envolve um processo reflexivo de autocompreensão que é fácil de implementar e pode trazer contribuições valiosas em qualquer estágio de uma carreira ou organização. A mandala representada na Figura 22 consiste em quatro círculos sobrepostos: o que eu gosto de fazer; o que devo fazer? O que posso fazer para ganhar dinheiro? E o que o mundo precisa. O próprio IKIGAI está localizado no cruzamento principal do centro.

Figura 22 – IKIGAI.

IKIGAI GPTW – YOULEADER-WEEGO-JUNGLE

IKIGAI / PROPÓSITO
Cuidar das pessoas, Incentivar os Negócios e Estimular a Cidadania

PAIXÃO:
Transformar a vida das pessoas.

MISSÃO:
Transformar a sociedade, desenvolvendo uma liderança que valoriza pessoas e obtem resultados sustentáveis.

SOMOS BONS
Desenvolvimento de culturas de alto desempenho, confiança e inovação com base no desenvolvimento de liderança

AMAMOS
Trabalhar por um Propósito que impacta milhões de pessoas

MUNDO PRECISA
Sociedade sustentável com relações baseadas em Confiança

PROFISSÃO:
Desenvolver uma gestão de alto desempenho, confiança e inovação.

VOCAÇÃO:
Provocar a transformação.

SOMOS PAGOS
Transformar organizações em excelentes lugares para trabalhar

Aquilo que você ama • Aquilo que você é BOM • O que o Mundo PRECISA • Aquilo que você é PAGO para fazer • IKIGAI Propósito • PAIXÃO • MISSÃO • PROFISSÃO • VOCAÇÃO

Figura 23 – IKIGAI GPTW-Youleader-Weego-Jungle.

Foi o trabalho de um jornalista americano na década de 1980 que deu origem ao Great Place to Work. Robert Levering, jornalista que cobria assuntos relacionados ao mundo do trabalho, especialmente os que envolviam conflitos trabalhistas, foi convidado a escrever um livro sobre as melhores empresas para trabalhar nos Estados Unidos. Num primeiro momento, ele negou o convite. Não por soberba ou falta de tempo, mas por não acreditar nessa premissa. Para Levering, seria impossível escrever um livro com essa abordagem, pois não existiria nenhuma boa empresa para trabalhar na perspectiva dos funcionários. Sim, pois na visão do dono ou dos executivos a história poderia até existir, mas não corresponderia à realidade. Certo de sua teoria, ele chegou a sugerir à editora outro livro, que tratasse o oposto da história previamente encomendada: "Que tal falar sobre as piores empresas para trabalhar?", sugeriu. Para esse enredo, garantiu, ele teria uma centena de exemplos para apresentar. A editora chegou a considerar seriamente a sugestão, mas acabou desistindo da ideia com receio da quantidade de processos judiciais que poderia receber contra o livro.

Após longas e numerosas conversas, Levering acabou topando o projeto inicial, mas iria a campo para apurar essa história do seu jeito. Como jornalista, ele entrevistou *in loco* milhares de funcionários de centenas de empresas em todo o país, garantindo a confidencialidade das informações compartilhadas, assim como o nome de seus entrevistados. Conforme esperado, ele encontrou pessoas que odiavam suas empresas e seus chefes, e visitou organizações que ofereciam péssimos ambientes de trabalho. Mas, durante o processo, veio também a surpresa, e a sua tese começou a ser desconstruída com outros depoimentos e percepções de funcionários. Em meio a sua apuração, ele encontrou muitas outras pessoas que também adoravam aquilo que faziam, seus colegas, seus chefes, enfim, suas empresas.

A descoberta deixou Levering tão impressionado que ele abandonou tudo o que fazia e abriu, ao lado de sua esposa à época, um pequeno escritório – na verdade, uma salinha a que deu o nome de Great Place to Work. Seguindo seus estudos, entrevistas e análises, ele não só chegou à conclusão de que sim, existem excelentes lugares para se trabalhar, como identificou uma semelhança nesses locais. Seu trabalho, que também contou com a parceria de Milton Moskowitz, deu origem ao best-seller *100 Best companies to work in America*, publicado em 1987. Mais do que isso, sua linha de pesquisa gerou a metodologia usada pelo Great Place to Work para analisar e avaliar as empresas e seus ambientes de trabalho em mais de noventa países, dentre eles o Brasil, o primeiro a aplicar a pesquisa em algumas organizações e a publicar numa revista o *ranking* das Melhores Empresas para Trabalhar, em 1997, dez anos após o lançamento do livro de Levering e Moskowitz. Foi graças ao trabalho e à visão do empreendedor brasileiro José Tolovi Jr., o principal responsável pela internacionalização da metodologia do Great Place to Work, que o Brasil sustenta não só o pioneirismo do *ranking*, mas lidera ações de inovação, tornando-se referência global.

Tendo à frente o *ranking* das 150 Melhores Empresas para Trabalhar no Brasil ao longo de 25 anos – sendo os últimos quinze publicados pela Editora Globo, atualmente por meio da revista *Época Negócios*, o Great Place to Work possui outros 33 *rankings*, entre setoriais (Agronegócio, Hotelaria, Financeiro, Tecnologia, Indústria, Saúde e Agências), estaduais e regionais (Bahia, Barueri, Centro-Oeste, Minas Gerais, Rio de Janeiro, Piauí, Rio Grande do Norte, Paraíba, Maranhão, Ceará, Alagoas, Pernambuco, Paraná, Espírito Santo, Santa Catarina, Rio Grande do Sul, Serra Gaúcha, São Paulo e Norte) e os ligados à diversidade e outras categorias (Mulher, LGBTQIA+, Étnico Racial, Pequenas Empresas e Terceiro Setor). Há ainda os destaques, que nascem como embriões de futuros *rankings*, como o Destaque Pessoas com Deficiência; Destaque Gestão Saudável; Destaque Profissionais com 50+ e Primeira Infância. Fora do Brasil, destacamos também o *Ranking* América Latina e Global. Além de reconhecer as empresas que vêm cultivando relações de confiança entre seus funcionários, os *rankings* são poderosos termômetros e indicadores das tendências no mundo do trabalho. O banco de práticas culturais, as quais definem as diretrizes e política de gestão de pessoas das empresas, conta com mais de 117 mil exemplos que ajudam a conhecer melhor a cultura de cada organização e inspirar outras empresas nessa jornada.

Com a missão de "construir uma sociedade melhor, transformando cada organização em um *great place to work for all*", o Great Place to Work no Brasil vem crescendo e ampliando seu escopo de negócio. Com seis escritórios regionais (Nordeste, Barueri, interior de São Paulo, Paraná, Rio de Janeiro e Rio Grande do Sul), o GPTW – como é conhecido no mercado – se posiciona como uma consultoria global que apoia organizações a obter os melhores resultados por meio de uma cultura de confiança, alto desempenho e inovação. E quando se fala de organizações, isso engloba TODAS as organizações. Em 2017, a consultoria passou a oferecer a jornada de CERTIFICAÇÃO, permitindo que empresas a partir de 10 funcionários, ao participarem do processo de análise por meio da pesquisa de clima, pudessem adquirir o selo de boa empresa para trabalhar, um passaporte para participar dos *rankings*, e principalmente um guia para aperfeiçoar seu modelo de gestão e orientar sua gestão de pessoas. Hoje, 1.500 empresas no Brasil exibem um selo de certificação GPTW e as pesquisas, no geral, impactam mais de 2 milhões de funcionários por ano.

Liderada por Ruy Shiozawa, há treze anos à frente da companhia, em 2020 o GPTW anunciou sua parceria com a bolsa de valores do Brasil, a B3, para lançar o índice B3-GPTW de melhores empresas para trabalhar, que contempla as empresas certificadas com capital aberto na bolsa de valores. A parceria com a B3 reforça a atuação do GPTW frente às ações de ESG e ratifica seu posicionamento, missão e valores: ser uma excelente empresa para trabalhar é ótimo para as pessoas, para os negócios e para a sociedade. Vale ressaltar que as organizações consideradas excelentes para trabalhar apresentam dados melhores que a média de mercado. As 150 empresas classificadas no ranking nacional de 2020, por exemplo, tiveram uma expansão de 9,3% no faturamento em 2019, enquanto o PIB brasileiro cresceu apenas 1,1%.

Em 2021, acontece a maior transformação na história do GPTW, que se transforma em uma Família de empresas. Além do negócio mundial de pesquisas e certificação de empresas, novas empresas são criadas no Brasil, mantendo sua tradição altamente inovadora. Com isso, as diferentes empresas vão aumentar a possibilidade de transformação dos negócios e da sociedade, sempre colocando as pessoas no centro da estratégia. A Youleader nasce focada na capacitação e educação de liderança como principal fator para qualquer empresa atingir um modelo de gestão realmente efetivo. A *startup* Weego nasce totalmente digital e com as premissas de agilidade debatidas neste livro, oferecendo um processo escalável, individualizado e contínuo para o desenvolvimento de liderança em todos os níveis. A outra *startup*, a Jungle, é focada no grande desafio da sociedade e empresas nos próximos anos: a saúde mental. Liderada por uma equipe médica, o negócio identifica a situação de saúde mental de cada colaborador da organização, estimula e acompanha sua evolução e prepara os gestores para criar um ambiente saudável. Sua competência vem do vínculo direto com os principais grupos de pesquisadores do tema em universidades de ponta no mundo todo, encurtando o caminho e o tempo de chegada das principais descobertas científicas na academia para a aplicação prática imediata nas organizações. Melhor para as pessoas, melhor para os negócios, melhor para o mundo!

IKIGAI ROCK IN RIO (ELABORADO PELO LUIS JUSTO – CEO DO RIR)

- A nossa PAIXÃO: levar felicidade às pessoas através do nosso trabalho, mas também nos divertindo.
- Nossa MISSÃO: proporcionar experiências inesquecíveis através da música e do entretenimento.
- Nossa VOCAÇÃO: inspirar as pessoas através do nosso exemplo de que é possível sonhar e fazer acontecer.
- A nossa PROFISSÃO (atividade ou campo da atuação): imaginar e produzir eventos de entretenimento que proporcionem experiências inesquecíveis em diversos territórios do entretenimento e educação.
- Nosso PROPÓSITO (o IKIGAI): usar nossa paixão e coragem para criar experiências inesquecíveis e materializá-las em entregas fenomenais que inspirem muitas outras pessoas a também sonhar grande e fazer acontecer, e nessa grande cadeia poder transformar o mundo em um lugar melhor, com pessoas mais felizes e empáticas.
- Aquilo que amamos: nos divertir com o nosso trabalho e trabalhar proporcionando felicidade para os outros.
- Aquilo em que somos realmente bons: ter criatividade para sonhar grande e coragem para transformá-los em realidade com uma entrega de excelência e atenção aos detalhes

- Do que o mundo precisa: pessoas com coragem que sirvam de exemplo e referência para que outras pessoas se inspirem em correr atrás dos seus sonhos ao ver que é possível.
- Aquilo que somos pagos para fazer: proporcionar experiências inesquecíveis através de nossas plataformas de entretenimento em diversos territórios como eventos de música, games e educação.

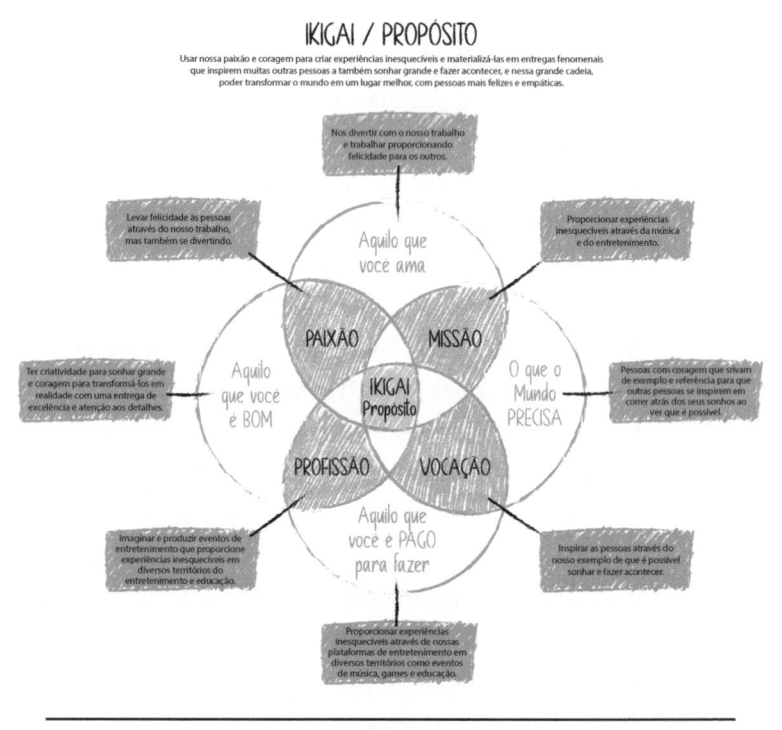

Figura 24 – IKIGAI Rock in Rio.

O primeiro Rock in Rio foi realizado na cidade do Rio de Janeiro, Brasil, entre 11 e 20 de janeiro de 1985, em uma área especialmente construída para receber o evento. O local, um terreno de 250 mil metros quadrados que fica próximo ao Riocentro, em Jacarepaguá, ficou conhecido como "Cidade do Rock" e contava com o maior palco do mundo já construído até então: com 5 mil metros quadrados de área, além de dois imensos *fast foods*, dois shopping centers com 50 lojas, dois centros de atendimento médico e uma grande infraestrutura para atender a quase 1,5 milhão de pessoas – o equivalente a cinco Woodstocks – que frequentaram o evento.

A grande fama do evento deveu-se ao fato de que, até sua realização, as grandes estrelas da música internacional não costumavam visitar a América do Sul, pelo que o público local tinha ali a primeira oportunidade de ver de perto os ídolos do rock.

Graças ao enorme sucesso do evento original, Medina promoveu, entre 18 e 26 de janeiro de 1991, o Rock in Rio II. A segunda edição do evento foi, porém, realizada no estádio de futebol do Maracanã, cujo gramado foi adaptado para receber o palco e os espectadores (700 mil pessoas, em nove dias de evento), que também puderam assistir ao evento das arquibancadas do estádio (por preços um pouco maiores do que aqueles do gramado).

Após novo hiato, o ano de 2001 viu a realização do Rock in Rio III, nos dias 12 a 14 e 18 a 21 de janeiro. Nesta ocasião, os organizadores decidiram construir uma nova "Cidade do Rock", no mesmo local onde fora a primeira, com a inédita capacidade de 250 mil espectadores por dia e "tendas" alternativas onde se realizaram concertos paralelos aos do palco principal. Havia tendas de música eletrônica (Tenda Eletro), música nacional (Tenda Brasil, na qual artistas brasileiros apresentavam-se), música africana (Tenda Raízes) e música mundial (Tenda Mundo Melhor). O evento recebeu a legenda de Por Um Mundo Melhor, o que se marcou com o ato simbólico de observação de três minutos de silêncio antes do início das apresentações no primeiro dia do evento.

O Rock in Rio foi internacionalizado em 2004 com a primeira edição do Rock in Rio Lisboa, na cidade de Lisboa, em Portugal. A organização do festival foi similar à edição de 2001 no Brasil, tendo sido distribuído pelos 200 mil metros quadrados do Parque da Bela Vista, o Palco Mundo (palco principal), a Tenda Raízes, Tenda Mundo Melhor e a Tenda Electrónica. Participaram mais de setenta artistas ao longo dos cinco dias de festival, e o evento foi um sucesso, recebendo mais de 385 mil espectadores. Entretanto, a mídia brasileira e o público foram totalmente contra a realização do festival no país, mas ignorados devidos a pensamentos ambiciosos por parte de Roberto Medina.

Em 2006, foi realizada a segunda edição do Rock in Rio Lisboa, no mesmo local, entre 26 e 27 de maio e 2, 3 e 4 de junho. Nesta edição já não havia mais a Tenda Mundo Melhor, e a Tenda Raízes foi substituída pelo palco Hot Stage.

No ano de 2010 foram realizadas, respectivamente, a quarta edição em Lisboa e a segunda edição na capital espanhola.

Em 2011, aconteceu a quarta edição do festival no Brasil, após dez anos da terceira edição. Inicialmente previsto para 2014, para coincidir com o ano da Copa do Mundo FIFA de 2014, que foi realizada no Brasil, seu lançamento foi adiantado em três anos, a pedido da prefeitura da cidade do Rio de Janeiro. Em 2012, o Rock in Rio voltou à Península Ibérica para mais uma edição do Rock in Rio Lisboa (a quinta edição) e do Rock in Rio Madrid (a terceira edição).

Em maio de 2015, ocorreu a primeira edição do Rock in Rio nos Estados Unidos. Houve quatro dias de festival e cerca de 170 mil pessoas compareceram ao evento, que ocorreu na cidade de Las Vegas. Em setembro do mesmo ano, aconteceu a sexta edição do Rock in Rio no Brasil, comemorando o aniversário de 30 anos do festival. Ele teve, como uma das grandes atrações, a volta da banda Queen, a grande atração do primeiro Rock in Rio, contando com a participação de Adam Lambert no vocal da banda.

Roberto Medina já havia afirmado que o Rock in Rio Lisboa "veio para ficar. Em 2019, a organização confirmou a realização de mais dois eventos nos anos de 2021 e 2023, com as edições ocorrendo no Rio de Janeiro".

Em 2019, o Rock in Rio voltou com sua oitava edição. Realizada novamente no Parque Olímpico, o festival recebeu novos palcos e inúmeras atrações nacionais e internacionais, com destaque para Anitta, que subiu aos palcos depois da polêmica envolvendo seu nome na Edição 2017, e P!nk, que realizou um espetáculo de acrobacias na penúltima noite de festival. Muse e Imagine Dragons encerraram o último dia de shows.

O presidente do Rock in Rio é Roberto Medina, que é dirigente do evento no Brasil. Sua filha Roberta Medina é a vice-presidente e dirige o evento em Portugal e na Espanha.

IKIGAI SABIN (ELABORADO POR JANETE VAZ – FUNDADORA E PRESIDENTE DO CONSELHO)

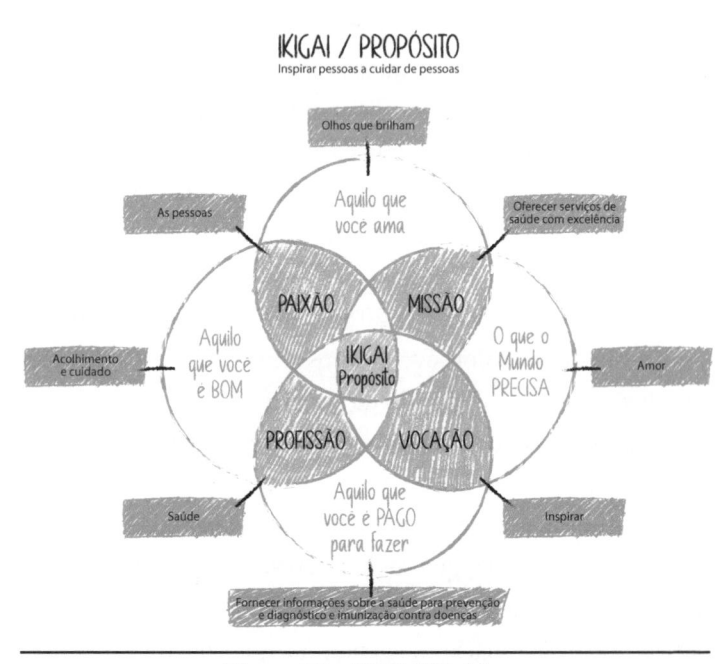

IKIGAI / PROPÓSITO
Inspirar pessoas a cuidar de pessoas

- Olhos que brilham
- As pessoas
- Oferecer serviços de saúde com excelência
- Acolhimento e cuidado
- Amor
- Saúde
- Inspirar
- Fornecer informações sobre a saúde para prevenção e diagnóstico e imunização contra doenças

PAIXÃO – Aquilo que você ama
MISSÃO – O que o Mundo PRECISA
PROFISSÃO – Aquilo que você é BOM
VOCAÇÃO – Aquilo que você é PAGO para fazer
IKIGAI – Propósito

Figura 25 – IKIGAI Sabin.

O sonho compartilhado por duas bioquímicas se tornava realidade em Brasília (DF). A goiana Janete Vaz se uniu à mineira Sandra Soares Costa para fundar, em maio de 1984, a primeira unidade do Grupo Sabin, então com apenas três funcionários. Foram anos de muito trabalho, desafios e investimentos até que, em 2009, a dupla resolveu apostar em um projeto ousado: levar o serviço de análises clínicas, reconhecido pela excelência no atendimento, qualidade laboratorial e inovação tecnológica, para outras regiões do Brasil.

Inicialmente, o Sabin expandiu seu atendimento para outros locais como Distrito Federal, Barreira (BA) e Anápolis (GO). Mas o grande passo aconteceu em 2012, com a assessoria da Fundação Dom Cabral, por meio da PCS (Parceria para o Crescimento Sustentável). A partir daí, o processo de expansão nacional correu de forma orgânica, por meio da ampliação da operação em Brasília (DF) e expansão para Manaus (AM); e inorgânico, com aquisições realizadas em Uberaba (MG), Palmas (TO), Salvador (BA) e Belém (PA).

Em 2014, frente ao nível de maturidade da empresa, as sócias decidiram se dedicar às questões mais estratégicas na organização e nomear pessoas com alto conhecimento do negócio para conduzir o dia a dia da empresa. Com isso, o Laboratório Sabin passou a ser dirigido pela presidente executiva, Lídia Abdalla. Nessa passagem de sucessão, as fundadoras Sandra e Janete passaram para o Conselho de Administração do Grupo Sabin e seus filhos integram o Conselho de Família.

Já sob o comando da CEO, o Sabin chegou a São José dos Campos (SP), Campo Grande (MS), Uberlândia (MG), Ribeirão Preto (SP), Londrina (PR), Boa Vista (RR), Campinas (SP), Franca (SP), Florianópolis (SC), Maringá (PR), Osasco (SP), Barueri (SP), São Caetano do Sul (SP), São Bernardo do Campo (SP), Dourados (MS), Maracaju (MS), Itaporã (MS), Unaí (MG) e ampliou sua atuação nas cidades de Anápolis (GO), Uberaba (MG), Salvador (BA) e Brasília (DF). E, em 2019, o Sabin fincou bandeira também em Mato Grosso, com a aquisição do Laboratório Carlos Chagas, em Cuiabá.

O Sistema Integrado de Gestão do Sabin conta com programas de acreditação e certificações que chancelam sua constante busca pela excelência, entre eles a ISO 9001:2008, norma técnica que estabelece um modelo de gestão da qualidade para organizações; PALC (Programa de Acreditação para Laboratórios Clínicos), chancelado pela Sociedade Brasileira de Patologia; além da ISO 14001, norma de responsabilidade ambiental, e da ISO 31.000, que atesta a implementação das normas da gestão de riscos.

O Sabin é certificado também pelo Padi (Programa de Acreditação em Diagnóstico por Imagem) do CBR (Colégio Brasileiro de Radiologia e Diagnóstico por Imagem), que qualifica nacionalmente os serviços da área avaliando os requisitos de qualidade, segurança e sustentabilidade. O Sabin também faz parte do seleto grupo de empresas de medicina diagnóstica no Brasil acreditadas pelo Colégio Americano de Patologia (CAP). Um reconhecimento internacional à excelência e qualidade das práticas de medicina laboratorial e patologia desenvolvidas pela empresa, que estão alinhadas a padrões mundiais da área de saúde.

Com a busca de sempre impactar positivamente na vida das pessoas por meio da inovação, o Sabin diversificou seus mais recentes investimentos em novos negócios. O Grupo Sabin possui uma participação de 30% na Amparo Saúde, primeira rede privada e independente de centros de atenção primária à saúde (APS) no Brasil. Também foi feito um aporte de 12% na ProntMed, healthtec brasileira responsável por soluções para gestão de saúde populacional que integra consultórios, hospitais, laboratórios e operadoras/seguradoras. Com os investimentos, o grupo reforçou seu posicionamento de ampliação da plataforma de serviços em saúde oferecidos à população.

Houve também o lançamento do Kortex Ventures, fundo de Corporate Venture Capital (CVC) que vai investir em *startups* de tecnologias de saúde nacionais e internacionais com foco em medicina diagnóstica, medicina personalizada e saúde digital. Outra novidade foi o aporte na Qure, uma das líderes mundial em saúde digital que pertence ao fundo israelense OurCrown. Ao realizar esses investimentos, o Sabin contribui para a sustentabilidade do setor de saúde e o fortalecimento da cultura do cuidado coordenado e personalizado da saúde, trazendo inovações disruptivas de centros de referência ao setor de saúde brasileiro.

As ações fazem parte de um pacote de práticas e medidas adotadas pela empresa, como signatária do Pacto Global da

ONU e demais empresas, na disseminação de práticas e políticas de sustentabilidade social, ambiental e econômico-financeira. Atualmente, a empresa contabiliza 296 unidades e quase 6 mil colaboradores. No portfólio são mais de 4 mil exames laboratoriais e de imagem, além do serviço de vacinas, que oferece mais de 20 tipos de imunizações, e do Sabin Prime, serviço de check-up executivo.

O Grupo Sabin está focado em seguir com o olhar para um futuro de investimentos sustentáveis e formatos de negócios inovadores. As estratégias centrais estão voltadas para o crescimento sustentável, pautado pela redução de impactos ambientais, investimentos em ações e projetos de sustentabilidade social, além de fomentar uma governança corporativa que influencia um contexto empresarial mais positivo, que reúnem as melhores práticas de ESG. A empresa e suas estratégias e projetos já estão integrados à filosofia empresarial do grupo, estruturada no conceito de crescimento sustentável.

Com engajamento social desde sua fundação, o grupo conta ainda com o Instituto Sabin, entidade sem fins lucrativos, criada em 2005 e qualificada como OSCIP (Organização da Sociedade Civil de Interesse Público). Ele atua como gestor do investimento social o Grupo Sabin, realizando investimentos, fortalecendo o ecossistema de inovação social, construindo parcerias e implementando ações e projetos em todas as cidades onde a empresa atua. Sua missão é contribuir com a melhoria da qualidade de vida nas comunidades, nas áreas de saúde, esporte e educação.

O instituto, aliás, vem reposicionando – desde 2014 – sua estratégia de atuação para aproximar suas atividades da agenda da inovação social. A mudança propiciou a redefinição do papel estratégico da política de investimento social do grupo. Assim, em vez de seguir atuando estritamente num recorte temático, como saúde, o instituto teve sua estratégia redesenhada para atuação em inovação social.

Identidade Organizacional é o resgate da missão e visão da organização, os valores e princípios, estes que vão permear cultura, comportamentos e decisões na organização. Tem foco na Mente & Alma da organização.

PERSONAS, UMA PERSONALIZAÇÃO OU UMA VISÃO PROBLEMATIZADA

A personalização é a personificação, individualização, especialização, singularização, customização etc. Personalizar o início, o estabelecimento e a consolidação de relacionamentos e manejar estratégias para atrair atenção, construir relacionamentos, participar e manter. Com ele, você pode converter, reter e reter.

Persona é uma particularidade, uma descrição detalhada do público-alvo. Mas podemos defini-la como um processo de reflexão mais detalhado sobre um grupo de consumidores, focando assim sua estratégia em um ou alguns segmentos de mercado com características de compra semelhantes.

EXEMPLO PERSONA: RESPONSÁVEL ADMINISTRATIVO

Personas	Perfil	Comportamento	Principais Necessidades
B2C – Cliente Final			
• Responsável Administrativo	• B2C • Idade ≥ 30 ≤ 50 anos • Masculino, Casado • ≥ Ensino Superior • Renda ≥ R$ 7.000,00 ≤ R$ 14.000,00 • Classes B e C • Vale do Itajaí	• Muito focado • Racional • Acessível • Necessita de informações técnicas • Focado em resultado • Executa pesquisa para novas soluções • Quer agilidade nas informações	• Precisa de informações ágeis • Precisa de números confiáveis • Precisa de informações analíticas • Precisa de auxílio nas previsões

Tabela 15 – Modelo exemplo de definição de personas – B2C.

Quando trabalhamos com personas, a ideia central é a correlação entre três grandes blocos a saber:

Perfil: determina características da persona, ou seja, um corte demográfico que identifica faixa etária, sexo, escolaridade, localização, renda familiar, classe social, cargo, entre outros aspectos do indivíduo. Caso a sua persona seja uma empresa, você precisa pensar em aspectos como tamanho da empresa, porte, segmento, número de funcionários, faturamento, ciclo de compra, ciclo de venda etc.

Comportamento: comportamento é um termo que caracteriza toda e qualquer reação de um indivíduo, animal, órgão ou organização ao seu ambiente. Envolve a maneira como as pessoas ou organismos avançam quando são estimulados em face de seu entorno, mas também pode ser implementado de acordo com várias convenções sociais existentes, nas quais a sociedade espera que as pessoas ajam de acordo com padrões em certas circunstâncias. Do ponto de vista psicológico, o comportamento é a maneira como os humanos se comportam em relação ao meio ambiente. Quando uma pessoa tem um padrão estável, dizemos que a pessoa tem um comportamento. Exemplos de comportamentos que você pode identificar ao analisar funções: analítico, abrangente, objetivo, certo, detalhado, técnico, estratégico, tímido, extrovertido, reativo, proativo etc.

Necessidade: a necessidade de uma persona é a "dor" mais latente que ela tem em relação a um problema, ou uma oportunidade. É o que de fato ela sente, precisa e quer resolver. Pense em necessidade como uma carência ou um grande problema que precisa ser resolvido. Necessidade tem um significado que, muitas vezes, parece ser óbvio. É uma palavra que está sempre presente no nosso dia a dia. Sempre que nos referimos àquilo que não pode faltar, que é indispensável ou primordial, recorremos a ela. A palavra necessidade pode ser bastante explorada, pois depende muito do ponto de vista de cada um e da situação em questão. O que pode ser necessário para um pode não ser para o outro. Mas o que é mesmo necessidade? Necessidade é algo que é indispensável, útil, que não se pode deixar de ter ou ser. Exemplos de necessidade: tempo, recursos materiais, recursos financeiros, matéria-prima, modelo de gestão, diversão, emprego, tomada de decisão etc.

Ao correlacionar esses três blocos, você tem a oportunidade de montar uma visão geral da sua persona, ao ponto de entender se a proposta de valor do seu negócio atende a um determinado perfil que possui um determinado comportamento e demanda tal necessidade.

Quando os clientes são tratados como indivíduos e contamos com suas informações exclusivas, alcançamos a verdadeira personalização. O segredo é ter uma visão melhor do comportamento do consumidor, entender verdadeiramente seus interesses e compreender melhor suas intenções.

A boa notícia é que existem muitas ferramentas que podem apoiar profissionais estratégicos, como o *social listening*, que usa palavras-chave para trazer informações sobre menções a temas selecionados em redes sociais e blogs. Análise ou mineração de dados é uma ferramenta que fornece todas as informações sobre o comportamento de compra, pesquisas, histórico de transações e milhares de outras informações importantes, além de dar pistas excelentes sobre os clientes.

Seu CRM também contém informações valiosas! Todas as interações do cliente com sua organização, seu comportamento de compra e outras informações coletadas em seu site, blog e rede são analisadas em uma boa plataforma automatizada para promover um conhecimento tão rico e personalizado seu. Terá uma base contínua para um planejamento mais eficaz. Usando a inteligência artificial, começamos a prever tendências e nos preparar melhor para ações de médio a longo prazo.

Não vivemos mais na era do posicionamento de massa, quando os anúncios nos jornais são suficientes para atrair os consumidores. Também vamos além de direcionar o marketing e selecionar públicos-alvo para atingir o objetivo (função) da campanha. A plataforma com foco em *big data* e inteligência artificial, com foco em personalização e recomendação de e-commerce, está mudando as regras do jogo no mercado.

As empresas não devem mais visar as massas ou segmentos de mercado em busca de inovação e melhores resultados. O foco agora está na personalização. Cada consumidor tem gostos, necessidades e comportamentos diferentes. As empresas precisam tratar a todos como uma pessoa única.

Para atrair e reter clientes, as empresas devem ser ágeis e capazes de escalar rapidamente, enquanto fornecem experiências personalizadas em canais tradicionais, móveis e emergentes. Se a plataforma escolhida for voltada para serviços que suportam a experiência *omni-channel*, esse difícil processo reduzirá os custos. Isso simplifica e acelera o marketing digital, que permite vendas contextuais, levando a uma experiência de compra mais atraente.

Quando as organizações estão prontas para implementar a personalização, elas precisam controlar a experiência de compra personalizada, desde a publicidade até o pós-venda. Todas essas etapas ajudam a aumentar o engajamento dos clientes e cria oportunidades interessantes para um grande crescimento, o que significa que os profissionais de marketing precisam de uma plataforma que lhes permita escala.

Um sistema moderno e flexível é o requisito básico para atender às necessidades de negócios em constante mudança. Conforme o comportamento dos consumidores digitais muda, a flexibilidade no ambiente da plataforma de e-commerce é crítica para uma experiência de compra bem-sucedida. Por meio de uma plataforma de arquitetura flexível, os varejistas podem não apenas criar uma experiência de compra personalizada, mas também visualizar facilmente o fluxo do usuário.

MODELO WARDLEY MAPS

Devido à falta de ferramentas suficientes para construir um mapa de negócios, um ex-empresário chamado Simon Wardley começou a experimentar conceitos inspirados por diferentes traduções dos textos da obra *A Arte da Guerra*, de Sun Tzu. Surgiu o método Wardley Maps, que pode ser resumido no diagrama da Figura 26:

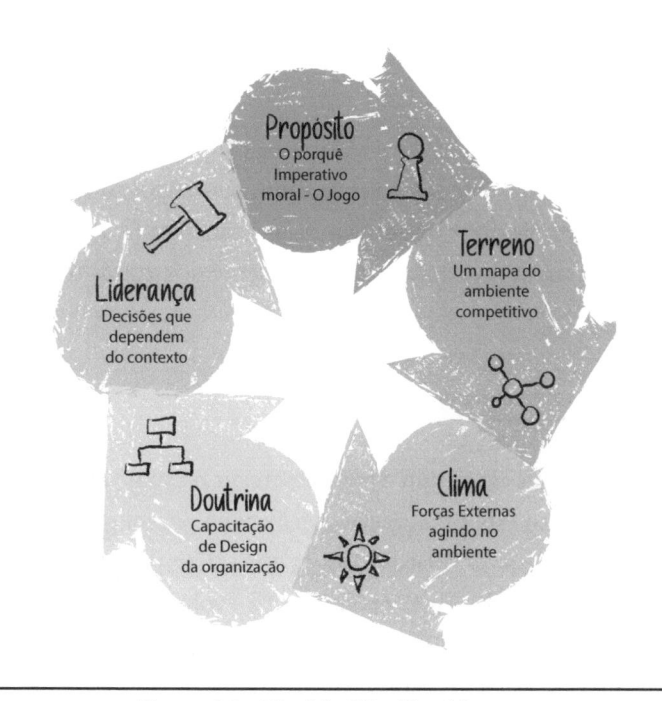

Figura 26 – Modelo Wardley Maps.

O mapa de Wardley é baseado no objetivo ("jogo"), no cenário competitivo (mapa), nas forças externas atuando no cenário (clima) e na organização (doutrina) do processo de tomada de decisão estratégica (liderança) do seu projeto.

Cada etapa desse processo pode ajudá-lo a obter uma visão e melhorar a qualidade de suas apostas. O mapeamento é um processo contínuo com potencial iterativo ilimitado. O segredo não é tornar o mapa perfeito, mas aprimorar e aprendera cada versão. Vamos ver cada passo a seguir.

PROPÓSITO

A primeira coisa é a clareza de propósito. Já falamos sobre esse tema, então deixamos aqui dois artigos de referência:
"Definindo propósito em sua organização"
"Uma crítica ao uso inconsequente do propósito"

TERRENO

Terreno de design é para descrever o cenário em que sua organização está e como ela se desenvolve ao longo do tempo. Na abordagem do Wardley Maps, desenhamos uma cadeia de valor em um diagrama que mostra a evolução dos elementos relativos à sua visibilidade para os usuários/clientes. Aqui estão as etapas para fazer seu primeiro mapa.

ESCOLHA UM USUÁRIO, CLIENTE OU BENEFICIÁRIO

Pessoas fora da organização que usam seus serviços ou produtos. Defina o usuário. Se houver mais de um, selecione um para começar. Você pode até construir mapas com vários usuários, eu apenas recomendo que você comece de uma forma mais simples.

QUAIS SÃO AS NECESSIDADES DO USUÁRIO?

Um princípio fundamental no Mapas de Wardley é focar nas necessidades do usuário. Quando ele chega até você, está em busca de atender qual necessidade?

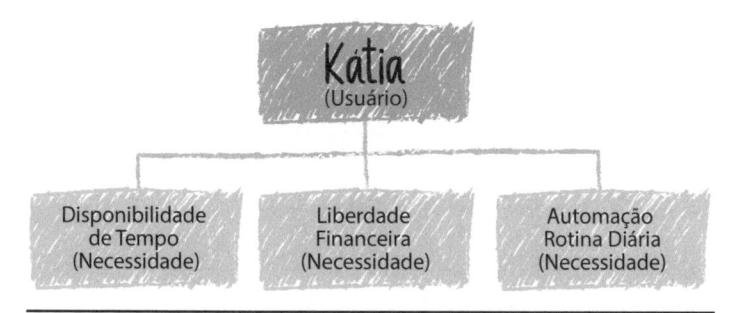

Figura 27 – Estrutura de Necessidades e Usuário.

Qual é a cadeia de valor? Liste todas as atividades que precisam ser realizadas para atender a essas necessidades. Essas serão as atividades de primeira ordem. Agora liste as atividades que precisam ocorrer para que o primeiro nível de atividade ocorra. Esse será seu segundo pedido. Isso pode ser feito repetidamente, até a granularidade de seu interesse no mapa. Você precisa resolver esse problema por meio de tentativa e erro.

Para determinar quais atividades dependem umas das outras, conecte-as para formar uma cadeia de valor que se parece com uma árvore enraizada. Por favor, veja a Figura 28.

Figura 28 – Estrutura de Necessidades e Atividades.

DEFINA UM ESTÁGIO DE EVOLUÇÃO PARA CADA COMPONENTE DA SUA CADEIA DE VALOR

Devido à competição entre as forças de oferta e demanda, cada atividade (componente) em sua cadeia de valor está em constante evolução. No curso da evolução, as características desse componente também mudam ao longo de um continuum, de coisas incertas a coisas conhecidas, como mercadorias. Consulte a Tabela 16.

Característica	Gênesis	Customizado	Produto	Commodity
Ubiquidade	Raro	Consumo crescente lentamente	Consumo crescente rapidamente	Disseminado e estabelecido
Certeza	Pouco entendido	Grande crescimento no aprendizado	Grande crescimento no uso	Bem-comprometido
Publicações	Descreve maravilhas	Como fazer, construir	Manutenção, operações, features	Focado no uso
Mercado	Indefinido	Em formação	Em crescimento	Maduro

Tabela 16 – **Evolução e características dos elementos.**

Colocar um componente na evolução do componente indica a maneira mais econômica de lidar com ele: terceirizar, comprar ou construir do zero? O fato é que a maioria das organizações lidará com cada componente de uma forma que esteja de acordo com seus preconceitos internos. Em outras palavras, se você gosta de construir coisas, você pode tentar construí-las. Se você gosta de fazer compras, tente comprar. Se você gosta de terceirizar, com certeza tentará terceirizar. Isso pode ser caro, então vale a pena manusear todos os componentes corretamente.

ADVENTUROUS THINKING

O Pensamento Aventureiro amplia o pensamento criativo, promove inovações consistentes e ajuda a tornar os sistemas, produtos e estratégias de negócios mais robustos e sustentáveis. O pensamento aventureiro tem sido aplicado com sucesso nos currículos de educação corporativa, design de produto e serviços, bem como na estratégia de negócios. Combinando as pesquisas mais recentes sobre caminhos neurais com o pensamento de design moderno, o *Adventurous Thinking* apresenta ferramentas e técnicas que permitem que cada pessoas que tenha contato com o método, seja mais curioso e inovador. Baseia-se na principal ferramenta das Cinco Lentes. Cada lente provoca um ponto de vista distinto e extremo em uma estrutura simples e compreensível. Usado como um conjunto, as lentes pluralizam, ou seja, trazem um sentido amplo e um aumento da diversidade.

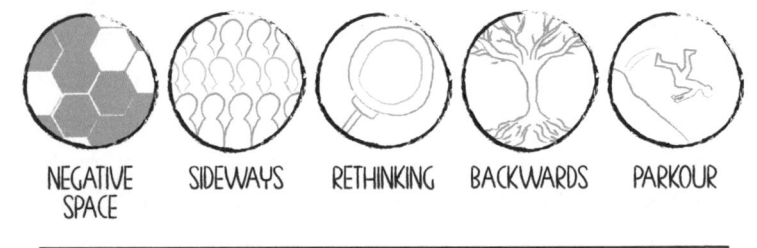

Figura 29 – *Adventurous Thinking.*

1. **O Espaço Negativo:** é aquele amorfo físico, emocional e longitudinal. Espaço negativo é o que não é: que NÃO é o foco ou o sujeito, mas o contexto físico, duracional e perceptivo em que ele existe.

2. **Pensando para o lado:** O *Thinking Sideways* é uma extensão do pensamento empático e cria consciência de como nossas preferências pessoais ditam a maneira como interagimos com os outros – colegas de trabalho e clientes. O Pensamento Lateral é valioso para entender como suas tendências pessoais podem comprometer suas tomadas de decisão e interações. Na prática, é o foco DO cliente.
3. **Repensar:** Repensar envolve redescobrir e explorar seus valores fundamentais. O *ReThinking* é uma lente extremamente importante para reconsiderar um produto, negócio ou estratégia usando a expertise interna como um recurso e as ferramentas para dinamizar e proliferar.
4. **Pensando para trás:** A *Thinking Backwards* usa informações de análise do ciclo de vida para considerar onde um projeto ou produto termina e como os elementos e funções que compõem um produto, serviço, ou negócio podem ser aprimorados para um resultado mais preciso, econômico e sustentável.
5. **Parkour:** O pensamento *parkour* é a estratégia de pensamento mais positiva em termos de risco. Quando bem-sucedido, resulta em um improvável salto de inovação. Caso contrário, lança novos entendimentos e significados sobre problemas e cenários cotidianos. *Parkour* NÃO requer um problema.

Enfim, um produto, serviço, oferta ou negócio existe para revelar seus múltiplos significados, ou seja, transmitir a proposta de valor, de forma a "puxar" ou "empurrar" seus clientes. O método AT funciona exatamente desta forma, ou seja, a cada lente pode-se difundir e proliferar o pensamento em fases de ideação, similar ao conceito do *Double Diamond* do *Design Thinking*, sobretudo é necessária a convergência. Assim sendo, o pensamento aventureiro amplifica o pensamento criativo, promove a inovação e ajuda de forma consistente a desenvolver produtos, serviços e mais robustos e sustentáveis. Ainda é possível associar o AT a uma mentalidade ágil ao provocar deliberadamente os participantes em um estado de pensamento de desconforto suportável, em que todos são forçados a desenvolver novos caminhos neurais como alternativas ao seu estado mental "especializado".

LSP – LEGO SERIOUS PLAY

O LEGO Serious Play® (LSP) é um método de workshop, em que os participantes criam modelos simbólicos e metafóricos e os apresentam para os demais participantes. Desenvolvido pela Executive Discovery, uma subsidiária da produtora de brinquedos LEGO®, esse método tem sido amplamente utilizado como técnica de negócio, com aplicações práticas para a realidade corporativa (MCCUSKER, 2014).

Segundo Kristiansen e Rasmussen (2015), o método LEGO Serious Play® é uma abordagem de pensamento, comunicação e resolução de problemas para tópicos que são reais. O foco do método não está nos blocos de LEGO®, e sim na história que eles criam, ainda que não haja história sem os blocos. Os blocos e os modelos se tornam metáforas, e a paisagem ou cenário dos modelos viram histórias. Em seu livro, *Beyond the State*, o professor do Instituto de Tecnologia de Massachusetts (MIT), Donal Schon (2000), argumenta que metáforas podem, na verdade, gerar maneiras radicalmente novas de entender as coisas. De acordo com o autor, metáfora é muito mais que simplesmente "linguagem floreada", ela pode ter um papel ativo, construtivo e criativo na cognição humana. Assim sendo, as metáforas oferecem ricas descrições de nossa realidade que podem desafiar pressuposições e revelar novas possibilidades.

Ao se observar a rotina das organizações e as dificuldades que enfrentam, pode-se destacar três pontos essenciais na qual o método LSP promete criar valor.

Criando Engajamento: quando se refere a criar engajamento, está se falando das comuns reuniões 20/80. São denominadas dessa maneira, pois 20% dos participantes falam 80% do tempo. Isso demonstra que os sujeitos que detêm um cargo superior, aqueles que são mais extrovertidos e/ou os que têm mais facilidade de expressão, tendem a conduzir a reunião da forma que lhes é conveniente, sem deixar que os demais presentes participem. Esses demais, que são os 80%, na maioria dos casos saem insatisfeitos por não conseguir contribuir da forma como gostariam. A finalidade do LSP em criar engajamento é, segundo Kristiansen e Rasmussen (2015, p. 17), "criar reuniões 100/100". Nessas, 100% dos presentes estão contribuindo com 100% do que têm a entregar.

Pergunta ou Desafio	Construir Modelo LEGO	Compartilhar	Refletir
"Nos permite explorar temas complexos e delicados!"	"Nos tornamos comprometidos com aquilo que construímos!"	"Nos ajuda a compreender e memorizar o conhecimento!"	Nos liberta de filtros e 'preconceitos' para criar algo novo!"

Tabela 17 – Esquema de aplicação LSP.

Desbloqueando novos conhecimentos: está condicionado a três aspectos considerados por Kristiansen e Rasmussen (2015), como: (1) Conhecimento presente na sala se refere às inúmeras informações que recebemos diariamente e que são armazenadas de alguma forma em nosso cérebro. É difícil lembrar todo conhecimento que adquirimos e trazer à tona de forma simples. Além disso, os indivíduos não possuem a real consciência de quanto eles sabem, sendo que aquele conhecimento está reservadamente guardado.

(2) Entendimento do sistema, ou seja, é quando se refere a entender que hoje não trabalhamos mais em um sistema simples. É preciso estar atento que o grupo tem uma identidade, mas que essa pode ser dinâmica, imprevisível e moldar-se de uma forma diferente do estado anterior. (3) Conexão entre o propósito individual e organização faz com que os colaboradores desempenhem melhor suas funções, pois veem sentido naquilo que fazem, saem saciados e satisfeitos depois de um dia de trabalho.

Quebrando o pensamento convencional: quebrar o pensamento convencional vem do momento em que decidimos basicamente seguir pela linha de raciocínio mais fácil. Tomar vícios de linhas de raciocínio e sempre andar por elas como se fossem as únicas possíveis. Com isso, criamos a tendência de fechar outros caminhos que podem nos desviar desses pensamentos, mas que podem ser maravilhosos para enriquecer a ideia (KRISTIANSEN; RASMUSSEN, 2015).

A complexidade de uma empresa não deve ser analisada somente por gráficos, desenhos ou outros. O LSP, em sua abrangência 3D, é capaz de traduzir bem a complexidade das pessoas e processos com os quais enfrentamos, assim como as conexões, os resultados gerados etc. A partir desse modelo levantam-se questionamentos, criam-se elementos ativos, reposicionam-se os elementos e criam-se visões. Cenários novos podem ser moldados e a equipe presente como um todo pode propor como a empresa se adaptaria a eles.

POINTS OF YOU

A pedra angular do método Points of You® é a interação entre o cérebro direito, a metade intuitiva e emocional do cérebro, e o cérebro esquerdo, com foco na lógica e na análise. Isso ocorre quando olhamos para uma fotografia e uma palavra ao mesmo tempo.

O verdadeiro desafio é olhar as coisas de um novo ponto de vista, que antes estava fora de nossa vista. A metodologia está alicerçada na lógica que a mudança quase sempre começa quando estamos abertos e prontos para arriscar e olhar para as coisas sob novas perspectivas, novos pontos de vista. Estar consciente e totalmente presente é o primeiro passo para mudar nosso ponto de vista e, com efeito, para o desenvolvimento pessoal, profissional e até organizacional.

A fotografia estimula nosso cérebro direito, criativo, enquanto a palavra ativa o cérebro esquerdo, analítico. A estimulação simultânea dos dois hemisférios cerebrais cria uma luta entre o emocional e o racional, momentaneamente, "causando um curto" nos vigilantes mecanismos de defesa de nossa mente. Essa "confusão deliberada" dá à mente uma breve pausa de nossas ideias preconcebidas sobre como as coisas "deveriam" ser e permite que nossa mente se abra para novos lugares dentro de nós, mudando nosso ponto de vista.

Cada fotografia retratada nos cartões Points of You® é selecionada entre milhares delas disponíveis para atingir este único propósito: introduzir um tema por meio de estímulo visual que não tem nenhuma conexão direta ou óbvia com ele, estimulando assim todo o nosso sistema racional e emocional. Fazendo isso, deixamos propositalmente um espaço amplo o suficiente para a interpretação pessoal, um interespaço pessoal.

O método é projetado como uma onda senoidal. No seu ponto de partida, estamos abertos e expostos a muitos pontos de vista sobre o nosso tema de escolha: relacionamentos, parentalidade, carreira, saúde ou qualquer outro assunto. Depois de expandir nossos pontos de vista, é hora de focar. O processo de enfoque envolve ser preciso e selecionar o *insight* mais significativo para o nosso problema específico. No último estágio, pegamos nossos *insights* sobre o mundo prático – tacômetros e delineamos ações para atingir nosso objetivo.

Todas as nossas ferramentas e treinamento são baseados nestas 4 etapas do nosso método:

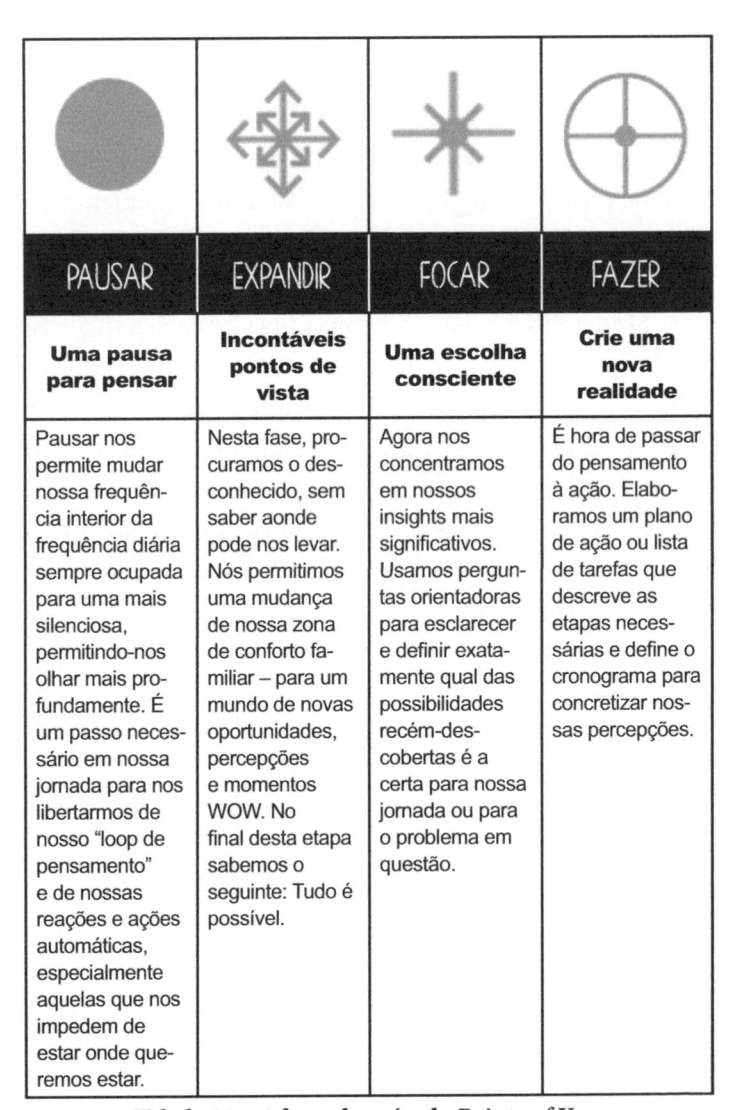

PAUSAR	EXPANDIR	FOCAR	FAZER
Uma pausa para pensar	**Incontáveis pontos de vista**	**Uma escolha consciente**	**Crie uma nova realidade**
Pausar nos permite mudar nossa frequência interior da frequência diária sempre ocupada para uma mais silenciosa, permitindo-nos olhar mais profundamente. É um passo necessário em nossa jornada para nos libertarmos de nosso "loop de pensamento" e de nossas reações e ações automáticas, especialmente aquelas que nos impedem de estar onde queremos estar.	Nesta fase, procuramos o desconhecido, sem saber aonde pode nos levar. Nós permitimos uma mudança de nossa zona de conforto familiar – para um mundo de novas oportunidades, percepções e momentos WOW. No final desta etapa sabemos o seguinte: Tudo é possível.	Agora nos concentramos em nossos insights mais significativos. Usamos perguntas orientadoras para esclarecer e definir exatamente qual das possibilidades recém-descobertas é a certa para nossa jornada ou para o problema em questão.	É hora de passar do pensamento à ação. Elaboramos um plano de ação ou lista de tarefas que descreve as etapas necessárias e define o cronograma para concretizar nossas percepções.

Tabela 18 – 4 fases do método Points of You.

KBV – A VRIO DO CONHECIMENTO

A gestão do conhecimento é um termo que está sempre em evolução. Em meados da década de 1990, o termo "conhecimento" passou a ser percebido pelas organizações como um ativo que pode alocar as empresas em posições diferenciadas no mercado em que estão inseridas. De acordo com Dalkir (2005), a gestão do conhecimento, após dez anos de estudo, somente agora chegou a um estágio maduro no que diz respeito a princípios, práticas e ferramentas. Dalkir (2005) enfatiza em sua obra que as empresas que almejam atingir um posicionamento competitivo na economia do conhecimento terão que desenvolver a capacidade de gerenciá-lo.

Não há dúvidas de que o conhecimento será visto como uma ativo valioso, podendo ser considerado como um ativo da empresa se somado aos demais bens da organização como: maquinário, mobiliário e *softwares*. Sobretudo, o conhecimento tem suas particularidades, conforme descreve Dalkir (2005), o conhecimento só se é possível utilizá-lo e não o consumir, existe conhecimento em grande escala, mas a capacidade de usá-lo é limitada, transferir conhecimento não implica em perdê-lo e muito conhecimento valioso está com as pessoas que saem das empresas todos os dias.

Considerando inclusive o cenário que passamos com a pandemia Covid-19, o mundo está e sempre passou por constantes evoluções. Avanços tecnológicos, mudanças na dinâmica da economia, massificação das informações por meio das redes sociais e digitais, bem como alteração das necessidades e comportamento dos consumidores. Nesse sentido, é imprescindível que as organizações aprendam a criar regularmente conhecimentos, disseminando-os pela organização e incorporando-os em práticas que contribuam para que o fluxo seja contínuo e permanente.

Naturalmente, as empresas trabalham de forma com que as informações sejam fracionadas para que os colaboradores executem suas tarefas e demandas pré-estipuladas, e, assim, sejam posteriormente reagrupadas com o intuito de gerar entregas que acondicionam valor a organização, bem como ao mercado na qual ela está inserida. Nessa ótica, os colaboradores da organização conseguem enxergar e lidar com a complexidade da realidade, mas ainda sob uma ótica fragmentada. Assim, esta visão estática e passiva acaba por ser falha, afinal de contas, a organização perde com a riqueza das interações e não cria um ambiente de inovação.

Os autores Nonaka e Takeuchi (2008) submetem o pensamento para a abordagem de Polanyi (1966) e usam os conceitos de conhecimento tácito e explícito para demonstrar os processos de conversão do conhecimento. O conhecimento tácito, normalmente identificado como o conhecimento informal e socializável, tem cunho pessoal e está profundamente relacionado às vivências do indivíduo e suas experiências, modelado este por suas pressuposições, valores e emoções. Esse conhecimento é o mais "rico", porém, o mais difícil de ser difundido e sistematizado dentro das organizações, assim sendo, restringindo-se consideravelmente a comunicação e o compartilhamento com outros colaboradores. Por outro lado, o conhecimento explícito, por sua vez, pode ser codificado e processado por sistemas e pode facilmente ser organizado, armazenado, compartilhado, permitindo assim a disseminação de forma ordenada em banco de dados e retransmitido, multiplicado por outros colaboradores da organização.

Para Nonaka e Takeuchi (1997) é exatamente no processo de conversão do conhecimento tácito para o conhecimento explícito que ocorre a criação do conhecimento. Moresi (2001) traz uma abordagem além dos conhecimentos tácito e explícito, o conhecimento cultural, o qual está pautado nos elementos afetivos e cognitivos utilizados pelos colaboradores e indivíduos das organizações a fim de explicar, avaliar, contribuir, construir e perceber a realidade na qual estão inseridos.

OKR OU KPIS?

OKR e KPI são duas siglas que todo mundo fala, mas poucas pessoas explicam, certo? Sempre vemos gerentes falando sobre os KPIs da empresa, ou gerentes citando o desempenho do OKR no período anterior. Mas você conhece o significado delas e como elas podem trazer maior eficiência aos negócios da empresa?

Além de explicar seu significado, vamos falar sobre suas aplicações práticas e se as duas ferramentas podem ser usadas juntas. Quer saber a diferença entre OKR e KPI? Então começamos!

OKR é uma abreviatura derivada da expressão portuguesa de Objetivos e Resultados-Chave (*objective and key results*, em inglês). Isso nada mais é do que uma forma de ajustar os objetivos da empresa internamente. Se traduz em metas para supervisores, departamentos, equipes, gerentes e indivíduos. Esse método obteve resultados frutíferos principalmente no campo técnico. Gigantes do Vale do Silício, como Google e Intel, são os pioneiros do OKR e os utilizam em seu trabalho diário. Os métodos de crescimento dessas empresas tornaram-se referência para seus segmentos de mercado e têm apresentado resultados positivos.

O que torna o OKR tão eficaz é sua abordagem simples e eficiente. Algumas de suas características são definir um prazo curto para cada objetivo e resultado-chave, limitar os objetivos de cada etapa a uma lista curta e atingir um mínimo. Com essa particularidade, a metodologia OKR pode não só permitir que empresas e pessoas tenham um direcionamento, mas também possibilitar que as pessoas tenham os resultados esperados.

Os Key Performance Indicators (KPI) são uma forma de medir o trabalho realizado com o objetivo de criar números que possam ser utilizados para uma análise aprofundada do desempenho de uma organização. Como os OKRs, os KPIs são pontuais e concisos, portanto, podem transmitir informações relevantes. Portanto, KPI é uma ferramenta de gestão que pode ser utilizada para conscientizar os gestores sobre a execução de processos internos. Para que uma empresa determine seus KPIs, ela deve analisar o que fornece e como medi-lo.

Uma maneira de fazer isso é por meio do Balanced Scorecard (BSC), que é um método que ajuda você a escolher os indicadores certos para o seu negócio. Outro método possível é por meio do método SMART (*Specific, Measurable, Attainable, Relevant, Time based*). Ele possui cinco pontos para que a especificação atinja seu melhor estado:

- **Específica:** Qual é o objetivo geral?
- **Mensurável:** Como mensurar o progresso até o objetivo?
- **Atingível:** É atingível o seu objetivo?
- **Relevante:** Este objetivo tem relevância para a organização?
- **Temporal:** O objetivo é alcançável em quanto tempo?

Portanto, é possível definir cada KPI e garantir que eles sejam não apenas consistentes com os objetivos esperados, mas também consistentes com os resultados alcançáveis.

Ao usar OKRs, espera-se que os objetivos que levam aos resultados-chave definidos anteriormente sejam ajustados. Por outro lado, os KPIs especificam o número e como o processo é executado. Mas não parece ser o mesmo? Vamos ver.

Essas duas siglas têm uma coisa em comum: "chave". Na gestão administrativa, o termo "chave" é condicionado pela importância, singularidade e importância. No âmbito desses dois métodos, estamos nos referindo aos principais resultados e indicadores-chave. Embora não sejam exatamente a mesma coisa, estão todos juntos. Explicaremos isso no próximo tópico! Por enquanto, o que precisa ficar claro aqui é que o OKR se concentra nas metas que devem ser alcançadas. Eles são predefinidos e visam ser o "Norte" de cada departamento e indivíduo.

KPI é uma forma de medir o desempenho do indicador. Esses indicadores são diferentes das metas e principais resultados do OKR. Entender essas diferenças ajudará você a entender como reter o talento da empresa, porque o desempenho é um fator a ser considerado. Mas se eles não são a mesma coisa, os dois métodos podem ser usados ao mesmo tempo?

Estrategicamente falando, as duas ferramentas podem ser combinadas para trabalhar juntas, por exemplo, para fazer os KPIs desempenharem um papel na estratégia de OKR. Como o OKR define os macropadrões para as operações de negócios e o alcance de seus objetivos, os KPIs podem ser usados como uma medida da necessidade de melhoria e se esforçam para manter um certo nível de eficácia em cada área. Em outras palavras, você pode definir metas para cada meta e resultado-chave e usar KPIs para medir essas metas.

Outra maneira de trabalharem juntos é avaliar o sucesso do processo por meio de KPIs e, em seguida, criar OKRs que podem melhorar esses KPIs. Vejamos um exemplo de como fazer isso: Suponha que sua empresa opere com suporte de TI. Dezenas de chamadas são abertas e fechadas todos os dias, com diferentes prioridades e prazos de fechamento. Os KPIs da sua empresa podem ser usados para medir o tempo necessário para atender a chamada, o tempo para resolvê-la e a satisfação dos clientes afetados. Por meio desses KPIs estabelecidos, será possível encontrar áreas de melhoria na área de suporte, de forma a traçar novas metas e resultados-chave para o futuro da empresa. Portanto, KPI e OKR podem e devem se complementar!

O CONE DO FUTURO

Por que a conquista imortal, o conhecimento do futuro e o poder de mudar o passado são o maior desejo da humanidade? O desejo comum por trás desses três é controlar um dos recursos mais preciosos para nossa sobrevivência: o tempo.

A imortalidade resolverá os recursos escassos que transformam o tempo em infinitos – enquanto o resto garantirá sua qualidade, "consertará" os maus resultados de decisões passadas ou mudará nosso desempenho atual para "corrigir" o futuro.

Não é de se admirar que temas relacionados ao controle do tempo tenham sido preenchidos com nossa imaginação desde o nascimento da humanidade: viagem no tempo, poções mágicas, bolas de cristal, criaturas mitológicas imortais, fontes da juventude, simulação, vida após a morte etc. No entanto, se por um lado não podemos melhorar nossas vidas por meio da imortalidade (ainda não) ou mudando o que aconteceu, por outro, podemos melhorar o que está por vir – o futuro.

O futuro é uma dimensão aberta – é criado no presente a partir de sementes que já existem entre nós. Como disse Alvin Toffler em "*Future Shock*", essas mudanças são "o futuro infringe nossas vidas". Acreditamos que as pessoas com visão histórica são apenas aquelas que podem ver essas sementes e fazer as mudanças necessárias. Elas têm conduzido o futuro de toda a humanidade.

No início do século XX, tais visionários faziam isso com base em sua intuição. Mas, à medida que o ritmo das mudanças e a complexidade do mundo aumentam, é difícil detectar sinais do futuro apenas por intuição. Então surgiu uma nova disciplina, que ajuda as pessoas a localizar as sementes do futuro no presente e a escolher quais sementes valem a pena cultivar – e quais não – para criar o futuro desejado. Essa disciplina é futurismo, e a chamamos também de pesquisa futura. Portanto, o futurismo é uma ciência que decodifica múltiplos futuros enraizados no presente para que possamos agir escolhendo o melhor e evitando o mal.

A premissa do futurismo é que existem vários futuros. A heurística amplamente usada para visualizar essas versões ao longo do tempo é o cone promissor (cone aparentemente condicional) desenvolvido por Charles Taylor em 1988 – posteriormente adaptado por vários futuristas, como a versão de Joseph Voros (Figura 30).

O CONE DO FUTURO

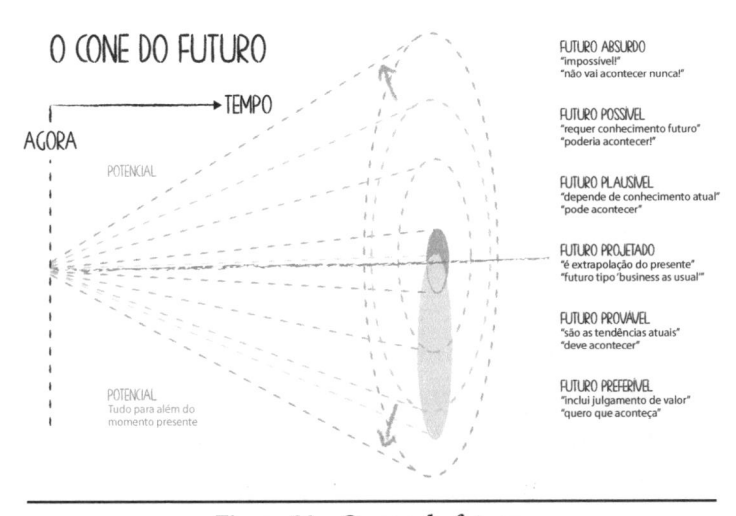

```
         ┌──────────► TEMPO
AGORA
         POTENCIAL


         POTENCIAL
         Tudo para além do
         momento presente
```

FUTURO ABSURDO
"impossível!"
"não vai acontecer nunca!"

FUTURO POSSÍVEL
"requer conhecimento futuro"
"poderia acontecer!"

FUTURO PLAUSÍVEL
"depende de conhecimento atual"
"pode acontecer"

FUTURO PROJETADO
"é extrapolação do presente"
"futuro tipo 'business as usual'"

FUTURO PROVÁVEL
"são as tendências atuais"
"deve acontecer"

FUTURO PREFERÍVEL
"inclui julgamento de valor"
"quero que aconteça"

Figura 30 – O cone do futuro.

No cone, quanto mais avançamos no tempo rumo ao futuro e nos distanciamos do presente, maior é a quantidade de versões de futuros plausíveis – e mais incertos eles são.

Uma observação importante é que futuros possíveis incluem situações boas e más, e a metodologia futurística sempre tenta encontrar as duas situações ao mesmo tempo para orientar o processo de tomada de decisão. É por isso que é importante garantir que a tomada de decisão seja imparcial e de grande importância – sabemos que um dos principais problemas hoje é a raiz do pensamento tendencioso, polarização, alienação, negatividade, pós-verdade e assim por diante.

Considerando a escala do negócio, o gráfico mostra as áreas de ação para pesquisa de mercado (passado), pesquisa de tendências (perto do futuro) e pesquisa futura (pesquisas futuras geralmente se aplicam a dez anos).

Embora não se expresse no cone, a análise do futuro mais distante torna-se cada vez mais importante no futurismo, que olha como os humanos se adaptam ao universo e expande nossos horizontes limitados e de curto prazo. Um exemplo disso é a proposta da Fundação Long Now, que olha para um futuro de 10 mil anos com o objetivo de corresponder à atual visão "mais rápida e mais barata" para promover uma forma de pensar "lenta e melhor". Isso corresponde ao estudo da "grande história", que analisa tudo, desde o Big Bang até o presente. Um amplo domínio de tempo é essencial para garantir o desenvolvimento sustentável da humanidade.

O futurismo não pode prever o futuro, e os futuristas de hoje não são Nostradamus. Envolve o uso de métodos e pesquisas que nos permitem criar futuros – nos ajuda a caminhar em direção ao futuro que desejamos no presente. Isso explica o crescente interesse por esse campo nas últimas décadas. Por favor, veja a Figura 31.

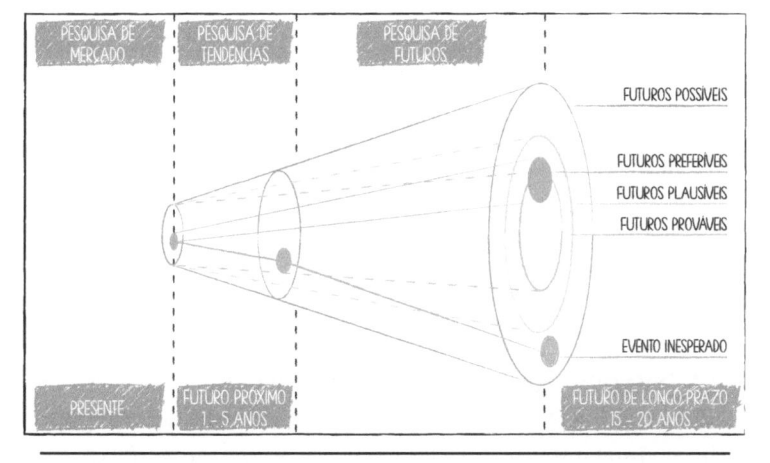

Figura 31 – A estrutura do cone do futuro.

O futurismo não é nada novo. Suas origens podem ser rastreadas até 1901, quando H.G. Wells publicou sua antecipação de sua reação ao progresso mecânico e científico na vida e no pensamento humano, e apresentou a visão para 2000 nele. Wells é considerado um pioneiro em pesquisas futuristas. Como disciplina de pesquisa, o futurismo também é um marco: surgiu na década de 1960, agregando acadêmicos, filósofos, escritores, artistas e cientistas que exploram o futuro e estabelecem as bases para o diálogo comum. A primeira geração de futuristas incluía estrategistas de guerra como Hernan Kahn e os de Bertrand de Jouvenel (fundou a Futurist International, em 1960). Economistas, cientistas como Dennis Gabor, sociólogos como Fred L. Polak e pessoas como Marshall McLuhan, cientistas pensando no "global Vila". Inventores como Buckminster Fuller foram os primeiros a notar a aceleração da mudança, incluindo Arthur C. Clarke, é claro.

Clark inclui até dois mantras que se tornaram futuristas: "Qualquer tecnologia suficientemente avançada não pode ser distinguida da magia" (sua terceira lei da robótica) e "Quando um cientista maduro declara que algo é possível, ele quase sempre tem razão. Quando diz ser impossível, ele pode estar errado."

Em 1968, surgiu o Instituto do Futuro (IFTF), primeiro instituto futurista do mundo, cujo fundador, Paul Baran, foi um dos pioneiros no desenvolvimento de redes de computadores. Inicialmente, o IFTF focou em pesquisas futuras com interesses governamentais, mas gradualmente cobre questões sociais e de negócios, além de ser o berço de muitos futuristas famosos, como Bob Johansen (o criador do conceito Vuca Prime, e recentemente lançado "Full" – Spectrum Pensando) e Jane McGonigal, essa é uma das maiores referências no estudo do impacto social dos jogos

Na década de 1970, surgiram institutos de pesquisa futuristas em todo o mundo. Por exemplo, o Futures Research Institute (IFR), na África do Sul, em 1974. Os tópicos de atenção também se expandiram: crescimento populacional, disponibilidade e utilização de recursos, crescimento econômico, qualidade de vida, sustentabilidade ambiental. Naquela época, o livro best-seller de Alvin e Heidi Toffler, *Future Shock*, focava na sobrecarga de informações. No final do século 20, os best-sellers futuristas de John Naisbitt e Faith Popcorn ganharam destaque, como *Megatrends* e *The Popcorn Report*.

Como o estudo do futurismo se desenvolve? Da mesma forma que em qualquer outra área do conhecimento, existem diversas linhas de pesquisa e métodos, e listamos algumas para o leitor mais curioso – protocolos de pensamento antecipatório, *backcasting*, *workshops* de futuros, simulação e modelagem, *visioning* e *role-playing* adaptativo. Na verdade, normalmente uma pesquisa de futurismo envolve vários métodos combinados de maneira a atender as especificidades do assunto.

Quanto aos temas de pesquisas futuras, podem abranger desde campos gerais e abrangentes, como o futuro do clima (ou comunicação, caridade, educação, livros etc.) até temas mais específicos, como o futuro do agronegócio em determinada área. Além de ser conduzido por profissionais com formação futurista, que sabem escolher e utilizar o método mais adequado para cada caso, outro pilar importante de pesquisas futuristas é a seleção dos participantes, que deve incluir membros representantes de todas as áreas relevantes: o ecossistema do objeto de análise. Pesquisas futuras sempre envolverão uma visão multidisciplinar do assunto em questão, o que minimiza a chance de desvio do processo.

Os resultados da pesquisa vêm em muitas formas, como livros, cartões, pôsteres, infográficos, brochuras etc. A forma como os resultados são apresentados depende do tipo de resultado obtido e da necessidade de detalhes. Por exemplo, os livros são ótimos para um conteúdo mais analítico, dependendo de explicações mais precisas, e destacam as conclusões mais importantes.

Cartazes e infográficos são formatos excelentes quando os resultados podem ser expressos de forma mais abrangente e intuitiva. Em todos os casos, deve haver um relatório que possa a encorajar a tomada de decisões em regiões relevantes para criar futuros ideais e minimizar a chance de futuros desfavoráveis serem impostos a outros.

No mundo atual – cada vez mais rápido, complexo, denso, incerto, imprevisível, diverso, vago, volátil e frágil –, o futurismo ganhou mais relevância como uma ferramenta estratégica. A pesquisa futura deve se tornar uma disciplina obrigatória da educação básica, assim como a história é uma disciplina do estudo do passado. Talvez, então, nosso futuro possa se tornar uma escolha mais estratégica em vez de acidental.

A RODA DO FUTURO

Pensar no futuro trará oportunidades infinitas, mas este pode ser um exercício desafiador: geralmente, ao discutir cenas e suas consequências, as pessoas tendem a falar de forma contida, sugerindo aspectos vagos, traços ou fatos incompletos também. A roda do futuro é uma ferramenta muito útil que pode ser usada para identificar possíveis desafios e/ou os efeitos de longo prazo (positivos e negativos) das tendências. Muito adequado para compreender a dinâmica de lugares anormais e perturbadores.

As rodas de futuros são geralmente usadas para organizar ideias sobre tendências ou desenvolvimentos futuros. Com elas, possíveis impactos podem ser coletados e registrados de forma estruturada. O uso de linhas interconectadas permite a visualização da inter-relação entre as mudanças de causa e efeito. Portanto, a roda do futuro pode ajudar a desenvolver vários conceitos sobre o possível desenvolvimento futuro, fornece uma compreensão consciente do futuro e colabora com o *brainstorming* coletivo.

Portanto, em 1971, Jerome Glenn, que nasceu no dia trágico da segunda bomba nuclear, projetou uma ferramenta que pode ser estruturada. Faça um brainstorm para extrair esses resultados. Opiniões sobre o que pode acontecer no futuro.

Com foco em fornecer algo intuitivo o suficiente, a chamada roda do futuro representa um método poderoso que pode identificar qualquer evento, situação emergente ou as consequências primárias, secundárias e terciárias de decisões futuras, e encorajar a busca por influências e alternativas. Além disso, é uma forma de deixar de lado o pensamento linear, hierárquico e simplista, o que leva a uma visão mais orgânica que enfrenta a complexidade da rede e as relações entre suas partes. Veja a Figura 32.

ETAPAS:
1) Identificar a mudança (tendências ou evento)
2) Consequências diretas
3) Consequências indiretas
4) Análise de implicações
5) Ações ou contramedidas

Possíveis impactos

Inter-relação (causa e efeito)

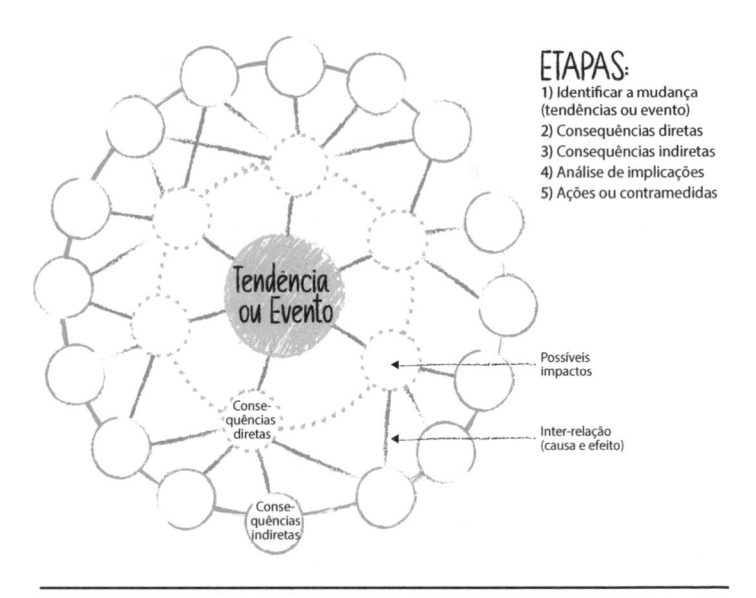

Figura 32 – Roda do futuro.

Para iniciar uma rodada de negociação de futuros, o termo central que descreve as mudanças a serem avaliadas está localizado no centro da página (ou área de design). Em seguida, coloque os eventos ou consequências diretamente resultantes do desenvolvimento da situação ao seu redor. Em seguida, coloque as consequências (indiretas) das consequências diretas em torno das consequências de primeiro nível. Esses termos podem ser conectados como nós em uma árvore (ou mesmo em uma rede). Os níveis são geralmente marcados por círculos concêntricos.

Portanto, projetar uma roda do futuro é muito simples, incluindo cinco etapas. É uma boa ideia dar aos participantes uma breve explicação e instruções com antecedência. É melhor trabalhar em pares. Cada par tem um grande papel ou *flip chart* e canetas coloridas, eles devem ser informados sobre isso. Uma abordagem passo a passo fornece os melhores resultados.

ETAPA 1: IDENTIFICAR A MUDANÇA

Para iniciar o "Carrossel de Futuros", coloque o item principal no centro da planilha. Podem ser mudanças, eventos, tendências, problemas ou possíveis soluções para problemas. Ao determinar essa mudança, todos os participantes sabiam qual era o ponto de partida dessa sessão de *brainstorming*.

Suponha que um fabricante de brinquedos esteja lutando contra custos elevados, fazendo com que sua administração decida cortar gastos em 20%. Em seguida, coloque a redução de 20% nos gastos no centro do futuro e a torne o ponto de partida para as possíveis consequências sobre as quais os participantes escreverão. Nesse exemplo, "redução de gastos de 20%" está circulado em azul.

ETAPA 2: CONSEQUÊNCIAS DIRETAS

Os participantes então perceberam as consequências de "primeira ordem" diretamente do desenvolvimento. Essas consequências diretas são colocadas em torno das mudanças, de preferência em cores diferentes. Todas as possíveis consequências diretas podem ser consideradas. Cada resultado é circulado com uma seta e conectado à mudança central. Essas consequências diretas podem ser causadas por mudanças ou decisões. No exemplo da fábrica de brinquedos, essas consequências diretas são representadas por círculos amarelos. Por exemplo, pense em "não há como investir em novas mídias", "demitir funcionários", "reduzir estoque", "reduzir orçamento de publicidade".

ETAPA 3: CONSEQUÊNCIAS INDIRETAS

Em seguida, determine as consequências de segunda ordem. Essas são as consequências indiretas do "primeiro nível" ou abaixo. Elas estão ligadas às consequências diretas como as nossas, formando uma série de consequências. É aí que realmente começa o *brainstorming*: afinal, agora é necessário apontar as consequências indiretas das consequências diretas. Essas operações podem ser repetidas e as consequências resultantes serão adicionais de "terceira" e "quarta ordem". Geralmente são coisas que acontecem como consequência direta. Apareceu, assim, uma espécie de efeito de gotejamento, e diferentes cores foram adicionadas às rodas do futuro.

Para os fabricantes de brinquedos, essas consequências indiretas são colocadas no círculo de consequências indiretas. Por exemplo, considere a falta de motivação dos funcionários, reclamações de clientes, velocidade de logística mais lenta e falta de familiaridade do consumidor.

ETAPA 4: ANÁLISE DAS IMPLICAÇÕES

Assim que os vários aspectos da roda futura forem concluídos, haverá uma compreensão clara das consequências diretas e indiretas que as mudanças podem trazer. Listar todos esses significados fornece uma visão geral. Você pode, então, priorizar as consequências mais sérias, com o maior impacto no topo da lista e o menor impacto na parte inferior. No exemplo da fábrica de brinquedos, a lista é semelhante a esta:
1. Nenhuma maneira de investir em novos meios.
2. Reclamações dos clientes.
3. Equipe desmotivada.
4. Logística desacelerando.
5. Demitindo funcionários.
6. Reduzindo estoques.
7. Reduzindo o orçamento de publicidade.
8. Falta de familiaridade do consumidor.

ETAPA 5: AÇÕES

Por último, as consequências mais negativas devem ser identificadas. Isso exige conversar um com o outro, em que tanto as vantagens quanto as desvantagens devem ser consideradas. As consequências positivas devem ser apreciadas. É claro que, se ações devem ser tomadas, elas necessitam se adequar às possíveis consequências mencionadas.

O fabricante de brinquedos terá que ter uma boa percepção de quais serão os benefícios de uma diminuição do investimento em novos meios e de quais alternativas existem para uma continuação ótima das operações comerciais. Além dos clientes que podem reclamar da qualidade, segurança e distribuição dos brinquedos, a empresa faria bem em estar alerta para uma possível redução da motivação entre os funcionários. Isso também requer ações. Os funcionários devem receber uma explicação sobre o motivo do corte de 20% que ocorrerá. Ao buscar soluções em conjunto (de baixo para cima), a equipe se sentirá comprometida e mais leal quando se trata de mudar.

DICAS PARA TRABALHAR COM A RODA DO FUTURO

As dicas a seguir ajudam a executar todo o processo de *brainstorming* da Roda do Futuro da maneira mais suave possível:
- Conforme mencionado anteriormente no plano passo a passo, é bom codificar por cores cada nível. Isso torna claro para todos os participantes se eles estão observando as consequências de primeira, segunda ou de ordem superior. Isso torna mais fácil priorizar as implicações.
- Também deve ser percebido que as consequências definitivamente não precisam ser sempre negativas.
- É essencial que todos os participantes entendam todo o conceito da roda do futuro antes de participar do

processo. Fazendo-os trabalhar em pares, eles rapidamente apresentarão ideias úteis.

- Depois que cada grupo fizer uma roda do futuro, é uma boa coisa fazer com que falem uns com os outros e incentivá-los a ouvir o que os outros pares sugeriram.
- É importante reservar no máximo quinze minutos para cada rodada. As primeiras ideias que surgem são geralmente as mais úteis.

A roda do futuro geralmente é usada para organizar pensamentos sobre um desenvolvimento ou tendência futura. Ela fornece uma experiência do tipo 'e se' que gira em torno das consequências de uma ação, bem como das relações entre essas consequências. Isso permite uma coleção estruturada de todos os efeitos possíveis. O uso de linhas interconectadas torna claras as relações entre as causas e as mudanças resultantes.

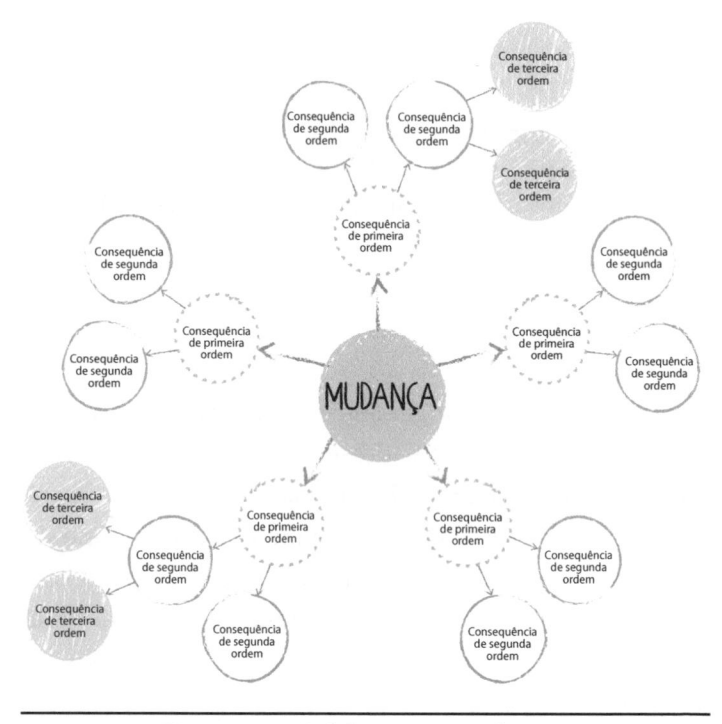

Figura 33 – Modelo causa e mudanças.

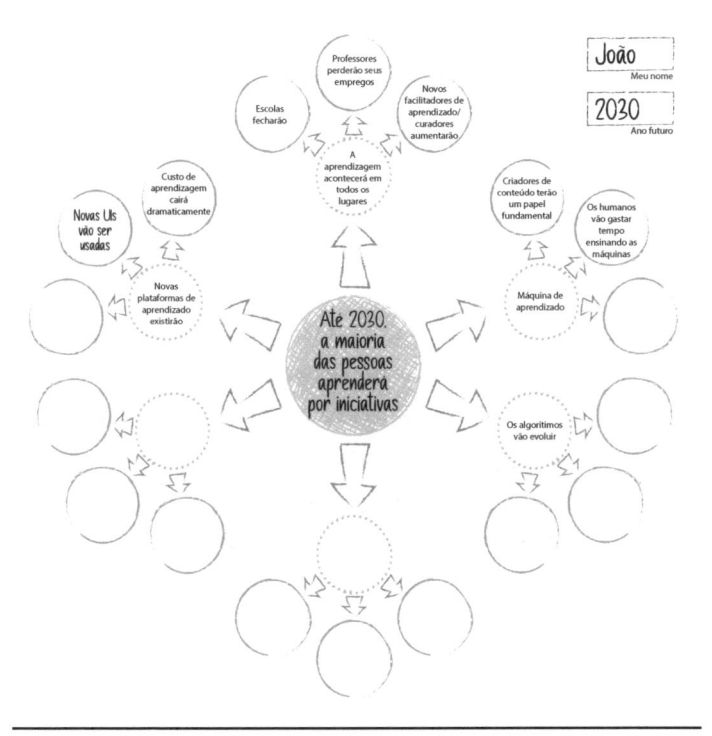

Figura 34 – Modelo educação com uso de IA.
(Fonte: Enora Leaders)

Você pode estar pensando: *Até onde desdobrar, ou onde isso tudo vai parar?*

Em relação ao limite de desdobramentos, é como uma analogia que podemos realizar ao se colocar uma lupa em decorrência de um problema, ou seja; nada impede que você dê zoom, zoom e zoom de novo, porém, quanto mais zoom, mais detalhes e mais níveis a roda do futuro terá. Isso pode ocasionar um problema dentro do contexto organizacional, e as interações de causalidade podem gerar discussões completas e intermináveis, prejudicando assim o método e o contexto de aplicação. Caso isso venha acontecer, pense que, quanto mais simples, mais lógico, mais prático, mais rápida a ação a ser tomada.

Ainda assim, a roda do futuro pode ser utilizada dentro de outros contextos, conforme Jerome Glenn:

- Pensar possíveis impactos de longo prazo causados por tendências ou situações atuais.
- Organizar ideias sobre eventos ou tendências futuras.
- Trabalhar com previsões de cenários alternativos.
- Discutir inter-relações complexas.
- Demonstrar oportunidades de pesquisa futuras.
- Desenvolver vários conceitos a partir de uma tendência ou evento inicial.
- Fomentar o pensamento sobre o futuro em grupos de inovação, estratégia organizacional, dentre outras áreas.
- Fomentar uma perspectiva consciente a respeito do futuro.
- Apoiar sessões de *brainstorming* com mais liberdade de participação.
- Mitigar riscos, especialmente o de ser "pego de surpresa" em um mercado em rápidas transformações.

MAPEAR OS 6 GRAUS DE COMPETIÇÃO

Líderes e organizações sabem bem que devem inovar constantemente para se manterem relevantes e competitivos, ainda mais no cenário de mudanças aceleradas em que vivemos. Apesar de serem grandes e constarem com muitos recursos, a maioria das organizações estabelecidas muitas vezes são incapazes de inovar com sucesso e no mesmo ritmo que as startups, e isso está relacionado principalmente à existência de sistemas complexos dentro das suas estruturas.

Sua oferta de valor	1° grau	2° grau	3° grau	4° grau	5° grau	6° grau
Commodities	Café orgânico e selecionado	Solúvel (Conveniência)	Nova conveniência com qualidade	Chás (alternativas)	Mudança de oferta	Serviço e experiência

Tabela 19 – Modelo de 6 horizontes – cenário café.

ANÁLISE DOS HORIZONTES ESTRATÉGICOS

Necessitamos chegar a um consenso sobre a real situação dessa principal atividade. A Análise dos Horizontes Estratégicos deve ser usada no início da etapa dos direcionadores da estratégia. Seria mais apropriado ser aplicada após a análise da estratégia vigente, em que seria possível entender a real adequação dos horizontes estratégicos (curto, médio e longo prazos).

OBJETIVO

O objetivo principal da avaliação de horizontes é prover informações e *feedback* para as empresas quanto ao seu processo de Planejamento Estratégico e posicionamento. É uma ferramenta de fácil preenchimento e que requer do respondente uma autoavaliação. A reflexão sincera sobre a situação atual da organização permite a melhor precisão do diagnóstico. Esse questionário pode e deve ser respondido por um processo de consenso entre os principais executivos da organização.

Instruções

No questionário a seguir, dar uma nota de 0 a 5, conforme critérios abaixo:	
• Afirmação completamente atendida. • Existem evidências e não necessitou consenso entre os respondentes.	5
• Afirmação atendida. • Os respondentes conseguiram consenso rapidamente, e foram discutidas evidências da afirmação.	4
• Afirmação parcialmente atendida. • Necessitando de muita discussão, houve um consenso, mas alguns executivos não concordam plenamente com a nota.	3
• Afirmação não é verdadeira. • Há consenso de que a organização não demonstra evidências convincentes para confirmar a afirmação.	2
• Afirmação não é verdadeira e tem preocupado os executivos da organização.	1
• A organização considera que não é aplicada ao negócio ou não conseguiu responder à questão.	0

Tabela 20 – Pesos dos horizontes estratégicos: análise.

Siga corretamente as instruções anteriores:

1. Verifique se a afirmação é verdadeira, parcialmente verdadeira, não é verdadeira ou não se aplica ao negócio.
2. Verifique se houve ou não consenso. Em caso positivo, foi atingindo facilmente ou não?
3. Em caso de uma afirmação positiva, procure por evidências.

Questionário	Nota
Nossas atividades principais estão gerando renda suficiente para nos permitir investir em crescimento.	
Nós temos uma orientação para o desempenho que seja forte o suficiente para alavancar os lucros nos próximos anos.	
Nossa estrutura de custos é competitiva em relação ao resto do nosso setor.	
Nosso desempenho operacional tem sido estável.	
Nossa participação de mercado cresceu ou ficou estável.	
Estamos razoavelmente bem protegidos de novos concorrentes, tecnologias ou regulamentos que possam mudar as regras do jogo.	
Temos quaisquer atividades novas capazes de gerar tanto valor econômico quanto as atividades principais vigentes.	
Essas novas atividades estão ganhando impulso no mercado.	
Estamos dispostos a fazer investimentos substanciais para acelerar seu crescimento.	
Existe uma confiança crescente dos investidores nessas atividades.	
Essas novas atividades estão atraindo talento empresarial para nossa organização.	
Nossas equipes gerenciais reservam algum tempo para pensar sobre as oportunidades de crescimento e a evolução do setor.	
Já desenvolvemos uma lista de opções para reinventar atividades existentes e gerar nova.	
Essas ideias são diferentes das ideias incluídas na lista do ano passado. De três anos atrás. De cinco anos atrás.	

Questionário	Nota
Estamos desenvolvendo meios eficazes de transformar essas ideias em novas atividades.	
Essas ideias foram traduzidas em primeiros passos tangíveis, concretos e mensuráveis.	

Tabela 21 – Análise dos horizontes estratégicos.
(Fonte: adaptado de COLEY, S.; WHITE, D.; BAGHAI, M.
A alquimia do crescimento. Rio de Janeiro: Record, 1999.)

DIAGNÓSTICO – CÁLCULO DA PONTUAÇÃO

Para apuração do resultado, devemos somar os pontos em três blocos, que representam os curto, médio e longo prazos da organização. As primeiras seis questões vão avaliar o Horizonte 1, dessa forma, se a soma da pontuação dada pela equipe for menor ou igual a 18 pontos, você deverá marcar (X) na frente do primeiro bloco. Caso a pontuação for maior que 18, marcar com (✓). Depois de avaliado o primeiro bloco, faça a soma das próximas cinco questões. Elas representam o Horizonte 2 (médio prazo). Caso a soma das questões for menor ou igual a 16 pontos, você deverá marcar (X) na frente do segundo bloco. Caso a pontuação for maior que 16, marcar com (✓). Para terminar, some as cinco *últimas* questões. Como no passo anterior, se a soma for menor ou igual a 16 pontos, você deverá marcar (X) na frente do segundo bloco. Caso a pontuação for maior que 16, marcar com (✓). Se você tiver três (✓), parabéns! Terá a liberdade de trabalhar no seu projeto de crescimento de uma forma mais livre, sem se preocupar com os horizontes, pois, nesse momento, eles estão bem equilibrados e apropriados. Caso você não tenha alcançado nos três horizontes estratégicos conformidade com o questionário de avaliação (3 ✓), terá um dos resultados a seguir:

Classificação dos Horizontes	1	2	3
Sitiado	x	x	x
Perdendo o direito de crescer	x	✓	✓
Perdendo o fôlego	✓	x	x
Inventando um futuro novo	x	✓	x
Inventando um futuro novo	x	x	✓
Gerando ideias, mas não novas atividades	✓	x	✓
Deixando de semear para o futuro	✓	✓	x

Tabela 22 – **Classificação dos horizontes estratégicos.**

Verifique qual foi a sua avaliação e leia o resultado referente *à* sua classificação. A orientação será ***útil*** como ***ênfase*** do seu plano de crescimento. Caso o resultado não tenha X algum, significa que a empresa não possui problema nos Horizontes 1, 2 e 3, não merecendo uma atenção especial no Planejamento Estratégico. Esse resultado é possível de acontecer, apesar de ser raro. Busque por evidências concretas das respostas.

CLASSIFICAÇÕES: SITIADO

O primeiro e pior modelo é aquele de uma empresa que está sitiada. Aqui, as atividades principais do Horizonte 1 estão com o desempenho abaixo de sua capacidade, ameaçadas pela concorrência, ou diante de decadência iminente. O grande problema é que não existem novas atividades que ajudem as que vão mal e nenhum dos horizontes é saudável.

Empresas que estão passando por uma mudança radical, normalmente estão sitiadas, e o mesmo acontece com aquelas que não sabem que direção tomar, devido às mudanças rápidas na indústria ou na legislação. Organizações sitiadas sofrem um golpe duplo: não somente são punidas pelos mercados financeiros, à proporção que sua renda decai, bem como os investidores não têm interesse de investir o capital que elas necessitam para desenvolver suas novas atividades.

PERDENDO O DIREITO DE CRESCER

Concentrar-se excessivamente no crescimento pode ser tão problemático quanto ignorá-lo. Enquanto as organizações sitiadas sofrem, principalmente, porque não conseguiram abastecer sua "tubulação" de criação de negócios, outras perdem o direito de crescer quando se tornam obcecadas pelas novas atividades. A novidade dessas oportunidades pode ser tão excitante que os gerentes desviam seu olhar do Horizonte 1, esquecendo que esse precisa ser mantido para fornecer a capacidade financeira que promoverá o crescimento.

Organizações podem se encontrar nessa situação por várias razões. Algumas avançam rápida e inteligentemente em termos de criação de novas atividades, mas, de repente, são atingidas por eventos externos. A perda de geração de renda que se segue pode fazer estancar o crescimento. Outras tombam ao tentar fazer coisas demais ao mesmo tempo, forçando, excessivamente, a capacidade financeira e gerencial da organização. Se os gerentes esquecem o desempenho nas atividades principais existentes, paradoxalmente, o resultado pode ser a morte das novas atividades com as quais estão tão entusiasmados. Eles deveriam lembrar que, como as iniciativas dos Horizontes 2 e 3 raramente são autossustentáveis, as ameaças à lucratividade do Horizonte 1 podem obrigar a organização a cortes drásticos em investimento e em atenção gerencial. Se uma organização entra em pânico, o crescimento pode não voltar a ser um item da agenda do presidente por anos a fio.

PERDENDO O FÔLEGO

Em um contraste marcante, algumas organizações nunca desviam seus olhos de suas atividades principais. No entanto, até organizações mundiais podem perder o fôlego quando essas atividades amadurecem e não existem novos empreendimentos na "tubulação" para ocupar o lugar. A crise pode não ser imediata, mas talvez esteja logo na esquina.

As organizações que melhoraram seu desempenho, promovendo a eficiência e cortando custos, poderão eventualmente ter de enfrentar rendimentos decrescentes. Isso normalmente acontece quando programas rigorosos de mudanças de rumo chegam ao fim. Também existem organizações que expandiram suas atividades originais por meio da expansão gradual de sua participação no mercado. Quando seu conceito comercial atinge seu ápice natural, uma organização assim pode perder o fôlego se não tiver a próxima grande ideia.

INVENTANDO UM NOVO FUTURO

Algumas organizações vangloriam-se de ter atividades promissoras em seus Horizontes 2 e 3, mas não têm um Horizonte 1 viável. Isso é mais comum em organizações iniciantes, a cujos negócios faltam ainda uns quatro a cinco anos para que possam dar lucros substanciais e construir um valor de mercado. Mas também pode ocorrer em grandes corporações.

De vez em quando, setores são abalados por descontinuidades: mudanças súbitas na estrutura da concorrência que redefinem as regras do jogo e reformulam a sorte dos jogadores. A tecnologia das microfábricas transformou a indústria do aço, por exemplo, ao permitir que se produzisse com um investimento menor de capital, abrindo as portas para a Nucor (Siderurgia) se transformar na líder da indústria. O comércio eletrônico está mudando as regras do jogo para muitos setores, fazendo que os custos de transações caiam drasticamente. No entanto, as descontinuidades não se limitam à mudança tecnológica. A abertura do mercado decorrente de mudanças na legislação também pode inverter a sorte dos beneficiados.

Sejam quais forem suas origens, essas descontinuidades, geralmente, apresentam aquilo que o professor de estratégias Ian Morrison denominou "desafio de duas curvas". Os líderes que as enfrentam devem fazer a transição de uma atividade herdada e pouco atraente no Horizonte 1 para uma nova atividade que impulsione as receitas e o crescimento no Horizonte 2. Nesses casos, o Horizonte 1 deveria financiar as novas iniciativas nos Horizontes 2 e 3, mas é provável que não esteja gerando receita suficiente para fazê-lo. Consequentemente, terá que ser ceifado e talvez até despojado para gerar a capacidade financeira para se investir no futuro da organização. A meta, nessas situações, como observa Marrison, é administrar o momento e o ritmo da transição.

GERANDO IDEIAS, MAS NÃO NOVAS ATIVIDADES

Outro modelo problemático configura-se quando organizações têm atividades do Horizonte 1 sólidas, e uma variedade de ideias no Horizonte 3, mas poucas pessoas trabalhando para transformar as ideias em negócios reais. Por mais excitante que sejam as ideias, o Horizonte 2 permanecerá vazio até que os negócios sejam construídos. Uma organização pode se ver em uma situação traiçoeira se as promissoras opções do Horizonte 3 lhe deixarem tranquila, com uma falsa sensação de segurança. Para complicar as coisas ainda mais, essas opções podem, também, inflar as expectativas do mercado quanto a um crescimento bem além da capacidade que a organização teria de satisfazê-la. À proporção que a distância entre as expectativas do mercado e o verdadeiro crescimento da organização se amplia, há maior probabilidade de forte queda no preço de suas ações.

Esse modelo tende a surgir entre organizações que utilizam tecnologia de ponta e aquelas a que, tradicionalmente, faltaram ideias novas, mas que se esforçaram muito para corrigir tal situação. Uma organização assim pode ter imaginado que umas poucas ideias boas, na extremidade mais distante da "tubulação", constituiriam uma estratégia de crescimento. Ela pode até ter se iludido, crendo que umas poucas ideias "de prateleira" eram tudo o que seria necessário. Conforme aumentam as expectativas do mercado, os executivos começam a se perguntar se as novas ideias darão algum resultado. Sob pressão, é possível que busquem a salvação em aquisições apressadas. Resultado da ansiedade, essas aquisições podem tapar buracos, mas com bastante frequência acabam por destruir o valor dos acionistas e interromper os programas de crescimento. Organizações que se orgulham de pesquisa sofisticadas, mas que não têm uma boa marca de comercialização de suas ideias, também tendem a exibir esse modelo.

DEIXANDO DE SEMEAR PARA O FUTURO

Organizações que lançam um projeto de crescimento bem-sucedido podem descobrir que têm receitas sólidas no Horizonte 1 e atividades promissoras no Horizonte 2. Isso alimentará o crescimento dos lucros por vários anos, mas, para que mantenha o sucesso, a organização precisa institucionalizar a geração de novas ideias. Sem um fluxo contínuo de novas opções no Horizonte 3, a próxima geração das atividades do Horizonte 2 não fluirá com a rapidez necessária e o crescimento pode cessar.

As exigências do mercado de ações tornam o desafio ainda mais intenso. O sucesso associado aos saudáveis Horizontes 1 e 2, inevitavelmente, faz crescer as expectativas do mercado quanto ao crescimento da organização. Para satisfazer essas expectativas, é preciso que as organizações gerem novas atividades a uma velocidade ainda maior do que antes. No entanto, a identificação e a administração de um número cada vez maior de oportunidades de crescimento logo se tornam algo assustador, e poucas organizações são capazes de realizar essa tarefa.

GERENCIANDO CADA HORIZONTE SEPARADAMENTE

Horizonte 1	Horizonte 2	Horizonte 3
Gerenciar o Horizonte 1 é, claramente, diferente de gerenciar as atividades de construção de negócios dos outros horizontes. Nesse momento, as iniciativas estão maduras e os concorrentes já estão familiarizados com a estratégia. Aquela vantagem inicial está sendo corroída. A sobrevivência depende de uma implementação estratégica superior. Precisa muita disciplina nas operações, no planejamento e na preparação do orçamento.	O desafio é aproveitar uma ideia antes que os concorrentes o façam. O fator tempo é sua essência. O foco se transfere para a rápida construção de uma posição vantajosa.	Explorar uma nova oportunidade e obter uma visão estratégica, que só surge quando a empresa toma providências deliberadas para garantir opções para o futuro.
Se todos os gerentes são avaliados pela lucratividade, não terão apetite para construir empreendimentos para os Horizontes 2 e 3.	Se não reservamos tempo para as atividades nascentes, as necessidades das atividades principais consumirão todos os gerentes e esses, simplesmente, não terão energia para construir o Horizonte 3.	Os sistemas de gestão do desempenho devem criar fortes incentivos que estimulem o comportamento apropriado para cada horizonte. Deve-se buscar a implementação de um planejamento que contemple recursos e iniciativas simultâneos nos três horizontes.

Horizonte 1	Horizonte 2	Horizonte 3
As empresas maduras serão empurradas até seus limites máximos. Isso exige um conhecimento profundo dela, além de forte disciplina na produção e capacidade de engajar as pessoas para que busquem sempre mais eficiência e crescimento. Necessitamos pessoas com altíssimo nível de desempenho.	As iniciativas erguem-se ou caem de acordo com a velocidade e a eficácia com as quais uma ideia pode ser desenvolvida e transformada em um negócio que gera receitas e que, eventualmente, será lucrativo. Os gestores deverão ser capazes de tomar decisões rápidas e que se sobressaiam em ambientes incertos e de crescimento rápido.	A diferença aqui é como os gestores lidam com o erro. A construção de novas atividades é uma tarefa mais arriscada do que a defesa de uma atividade existente, e é de se esperar que aconteçam alguns erros. Requer gestores visionários. O futuro deve ser imaginado, investigado e elaborado. Explorar novas ideias e oportunidades, e que não se importe de ser um cavaleiro solitário.
Os planejadores do Horizonte 1 têm, à frente, escolhas estratégicas a respeito do posicionamento e do conhecimento profundo da dinâmica do setor. O planejamento tem a ver com a execução. Concentrar-se em buscar meios de proteger e ampliar atividades existentes ou de torná-las mais lucrativas.	O planejamento no Horizonte 2 tem como foco o desenvolvimento de atividades e os recursos que isso exige. Devem buscar capitalizar baseados nas novas oportunidades. Seus resultados são os planos de investimento e de ação para gerar novas receitas. Em consequência estarão mais expostos ao risco.	Além de discutir os projetos que já estão sendo implementados, os gerentes precisam falar a respeito do futuro distante, da evolução em sua indústria e das oportunidades que possam surgir. Exigem um foro separado e exclusivo. Serão decisões a serem exploradas e apostas futuras selecionadas.

Tabela 23 – Gerenciamento dos horizontes estratégicos.

MATRIZ DE APOSTAS ESTRATÉGICAS

O objetivo principal dessa ferramenta é definir a alocação ideal das iniciativas de crescimento. A ferramenta apresenta uma análise baseada no setor de atuação e sistema de negócio. Essa avaliação permitirá uma definição clara da alocação ideal de esforços. Será necessário entender qual a situação dos horizontes estratégicos do seu negócio (avaliação do curto, médio e longo prazos). Essa ferramenta deve ser aplicada após a análise SWOT (análise das oportunidades, ameaças, pontos fortes e fracos da empresa). A análise de horizontes estratégicos contempla uma avaliação do setor de atuação da empresa e do seu sistema de negócios, elementos que compõem a segunda etapa do processo de Planejamento Estratégico: direcionamento da estratégia. É extremamente **útil** para definir os esforços de crescimento.

Matriz de apostas estratégicas: permite que as empresas determinem como suas iniciativas de crescimento devam ser distribuídas nos quatro quadrantes: maximizar o negócio existente; buscar oportunidades adjacentes; construir novas plataformas de negócios; e redefinir o modelo de negócios (da empresa ou de linhas de produtos).

Autoteste da melhor alocação: fornece um autoteste com vinte perguntas que permite que uma empresa avalie a melhor alocação de suas iniciativas de crescimento com base em uma compreensão completa dos riscos atuais que a empresa enfrenta em relação ao seu setor e ao seu sistema de negócios.

Mix *da melhor alocação*: apresenta os resultados do autoteste da melhor alocação sob a forma de um *mix* de alocação sugerido, com base na pontuação do autoteste.

AUTOTESTE DA MELHOR ALOCAÇÃO

Responda às questões a seguir com sim ou não. Sempre leve em consideração a apresentação de dados e informações para qualificar a resposta. Essa avaliação deve ser feita por pessoas que realmente conhecem o setor e estejam atualizados quanto às tendências e cenários futuros.

Riscos ao setor atual	Marcar quando "Sim"
Meu setor está amadurecendo estruturalmente e as taxas de crescimento não cíclicas estão caindo?	
O conjunto de lucros totais do meu setor está caindo estruturalmente?	
Meus clientes atuais estão passando a gastar com novos bens e serviços?	
Meus clientes estão se consolidando a ponto de poucos clientes absorverem a maioria das vendas no setor?	
O ambiente regulatório, legal ou político do meu setor está se tornando tão brutal que ele limita severamente o potencial de lucros?	

Riscos ao setor atual	Marcar quando "Sim"
Os setores adjacentes possuem receitas totais maiores ou taxas de crescimento das receitas maiores do que meu setor atual?	
Minha empresa possui um bem físico específico (por exemplo, produto, capacidade de manufatura, canal de distribuição) que um mercado adjacente valorizaria?	
Minha empresa possui bens específicos intangíveis (por exemplo, marcas, patentes, rede de clientes, tecnologias, processos específicos) que um mercado adjacente valorizaria?	
Estamos vendo menores oportunidades de investimento no core que prometem maiores retornos que minha média recente de retorno?	
As oportunidades em mercados "adjacentes" oferecem retornos já ajustados para riscos maiores do que aqueles no meu negócio core?	
Pontuação de riscos do setor (total de respostas "sim")	

Tabela 24 – Matriz de apostas estratégicas: setor.
(Fonte: The corporate executive board company. *Stall Points Research*, 2008.)

Avalie, agora, o sistema de negócios. Utilize evidências objetivas para responder a cada uma das questões. Evite os subjetivismos ou "achismos".

Riscos ao sistema de negócios atual	Marcar quando "Sim"
A fatia da minha empresa no lucro total do setor está decaindo?	
A lucratividade da minha empresa é pior do que a do meu competidor de melhor desempenho?	
Compartilho um modelo de negócios semelhante ao de meus principais competidores?	
Meus melhores competidores recebem um múltiplo de mercado de ações mais alto ou apresentam melhores índices de lucratividade?	
Novos competidores estão entrando no meu setor?	
As necessidades, os gostos ou os comportamentos dos clientes estão mudando dramaticamente?	
O tomador de decisões de compra está mudando?	
Os fornecedores e/ou os clientes estão se integrando em meu mercado de modo reverso ou horizontal?	
A tecnologia fundamental de meu sistema de negócios está passando por (ou prestes a passar por) mudança disruptiva?	
Minha empresa possui bens intelectuais subutilizados (patentes, redes de clientes, tecnologia, processos específicos etc.)?	
Pontuação de riscos no sistema de negócios (total de respostas "Sim")	

Tabela 25 – Matriz de apostas estratégicas: sistema de negócio.
(Fonte: The corporate executive board company. *Stall Points Research*, 2008.)

A definição da matriz de apostas estratégicas ajuda na definição do comprometimento de recursos, tanto de pessoal quanto de orçamento (gastos e/ou capital), para uma estratégia que tenha o potencial de, materialmente, aumentar a receita da empresa. É uma orientação para definição dos projetos.

Agora pegue o total de "SIM" de cada planilha e verifique na matriz de *mix* de alocação otimizado do projeto de crescimento a distribuição ideal de esforços de crescimento. Exemplo: se a pontual acima for: 5 para risco do sistema de negócios e 8 para risco do setor. Nesse caso, a distribuição da matriz seria: 30% do esforço para maximização do valor *core*, 30% de esforço para reconfigurar o modelo de negócios unidades ou famílias de produto (transformação do *core*), 25% de esforço para buscar novas oportunidades adjacentes, e 15% para busca de novas plataformas de negócios.

MIX DE ALOCAÇÃO OTIMIZADO DO PROJETO DE CRESCIMENTO

Como sua empresa deve distribuir suas "apostas estratégicas"? A seguir, observe o *mix* de alocação otimizado do projeto de crescimento para sua empresa, de acordo com o autoteste da melhor alocação (Figura 35).

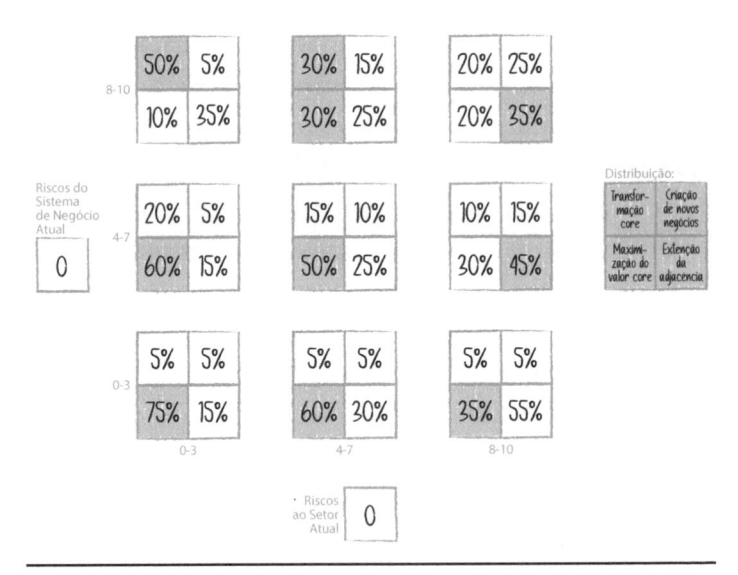

Figura 35 – Autoteste da melhor alocação (alocação ótima).
(Fonte: The corporate executive board company, *Stall Points Research*, 2008.)

Observação: as porcentagens de alocação recomendadas derivam de uma análise de desempenho de 3.560 grandes corporações em um período de 20 anos para compreender padrões por meio dos quais firmas maduras conseguem, com sucesso, alterar o crescimento da receita. As alocações específicas foram desenvolvidas por meio de uma análise de empresas que "Recomeçaram a Crescer" com sucesso; um grupo de elite de 51 empresas identificadas como parte desse trabalho de pesquisa. Os percentuais de alocação foram subsequentemente refinados por meio de uma série de interações de grupo e individuais com várias empresas desse grupo. A pesquisa *Stall Points Research* é de 2008, pela The Corporate Executive Board Company.

A matriz de apostas estratégicas fornece meios para se categorizar os projetos de crescimento de uma empresa com base na relação dos projetos, com o risco do sistema de negócios existente e o risco do setor de atuação. A dimensão vertical da matriz, que descreve os pontos em comum existentes entre o sistema de negócios atual e as exigências para um novo projeto de crescimento, pode ser considerada um agente do risco de execução associado ao projeto ou iniciativa. A dimensão horizontal da matriz, que descreve os pontos em comum entre a definição de setor existente e o mercado-alvo para o novo projeto de crescimento, pode ser considerada um agente do risco competitivo ou de negócio.

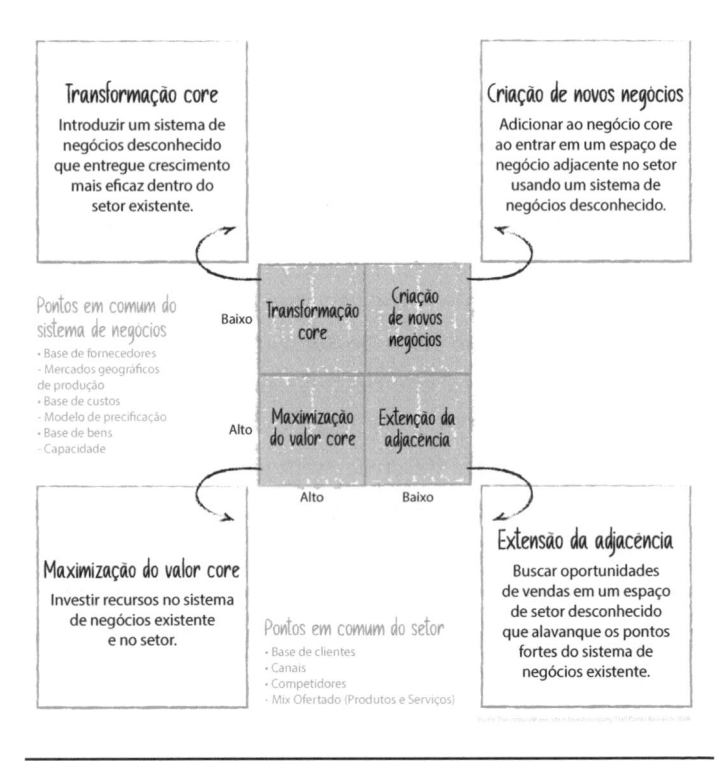

Transformação core
Introduzir um sistema de negócios desconhecido que entregue crescimento mais eficaz dentro do setor existente.

Criação de novos negócios
Adicionar ao negócio core ao entrar em um espaço de negócio adjacente no setor usando um sistema de negócios desconhecido.

Pontos em comum do sistema de negócios
- Base de fornecedores
- Mercados geográficos de produção
- Base de custos
- Modelo de precificação
- Base de bens
- Capacidade

Baixo / Alto

	Baixo	
	Transformação core	Criação de novos negócios
	Maximização do valor core	Extenção da adjacência
	Alto	Baixo

Maximização do valor core
Investir recursos no sistema de negócios existente e no setor.

Pontos em comum do setor
- Base de clientes
- Canais
- Competidores
- Mix Ofertado (Produtos e Serviços)

Extensão da adjacência
Buscar oportunidades de vendas em um espaço de setor desconhecido que alavanque os pontos fortes do sistema de negócios existente.

Figura 36 – Movimentos de crescimento.
(Fonte: The corporate executive board company, *Stall Points Research*, 2008.)

Essa lógica é simples e começa com a observação entre o sistema de negócios e o setor de atuação. Em um nível mais amplo, o sucesso de uma empresa é explicado por dois fatores: a atratividade do setor no qual a empresa compete e sua posição relativa nesse setor. Por exemplo, por um lado, a demanda aparentemente insaciável por produtos novos pode garantir grandes lucros para os líderes do setor e para muitos de seus rivais menores. Por outro lado, no setor acirradamente competitivo e maduro, o posicionamento relativo é um determinante muito importante de lucratividade e crescimento.

Em um estudo abrangente sobre desempenho empresarial, usando a codificação de categorias do setor Standard Industry Code (SIC), sistema usado nos Estados Unidos, forneceu-se uma resposta à pergunta "qual é o grau de importância de um setor?" O estudo chegou à conclusão de que um setor, um segmento de setor e a empresa matriz respondiam por 32%, 4% e 19%, respectivamente, da variação agregada a lucros de negócios, com a variação remanescente distribuída entre influência de menor importância. Os resultados embasam a conclusão de que características do setor são fatores importantes do potencial de lucro. O setor da economia responde, diretamente, por 36% da variância total explicada na lucratividade.

SCRUM

Jeff Sutherland e Ken Schaber desenvolveram algumas práticas originais do Scrum em 1994; no entanto, suas características são utilizadas em diversos projetos desde 1990. Segundo a publicação *Um guia definitivo para o Scrum*, disponível no site da empresa, após isso, o Scrum foi de fato oficializado na OOPLSA'96 (object-Oriented Programming, System, Languages and Applications). Desde então, Sutherland, Schwaber e outros têm estendido e aplicado Scrum em diversas organizações por todo o mundo, principalmente de TI (Tecnologia da Informação).

Scrum é uma estrutura ágil para desenvolvimento iterativo e incremental de gerenciamento de projetos. A estrutura se concentra no gerenciamento de projetos para organizações que são difíceis de planejar. Comparada com a tecnologia de *feedback* tradicional baseada em comando e controle, a tecnologia central do Scrum com *loop* de *feedback* é usada. É um método de planejamento e gerenciamento de projetos que pode atribuir autoridade de tomada de decisão a um nível específico de propriedade operacional.

Scrum não descreve como lidar com todas as situações. É usado para operações complexas em que é impossível prever tudo o que acontecerá. Embora o Scrum seja usado para gerenciamento de projetos de *software*, ele pode ser usado em equipes de manutenção, bem como um método geral para projetos, procedimentos, negócios, gerenciamento estratégico etc.

CARACTERÍSTICAS

- Entrega "valor de negócio" mais elevado num período mais curto.

- Entrega rapidamente com qualidade a cada duas a quatros semanas.
- O cliente define as prioridades.
- O time se organiza e determina a melhor forma de entregar.
- Todos os participantes possuem atividades de gestão e atividades operacionais.
- Não existe a figura do líder.

OS TRÊS PILARES DO SCRUM

- Transparência.
- Inspeção.
- Adaptação.

Para o desenvolvimento do Scrum é necessária a presença de papéis, responsabilidades, ritos, rituais e entregáveis.

Product Ower: responsável por maximizar o valor do trabalho que o Time Scrum faz, representando a voz dos *stakeholders* do projeto ou negócio. Suas principais atividades estão ligadas ao *product backlog*, adicionando informações e priorizando os itens no artefato. Gerencia de forma proativa *stakeholders* e o time, dando direcionamento ao trabalho, estabelecendo metas e definindo a visão do produto.

O time: equipe responsável pela entrega do produto, tipicamente composta de 5 a 9 pessoas com habilidades multifuncionais que fazem o trabalho real (analisar, projetar, desenvolver, testar técnicas de comunicação, documentos etc.).

Scrum Master: Scrum é facilitado por um Scrum Master, sendo este responsável pela remoção de impedimentos às capacidades da equipe para entregar o objetivo do *Sprint*. Sua principal atividade é garantir que o Scrum seja usado como pretendido, aplicando as regras e apoiando o time para o desenvolvimento das time-boxes.

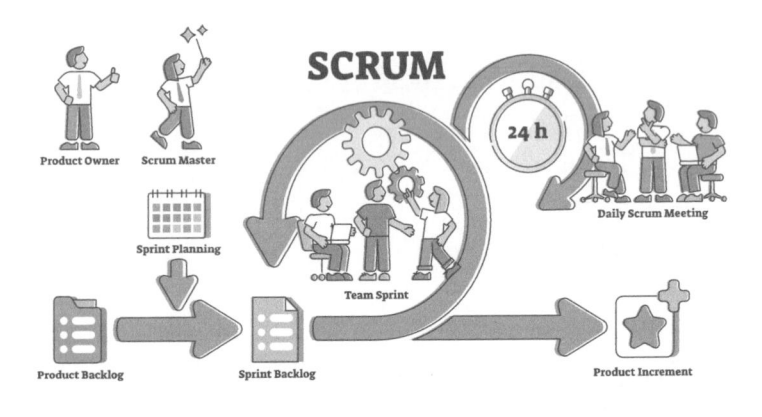

Figura 37– Etapas do Scrum

Preparation for Action: o jogo tem ínicio com o estabelecimento da visão, pois ela orientará todos os processos e atividades ao longo do tempo, principalmente em projetos inovadores com um alto grau de incerteza em relação ao mercado e ao produto. Uma boa visão de produto permanece relativamente constante, ao passo que o caminho para a

implementação da visão é frequentemente adaptado. Quando falamos de visão, não falamos necessariamente em funcionalidades ou até mesmo a parte técnica do produto. Devemos abordar na visão estritamente o cliente em potencial e o seu relativo ecossistema. Para a construção conjunta dessa visão, podemos utilizar várias técnicas e ferramentas, mas, na sua essência, devemos responder as seguintes perguntas:
- Quem é o meu cliente-alvo?
- Quem utilizará o produto ou serviço?
- Qual valor o produto ou serviço adicionará?
- Como o produto ou serviço pode ser comparado a outros diretamente ou indiretamente relacionados?
- Como vou entregar e oferecer este valor para o cliente/usuário?
- Para conduzir a visão ao longo do processo de desenvolvimento, poderão ser utilizadas as seguintes técnicas:

Elevator Statement: com a ideia principal de que a visão deve ser simples para promover a comunicação ao longo do ciclo e não deixar margem para interpretação dúbia. Devemos pensar que a visão deve ser explicada em uma simples conversa de elevador, de forma rápida, precisa e sucinta. Das perguntas que já respondemos montando o modelo de negócios, podemos apresentar um curto parágrafo com todas essas informações.

Para qual cliente, necessidade ou oportunidade do cliente, o nome do produto, categoria do produto, qual é o principal benefício ou a razão para comprar o produto. Diferenças do principal competidor, alternativas do produto, principal diferencial.

Product Vision Box: esta prática consiste em apresentar de forma lúdica o produto em uma caixa, demonstrando na parte da frente os principais benefícios e no verso as características e funcionalidades. A sua prática em uma caixa física promove a limitação de espaço, forçando os participantes a incluírem somente as principais características. Muito mais que uma brincadeira de montar uma caixa, devemos focar no processo de criação, pois, neste momento, após a concepção da visão, reuniremos todos os envolvidos para efetuar a criação da caixa, discutindo novamente os benefícios do produto e as suas características.

Após a sua concepção, teremos um pacto entre todos os envolvidos e novamente um alinhamento da visão do produto. É recomendável que a caixa acompanhe o time de desenvolvimento e até mesmo seja consultada para dúvidas de priorização de atividades ou desenvolvimento.

Formalizar a visão: obviamente, não poderemos apresentar aos patrocinadores uma caixa cheia de figuras para demonstrar o que será entregue e como será feito, muito menos um quadro cheio de post-it. Essa última etapa consiste em formalizar a visão, incluindo em um único documento todas as informações relevantes ao produto e sua forma de execução.

Product Backlog: ele é mantido pelo proprietário do produto e geralmente é uma lista de requisitos dos clientes.

O responsável pelo produto pode alterar o *backlog* a qualquer momento, ou alguém determinado por ele. Essa lista prioriza todo o conteúdo que pode ser exigido no produto e representa todo o conteúdo necessário para o desenvolvimento e lançamento de sucesso. Melhorias e correções de recursos, funções, tecnologias e defeitos expostos constituem alterações no produto ou serviço para futuras alterações de versão. Os *backlogs* do produto podem ser compostos de histórias de usuários e podem ser agrupados por tema ou aplicados com outros atributos:

> **User Story: Como um <ator>, eu gostaria de <ação>, para <motivo>.**
> **Atributos.**
> **Condições de satisfação.**
> **Tamanho: Pontos, dias ideais etc.**
> **Valor de negócio.**

O *product backlog* pode ser ordenado conforme o nível de informações e detalhamento das funcionalidades e/ou atividades, a saber:
- **Pronto para a *Sprint*:** *User Stories* prontas para utilização na *Sprint*;
- **Realese:** atividades, funcionalidades e/ou *User Stories* para utilização no *release*. Nessa etapa, o item pode conter um nível de informação menor, sendo responsabilidade do PO o *input* de informação para a atribuição nas *Sprints*.

- *Future Realeses*: nível baixo de detalhamento geralmente constituído por Épicos.

Conforme o grau de detalhamento, o time poderá realizar a estimativa para execução das *User Stories*. O desenvolvimento poderá ser realizado com várias técnicas e inúmeros critérios de quantificação, os mais comuns são:
- *T-Shirt Sizes*: XL, L, M, S, XS
- *Fibonacci Sequence:* (0,1,2,3,5,8,13,21...)

A estimativa da *User Stories* deve ser estabelecida em consenso pelo time, para estabelecer o comprometimento com a meta. Uma das técnicas mais utilizadas é a aplicação do *Planning Poker* com as seguintes características:
- Utiliza um baralho com a seguinte numeração: 0, 1/2, 1, 2, 3, 5, 8, 13, 20, 40, 100.
- Quando algum membro da equipe não alcança a compreensão do que é para ser implementado, estas deverão ser pontuadas com "?".
- A equipe em conjunto lê a descrição de todas as histórias do *Product Backlog* para ter uma visão geral do que deverá ser estimado.
- A equipe lê e verifica todos os requisitos de uma *User Story* específica.
- Após a compreensão das atividades a serem desenvolvidas para o cumprimento da meta específica, o time, de

forma simultânea, apresenta o indicador (carta) correspondente às dificuldades para realização das atividades.
- Com a verificação da maior pontuação, esse recurso apresentará ao time porque a atividade lhe representa dificuldade.
- Posteriormente, com a verificação da menor pontuação, esse recurso apresentará ao time o porquê de determinada atividade ter menor esforço.
- Com a apresentação da menor e da maior pontuação, o time deverá chegar em um consenso para a estimativa da *User Story*.
- Durante todo o processo de estimativa, é importante utilizar a quantificação baseada em analogias com *User Stories* similares.

***Realese Planning*:** após a identificação do cliente e dos benefícios que serão entregues, devemos encadear os *releases* com as principais funcionalidades que serão entregues. Muitas vezes, não é necessário utilizar uma métrica em relação ao tempo. Verifique somente em ordem de precedência o que você entregará e quais são as principais atividades a serem executadas. Execute essa etapa com todos os envolvidos e estabeleça diversas linhas paralelas conforme as áreas de planejamento. Desenvolva primeiro a linha de negócios e depois acrescente gradativamente outras linhas, tais como: riscos, funcionalidades, parcerias etc.

***Sprint*:** o *Sprint* é uma unidade básica de desenvolvimento em Scrum. *Sprints* tendem a durar entre duas e quatro semanas, e são caracterizados pelos trabalhos dentro de uma restrição de tempo, sendo o cumprimento constante. Cada *Sprint* é uma interação que segue um ciclo PDCA (*Plan, Do, Check* e *Action*), entregando um incremento utilizável e/ou testável.

- *Sprint Planning Pt1*: reunião entre os envolvidos (PO, Scrum Master e todos os membros do time). O PO apresenta a(s) meta(s) do *Sprint* e sana as dúvidas do time para entendimento e formalização do objetivo a ser alçando. São importantes os critérios de aceitação e os requisitos funcionais a serem aplicados.
  - **Duração**: 4 horas.
  - Resultados Esperados:
  - Definição da(s) meta(s) ou incremento(s).
  - Seleção de stories para desenvolvimento.
  - Quantificação dos itens do *backlog* que não estão estimados.
- *SprintPlanning Pt2*: reunião entre o time de desenvolvimento e o Scrum Master para estabelecimento das atividades e o objetivo do time.
  - **Duração**: 4 horas.
  - **Resultados Esperados**: Definição do *Sprint Backlog*.
- **Desenvolvimento do *Sprint***: durante cada *Sprint*, a equipe cria um incremento de produto potencialmente entregável (por exemplo, *software* funcional e testado). O conjunto de funcionalidades que entram em um *Sprint* vem do "frontlog" do produto, que é um conjunto de prioridades de requisitos de alto nível do

trabalho a ser feito. O *Sprint* deve possuir um comprimento constante para possibilitar a medição histórica do desempenho do time e outras características:

- Seu desenvolvimento deve ter entre 2 e 4 semanas.
- Durante um *Sprint*, ninguém está autorizado a alterar o *backlog* dele, o que significa que os requisitos são congelados para esse *Sprint*.
- Se os requisitos não são completados por qualquer motivo, eles são deixados de fora e voltam para o *backlog* do produto.

- ***Daily meeting***: reunião diária entre o time com a presença do Scrum Master para a verificação de três perguntas:
  - O que fizemos ontem?
  - O que vai acontecer hoje?
  - Tem alguma coisa atrapalhando?

- ***Sprint Review***: neste momento, o PO receberá do time o produto ou incremento para aceitação conforme os critérios estabelecidos no planejamento do *Sprint* e a definição de pronto.
  - Duração: 2 horas.

- ***Sprint Retrospective***: esta reunião tem como finalidade amadurecer o processo de desenvolvimento, bem como estabelecer lições aprendidas no decorrer do *Sprint*. A reunião deve ser conduzida e pelo time em conjunto com o Scrum Master. É opcional a presença do PO na reunião.

Monitoria: é uma das experiências mais enriquecedoras e mais objetivas que proporciona ao time a possibilidade de tornar problemas em soluções e de entregar produtos ou serviços inovadores ao mercado. Funciona por um *status report*, uma apresentação em que o time apresenta as entregas do projeto. Os métodos permitem que PO, Scrum Master, Time e demais acompanhem o desenvolvimento e possam avaliar o objetivo. Algumas técnicas podem ser utilizadas, tais como:

- ***Burndown:*** o gráfico de *Burndown* é uma forma visual e rápida de enxergar o *status* atual do projeto. Ele possui uma estrutura simples, em que:
- Eixo X: representa os dias do *Sprint*.
- Eixo Y: representa o trabalho restante.

O gráfico deverá respeitar o sistema de pontuação estabelecido, geralmente é utilizada a pontuação para cada *User Story* ou a pontuação do *Sprint*, conforme a abordagem de gestão.

- ***Release Burndown:*** apresentação dos *Sprints* necessários para o desenvolvimento do release em andamento.

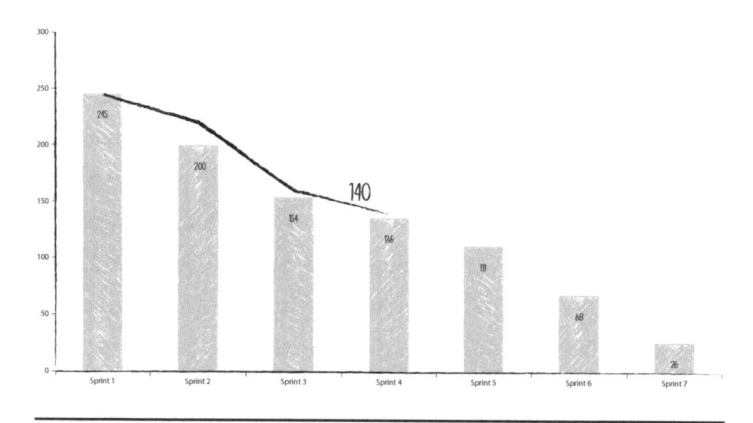

Figura 38 – *Release Burndown*.

- ***Sprint Burndown***: mostra quanto trabalho permanece no final dos intervalos especificados durante um *Sprint*. A fonte de dados brutos é a lista de pendências de *Sprint*. O eixo horizontal mostra os dias em um *Sprint*, e o eixo vertical mede a quantidade de trabalho que faltam para concluir as tarefas no *Sprint*.

Definição de Pronto: é uma premissa que visa garantir que o que está sendo entregue REALMENTE atende às necessidades do projeto, do cliente ou do mercado. A definição de pronto tem relação com a qualidade, à manutenção futura e os objetivos. A definição de pronto é expressa por meio de critérios estabelecidos em consenso entre PO, Scrum Master e o time. A definição de pronto deve refletir aderência aos ativos organizacionais e a cultura da empresa, para melhor caracterização de um exemplo.

Velocity: a velocidade é equivalente à quantidade de pontos que a equipe consegue entregar após finalizar o *Sprint*. Se o time concluiu vários *Sprints*, o PO, o Scrum Master e os demais podem prever as datas de conclusão do produto ou serviços e planejamento de projetos futuros com maior precisão, analisando o relatório de velocidade. Baseado na velocidade dos *Sprints* anteriores que o relatório ilustra, pode-se realizar as seguintes metas:

- controlar quanto esforço o Time relatou como concluído para cada *Sprint*;
- estimar quanto esforço de reserva seu time pode manipular em *Sprints* futuros.
- se a composição e a duração do Sprint permanecem constante.

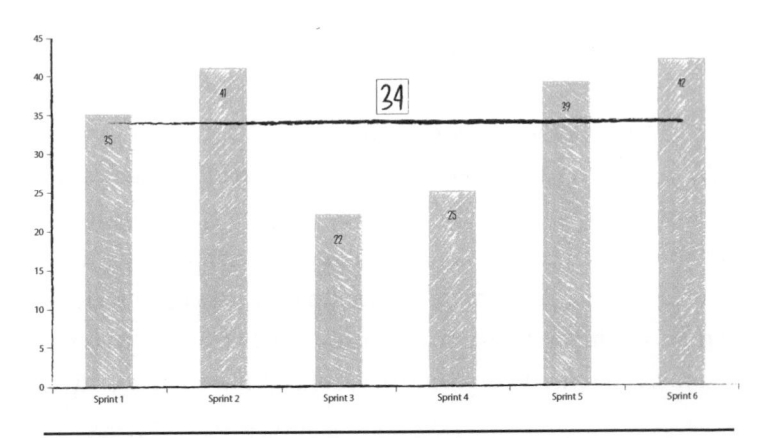

Figura 39 – Velocity Sprint.

Exemplo:
- Tamanho: 300 *Story Points*.
- Velocidade: 20 *Story Points / Sprint*.
- Duração: 15 *Sprints*.

***Taskboard*:** No *The Scrum Guide* não possui menção ao quadro de gestão, mas ele deve refletir o processo de desenvolvimento das atividades, bem como permitir a aderência aos artefatos e regras do Scrum. A principal finalidade é permitir a visão do time em relação às atividades em execução, finalizadas e atividades futuras, conforme o exemplo a seguir. É importante que todos consigam visualizar de forma clara o andamento das atividades em relação a Sprint. Uma sugestão é utilizar o gráfico *burndown*. O quadro também tem a finalidade de estabelecer a comunicação entre os personagens; sendo assim, é de suma importância que os impedimentos ou restrições sejam apresentados no quadro para o auxílio do Scrum Master e/ou *Product Owner*.

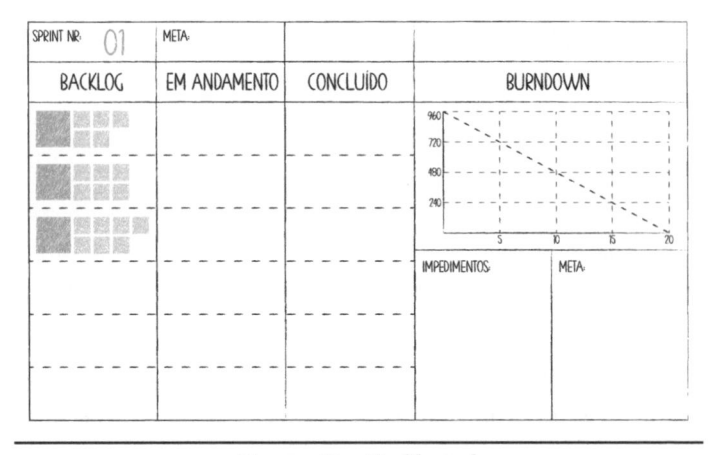

Figura 40 – *Taskboard*.

RETROSPECTIVA

Sim, é uma reunião, e não é uma das melhores. Como o próprio nome já traz, é uma revisão, um debate, uma lição aprendida, porém é preciso conhecer um pouco mais a respeito de como orquestrar ou até mesmo como participar.

A primeira regra fundamental é que as reuniões de retrospectiva sempre aconteçam. Frequentemente, as equipes acreditam que não seja necessário realizar as retrospectivas, e, sem o estímulo correto, elas seguem para as próximas etapas, como se fosse uma procrastinação.

Algumas bibliografias dizem que esse evento é o segundo mais importante quando utilizado o método Scrum, pois é a melhor oportunidade para melhorar. É o momento mais oportuno para os colaboradores retrocederem no tempo e inspecionarem os objetivos, metas, OKRs, e até mesmo as entregas em relação aos objetivos, mas, principalmente, levando em consideração de forma a gerar empatia com todos os participantes, respeitando os processos, as opiniões, as relações e as ferramentas utilizadas.

Existem alguns métodos para realizar uma retrospectiva, porém o mais importante neste momento é a definição de papéis, responsabilidades e regras, ou melhor, dicas essenciais para que possa ter uma retrospectiva no mínimo descente. Porém, o principal objetivo de uma retrospectiva é:
- Os principais itens que correram bem e devem ser mantidos.
- Os principais itens que podem ser melhorados e serem ainda mais positivos.
- Os principais itens que devem ser descartados e retirados.

Facilitador: a pessoa na função de coordenador determina o fluxo da reunião, redirecionando perguntas irrelevantes, fazendo perguntas instigantes e controlando o tempo. Você deve ser uma pessoa imparcial na reunião, dirigindo as coisas, mas não participando. Na impossibilidade de o comitê ter tal pessoa, sugerimos um colaborador júnior ou intermediário, para que apareça uma pessoa neutra e também se desenvolva para lideranças futuras.

Assunto: não faça uma retrospectiva sem definir um assunto claramente, é a mesma coisa de tentar fazer muita coisa e não fazer coisa alguma. Inevitavelmente, os participantes vão querer discutir inúmeros assuntos, processos, microatividades e uma longa lista de melhorias, mas tentar debater e, pior, consertar tudo isso em uma retrospectiva é absolutamente errado. Decidir em grupo qual o único item que deve ser tratado naquela retrospectiva é um exemplo de sucesso.

Participantes: a retrospectiva não deveria ser uma reunião do tipo "aberta para todos". Só quem realmente precisa estar lá deveria estar.

Plano de Ação: reunião de Retrospectiva sem um Plano de Ação é "bate-papo". Quando todos concordarem com o plano de ação, os itens devem ser registrados e implementados, ajudando todos com a continuidade das tarefas e ações, principalmente mantendo a agilidade. Sem as retrospectivas, o grupo descobrirá, a duras penas, que continuará a cometer os mesmos erros repetidamente.

ANÁLISE DE MONTE CARLO – RISCO

De onde vem o termo risco? Isso se originou do antigo *risicare* italiano, que significa "ousar". Nesse sentido, o risco é uma escolha, não um objetivo. A história de risco depende das ações que ousamos realizar, o que depende de nossa liberdade de escolha.

Nossa confiança na medição frequentemente falha, e nós a rejeitamos. "Na noite passada, eles bateram no elefante". Nossa explicação favorita para essa situação é atribuí-los à sorte, dependendo se ela é boa ou ruim. Se tudo depender da sorte, o gerenciamento de riscos será um exercício sem sentido. Chamar de sorte vai obscurecer a verdade porque separa o evento da causa.

Quando dizemos que alguém é uma vítima infeliz, isentamos essa pessoa de qualquer responsabilidade pelo que aconteceu. Quando dizemos que alguém tem sorte, negamos que os esforços da pessoa possam levar a resultados gratificantes. Mas do que podemos ter certeza? É o destino ou a escolha que determina o resultado? Enquanto não pudermos distinguir um evento verdadeiramente aleatório de outro evento aleatório causado pela causalidade, nunca saberemos se o que vemos é o que obteremos ou como o obteremos.

Quando corremos riscos, embora não tenhamos certeza de qual será o resultado, aquele no qual apostamos será o resultado de nossa decisão. A essência da gestão de riscos é maximizar a área na qual podemos ter um certo controle sobre o resultado, enquanto minimiza a área em que não temos controle sobre o resultado e a conexão entre o resultado e a causa está oculta para nós.

A gestão de riscos inclui a identificação e controle de possíveis incertezas. Nunca temos as informações necessárias para a tomada de decisão 100% do projeto, o que é uma característica da incerteza. Pode-se dizer que vivemos em um ambiente de incertezas e, se quisermos dominar os eventos futuros, devemos exercer nossas previsões. Podemos ter certeza de que o escopo da gestão de risco não inclui a certeza total, nem é a incerteza total, mas permanece dentro da faixa de incerteza previsível, que cobre a maioria das situações que podem ocorrer no projeto.

O gerenciamento de riscos envolve a tomada de decisões em um ambiente incerto, complexo e dinâmico.

- De que temos certeza? – NADA
- O que pode dar errado? – TUDO

O risco é como um evento ou condição incerta, uma vez que ocorre, terá um impacto positivo ou negativo no alvo. O gerenciamento de riscos inclui processos relacionados à identificação, análise e resposta aos riscos. Gerenciar o risco é maximizar a probabilidade e as consequências dos eventos positivos e minimizar a probabilidade e as consequências dos eventos que não conduzem ao objetivo. Os riscos incluem ameaças e oportunidades para melhorar essas metas. Existem razões para os riscos e, uma vez que aconteçam, haverá consequências.

Os eventos são exatamente o que pode acontecer à custa de metas. O evento em si, a origem do risco e seu impacto (consequência) devem ser determinados. Exemplo: um motor de aeronave pegou fogo. Descrever eventos é importante para facilitar a busca por alternativas. Portanto, antes de avaliar a possibilidade e o impacto da ocorrência de um risco, a natureza do evento de risco deve ser explorada. Sem uma definição clara do evento, essa avaliação torna-se mais difícil.

Fator de Risco é qualquer evento que possa prejudicar, total ou parcialmente, as chances de sucesso, isto é, as chances de realizar o que foi proposto dentro do prazo e fluxo de caixa. Já o **Risco** é a probabilidade de que um fator de risco venha a assumir um valor que possa prejudicar, total ou parcialmente, as chances de sucesso.

Existem duas amplas categorias de risco:

Riscos conhecidos: aqueles que foram identificados e analisados de forma que podem ser gerenciados.

Riscos desconhecidos: aqueles que não são conhecidos e, portanto, não podem ser gerenciados. Eles podem ser abordados, aplicando-se uma contingência geral baseada na experiência com projetos similares.

E existem dois tipos principais de risco:

Riscos comerciais ou de negócio: são os riscos normais dos negócios que apresentam oportunidades para ganhos e perdas.

Riscos puros: aqueles riscos que representam apenas oportunidade para perda. Podem ser classificados em:

- Dano direto à propriedade (incluindo riscos relacionados com automóveis).
- Perda indireta resultante (interrupções nos negócios, custos de limpeza após uma perda etc.).
- Responsabilidade legal.
- Pessoais.

Uma das ferramentas utilizadas para gerenciamento de riscos é Monte Carlo. A melhor maneira de explicar Monte Carlo é com um exemplo. O exemplo a seguir foi proposto pelo consultor Kailash Awati. Considere o cronograma a seguir com 4 tarefas. As estimativas de duração mais provável são, respectivamente, 4, 5, 6 e 4 dias. Logo, a duração total do projeto seria de 4 + 5 + 6 = 15 dias (a tarefa 4 ocorre em paralelo com a tarefa 3, e, como tem duração menor, não interfere na duração total). Porém as estimativas de duração são, como o próprio nome diz, estimativas, e dificilmente a tarefa terminará exatamente neste tempo. Uma alternativa mais precisa é fazer a estimativa utilizando 3 pontos, com durações mínimas, mais prováveis, e máximas.

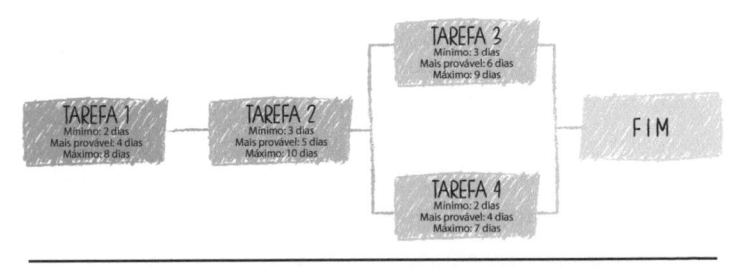

Figura 41 – Estrutura de Tarefas Projetizadas.

Qual é a duração do projeto agora? Com apenas quatro tarefas, já não é mais possível calcular manualmente. Para saber a resposta, precisamos fazer uma simulação. Kailash Awati explica que "A ideia atrás de Monte Carlo é simular o projeto inteiro (todas as 4 tarefas) um grande número N de vezes (10 mil, por exemplo) e obter N durações para o projeto". Em cada uma das N tentativas, um método matemático probabilístico estabelece uma duração para cada tarefa, de acordo com as estimativas mínimas, mais prováveis, e máximas. No caso da tarefa 1, por exemplo, o método vai "sortear" uma duração entre 2 e 8 dias, com 4 dias sendo a mais provável. Então, as durações "sorteadas" de todas as tarefas são somadas para se ter a duração total do projeto. Ao final, teremos N durações totais para o projeto, variando entre a mínima possível, e a máxima possível. Ou seja, obteremos a distribuição de probabilidade da duração do projeto, representada pelas figuras a seguir.

Figura 42 – Distribuição de probabilidade.

PROBABILIDADE DE CONCLUSÃO

Figura 43 – Probabilidade de conclusão.

Portanto, há apenas 28% de chance de concluir este projeto/parar em até 15 dias (a soma do maior tempo possível para cada tarefa), ou 72% de chance de gastar mais tempo. E se você souber que há 72% de chance de atrasar o projeto ou interromper o trabalho? Posso tomar medidas para evitar que isso aconteça. Por outro lado, a probabilidade de rescisão em mais de 19,5 dias é de apenas 10%.

O bom é que se a estimativa de duração for atualizada (por exemplo, devido a uma mudança no tamanho da equipe), a simulação pode ser facilmente atualizada e o novo resultado pode ser comparado com o anterior. Curiosamente, a soma da duração máxima é de 27 dias, mas de acordo com a simulação, a duração máxima do projeto é de 24,5 dias (ou seja, quando a probabilidade chega a 100%). Por quê? Como as probabilidades não somam, elas são combinadas por meio de união e interseção. Portanto, simplesmente aumentar a duração causará erros graves. Obviamente, a simulação de um projeto real envolve uma quantidade muito maior de tarefas, e a complexidade da simulação é muito maior, mas o princípio não muda.

TRIZ – TEORIA DA RESOLUÇÃO DOS PROBLEMAS INVENTIVOS

Genrich Altshuller (1926-1998), seguido posteriormente por outros pesquisadores, elaborou o método TRIZ a partir 1946. Para Altshuller (2007), o postulado básico da TRIZ é que os sistemas técnicos evoluem de acordo com determinadas leis. Uma vez identificadas, tais leis podem ser usadas para criar algoritmos capazes de solucionar problemas inventivos.

A TRIZ é chamada de "teoria" porque, na verdade, é um conjunto de conceitos, métodos e ferramentas. Ela aposta na resolução criativa de problemas, pois embora tenha sido aplicada nas mais diversas áreas do conhecimento (gestão, publicidade, arte), essa metodologia nasceu na engenharia e o objetivo original do seu criador era desenvolver um método inventivo.

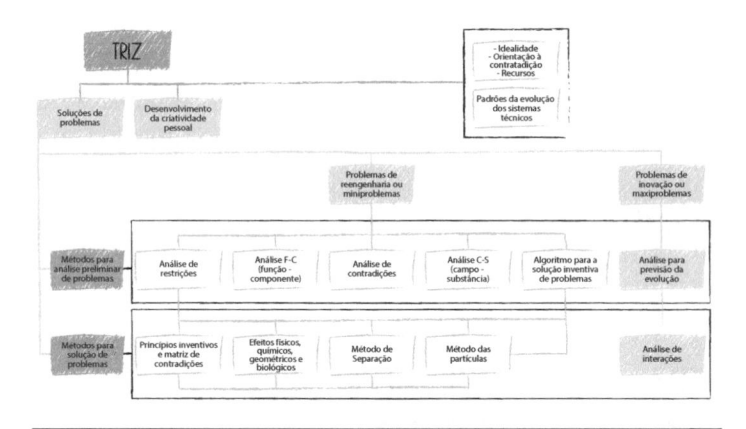

Figura 44 – Modelo TRIZ.

A TRIZ é uma metodologia estruturada para inovação. Com ela, as organizações não vão precisar contratar "gênios criativos" ou confiar somente nos processos intuitivos como o *brainstorming*, por exemplo, para solucionar seus problemas.

Do ponto de vista pragmático, a TRIZ vem se expandindo ao longo dos anos e são vários os usos corporativos através de caminhos paralelos, como gerenciamento de processos produtivos ou administrativos, gestão de projetos, sistemas de gestão de risco e iniciativas de inovação organizacional. Maldonado, Monterrubio e Arzate (2005, p. 36-37) apresentam uma lista de empresas que se destacam no mercado global e que vêm se beneficiando com o método em ações específicas:

- BOSCH – Gerar inovações em seus componentes automotores.

- BMW – Reduzir o número de parte de seus motores ao mesmo tempo que se incrementa a sua potência.
- DELPHI – Desenvolver freios de última geração.
- FERRARI – Aperfeiçoar componentes-chave de seus motores.
- INTEL – Agilizar o desenvolvimento de novos sistemas de produção.
- NESTLÉ – Acelerar a produção de chocolate com redução de custos.
- PROCTER & GAMBLE – Otimizar processos e produtos (incremento de até 200% no número de patentes geradas).
- SHELL – Aperfeiçoar a prospecção e refinamento de petróleo.
- TOYOTA – Reduzir partes de seus motores.
- Esses mesmos autores afirmam que os resultados preliminares das várias fases da pesquisa indicam que problemas e soluções são repetidos nas indústrias e nas ciências.

Os resultados prometidos, segundo a numerosa lista de Souchkov (2010), incluem:
- Promoção da inovação sistemática, incluindo sistemas técnicos fundamentalmente novos para atender às novas necessidades.
- Aceleração da resolução de problemas de forma criativa, com a convicção de que todas as possibilidades de novas soluções foram consideradas.

- Quebra de paradigmas e inibidores mentais que mantêm a inércia psicológica.
- Melhoria ou aperfeiçoamento da qualidade e quantidade dos sistemas técnicos (produtos e processos), por meio da identificação e prevenção de deficiências e da redução de custos.
- Geração de novos usos para processos e sistemas conhecidos e de novas misturas de elementos existentes.

Partindo do problema específico, o solucionador de problemas usa ferramentas para analisar a situação do problema e formulá-lo para abstrair e derivar problemas gerais sem ser restringido por termos técnicos. Em seguida, use uma ou mais ferramentas de ideação para chegar a uma solução geral. Por fim, as soluções gerais precisam ser personalizadas, ou seja, ajustadas para alcançar soluções específicas. Ao contrário de outros métodos, a TRIZ considera não apenas funções úteis/desejadas, mas também funções neutras e prejudiciais/indesejadas.

Os conceitos fundamentais da TRIZ são a Idealidade, Orientação à Contradição e o Uso de Recursos existentes em um sistema.

Idealidade: esse conceito é usado essencialmente para se ter um termo de comparação entre soluções encontradas para chegar à solução ideal. Sistema técnico pelo qual é a razão entre o número de funções desejadas e o número de funções indesejadas que o mesmo sistema executa. Equivale ao preço pago pela execução das funções, e quanto mais evoluído, menor é esse preço. Por exemplo, a evolução do motor de um automóvel e suas funcionalidades. Assim, para a TRIZ, o conceito de idealidade passa por encontrar uma máquina ideal, um método ideal, um processo ideal, uma técnica ideal, ou seja, a obtenção dos efeitos desejados com uso do menor número de recursos possíveis.

Orientação à contradição: são requisitos conflitantes com relação a um mesmo sistema técnico. Por exemplo, a haste de uma panela deve ser longa o suficiente para não queimar a mão de quem a usa e deve ser curta, para facilitar o manuseio, operação e dimensões do fogão. A orientação à contradição consiste em não procurar evitá-la, mas, resolvê-la criativamente. Uma contradição acontece quando ao se fazer uma tentativa para resolver um determinado problema, ou melhorar uma caraterística específica do sistema, essa ação vai prejudicar outro aspeto ou outra característica do sistema. Segundo Altshuller (1956), existem três tipos de contradições.

- **Administrativas:** quando se quer que algo execute uma ação, mas não se sabe o que fazer para que isso ocorra. Exemplo: quando se quer descobrir a cura para o câncer, mas não há de momento conhecimento para chegar a esse objetivo.
- **Técnica:** quando uma ação é útil num determinado sistema e ao mesmo tempo prejudicial noutro. Exemplo: aumentar a velocidade de um automóvel, mas isso causará um aumento de combustível.

- **Físicas:** quanto é necessário para que um sistema tenha uma determinada propriedade "X" e ao mesmo tempo uma propriedade oposta a "X". Exemplo: o recheio de um chocolate deve ser colocado quente para fluir rapidamente, mas deve estar frio para não derreter o chocolate

Recursos Existentes: quaisquer elementos do sistema ou das cercanias que ainda não foram utilizados para a execução de funções úteis no sistema. Existem casos em que a simples procura por recursos não aproveitados em um sistema leva a soluções inventivas. Os recursos podem ser classificados como naturais, de informação, de tempo, de ambiente, espaciais e na sua análise é importante ter em atenção os seguintes aspectos:
- Como escolher os recursos?
- Qual é a sequência de utilização?
- Como usar os recursos?

Para definir esses pressupostos é importante definir os recursos em termos de disponibilidade, custo, efeitos secundários, entre outros aspectos relevantes.

A TRIZ é uma filosofia com alguma complexidade e não é algo que se aprenda de um momento para o outro. É absolutamente necessário bastante experiência e empenho para se atingir o sucesso, mas é um risco que vale a pena correr, pois sai cada vez mais caro às empresas a não aplicação desta metodologia.

Antes de aplicar a TRIZ, é importante ter conhecimento do processo para a resolução geral de problemas, em que G.S.

Altshuller se baseou para desenvolver a TRIZ. Esse processo é bastante simples, pois se passa por procurar problemas semelhantes para encontrar rapidamente uma solução já feita por outra entidade. Quando se descobre essa solução já aplicada anteriormente em outra situação, adapta-se a mesma para esse problema em concreto, conforme ilustrado a seguir:

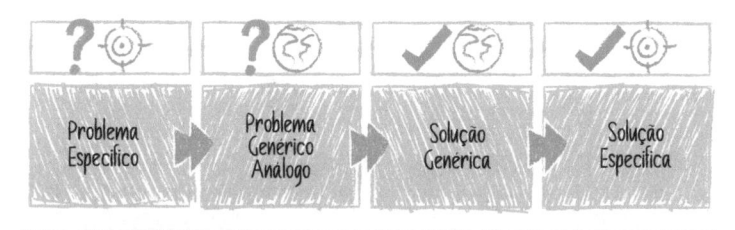

Figura 45 – Modelo geral de resolução de problemas.

Depois de se estar familiarizado com esse modelo, é o momento de ver o ponto de vista da TRIZ para a resolução de problemas. Para se encontrar a melhor solução para um problema técnico, basta seguir cinco passos fundamentais:
- Identificação do problema.
- Formulação do problema.
- Encontrar um problema solucionado anteriormente.
- Encontrar soluções paralelas.
- Adaptar à minha solução.

São esses os passos que TRIZ aborda para poder chegar a uma solução ideal, conforme ilustrado a seguir:

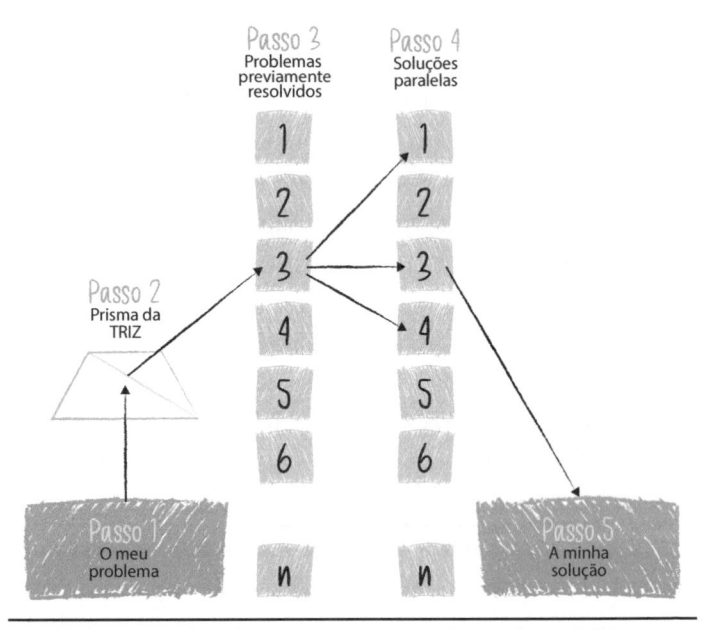

Figura 46 – **Abordagem TRIZ na resolução de problemas.**

FLYWHEEL

O método *flywheel* é uma abordagem normalmente utilizada dentro do contexto do marketing e tem por objetivo principal a atração de clientes, bem como o aumento de vendas. Alguns especialistas ainda tratam o método como um futuro, ou até mesmo presente substituto do tradicional conceito de funil de vendas. Assim sendo, não é por acaso que a ilustração gráfica do método *flywheel* é um círculo, saindo do contexto dos esquemas tradicionais afunilados.

Lucratividade de Collins: descobri essa ideia depois de aprender como funciona o volante. O volante é um disco de metal ou volante com peso superior a 2 mil quilos. Ele está localizado dentro da locomotiva a vapor Trevithicka e Landinitrator de 1802. Ele se move aplicando primeiro uma certa força para fazê-lo girar. Quando começa a rolar, o contrapeso colocado do lado de fora da roda começa a se mover e permite que ela se mova por conta própria em um movimento permanente. Qualquer força exercida sobre ele o tornará cada vez mais rápido.

Com base nesse princípio, Collins acredita que o modelo de negócios é o seguinte: fazer negócios envolve construir uma equipe disciplinada apoiada por uma determinada liderança e cultura.

Na opinião de Collins, uma empresa pode começar com um grupo de pessoas disciplinadas que contam com o respaldo de uma boa cultura corporativa. Com o apoio de uma forte estrutura de liderança, o próximo passo é enfrentar uma série de fatos cruéis no ambiente real de negócios. Esses fatos acompanham o conceito do ouriço e a promoção da ação disciplinar, seja por meio de distribuição ou publicidade. O resultado desse esforço ajudará a manter a base da empresa estável e a perpetuar esse ciclo.

Amazon Flywheel é uma adaptação desse antigo conceito de estratégia de negócios. Vem de Jeff Bezos (2001), quando o CEO da Amazon Global Consumer, Jeff Wilke, desenhou esta imagem em um guardanapo:

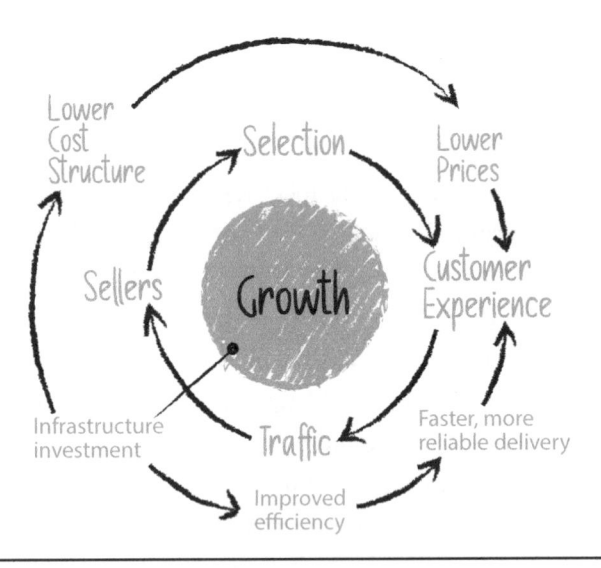

Figura 47 – Modelo *flywheel* **Amazon.**

Vale salientar que não entendemos que outros métodos, como funil de vendas, sejam algo ultrapassado, ou não mais utilizado nas organizações; pelo contrário, o método afunilado é muito eficaz e utilizado dentro do contexto de organizações B2C (Business to Consumer), haja visto a sua performance em relação às ações de marketing. Sobretudo, quando se trata de um cenário em que o relacionamento é B2B (Business to Business), o método *Flywheel* se destaca por potencializar os recursos e o esforços operacionais no impulsionamento dos resultados da organização.

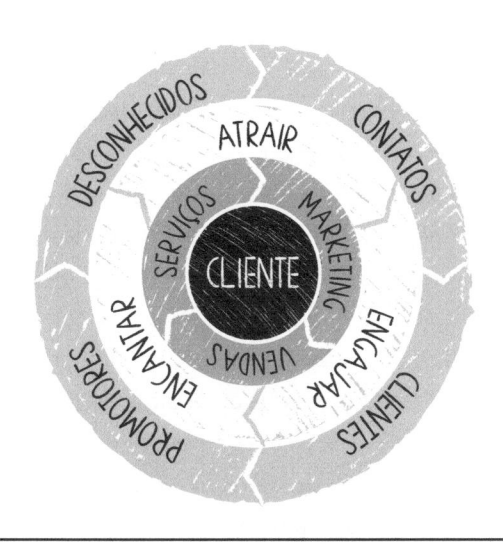

Figura 48 – Modelo *flywhell*.

Como o próprio nome traduzido livremente traz – rodas voadoras –, a ideia é ilustrar que essas mesmas giram em velocidade, atingindo uma alta performance dento do relacionamento e do processo junto ao cliente. Se traçarmos um paralelo dentro da empresa, é como se fosse uma força motora interna da organização, girando e ganhando velocidade, por consequência, crescendo e evoluindo no mercado. É a unificação de esforços dos colaboradores em prol de conquistas de clientes, porém, com prioridades equilibradas em todas as esferas do método *Flywheel*.

Em situações práticas, remetendo o nosso pensamento para um projeto tradicional de marketing, podemos observar que ao se iniciar temos um trabalho e esforço maior. Maior porque nossos objetivos são ganhar relevância, criar um bom relacionamento, engajamento, compartilhamento, relevância nos buscadores e, obviamente, conquistar leads.

Dentro dessa mesma linha de pensamento, se aplicarmos no método *Flywheel*, percebemos que na posição central está o cliente, e o foco é exatamente a experiência que este terá ao consumir ou utilizar nossos produtos e serviços. Oferecendo, assim, o melhor atendimento, um contato ímpar e memorável com a marca, fazendo com que ele se sinta pertencente ao produto e/ou serviço. E esse ciclo se repete ao ponto desse mesmo cliente atrair mais pessoas, retendo e fidelizando assim a sua carteira (base dos compradores).

Dentro da metodologia *Flywheel*, temos as principais composições que são:

- Atração ou Marketing.
- Engajamento ou Vendas.
- Serviço ou Atendimento.
- Cliente ou Fidelização.

Mais importante do que entender a composição é concentrar-se no desempenho que o método possibilita. Para isso, dependemos única e exclusivamente de três grandes pilares: Velocidade, Fricção e Tamanho.

Velocidade: relaciona-se com as áreas que causam o maior impacto junto aos seus clientes. Perceba que é o cliente que está no centro do método e é ele quem faz todas as demais rodas girarem. Áreas como vendas, pós-vendas, marketing são fundamentais no processo de velocidade. A experiência de uso ou consumo do seu produto e/ou serviço, bem como a satisfação do seu cliente, será determinante para o tamanho. A velocidade está intimamente relacionada à aquisição do seu cliente em produtos complementares ou novos produtos – *upselling*.

Fricção: pense que, quando temos uma roda girando, naturalmente temos um atrito, e se temos atrito, temos uma redução relevante na velocidade. Nessa mesma analogia, a fricção é relacionada exclusivamente com a insatisfação do seu cliente em relação à sua marca, produto e/ou serviço. Levando esse conceito à prática, pense e avalie todas as barreiras que o comprador tem no processo de aquisição, e os motivos pelos quais fariam ele possivelmente desistir da compra. Na fricção é importante concentrarmos os esforços para minimizar essas barreiras e contorná-las ao ponto de revertermos positivamente o cenário.

Tamanho: o tamanho é uma relação entre a velocidade e a fricção. Se nossas rodas girarem em alta velocidade sem termos uma fricção, obviamente cresceremos de forma exponencial e natural, assim como a performance financeira da sua empresa no tangente faturamento e venda. Agora, se o número de barreiras, ou a fricção é proporcional à velocidade, você saberá que obterá um resultado pífio.

Dessa forma, pode-se garantir que a experiência do cliente seja melhor na aquisição do produto e/ou serviço adquirido, tornando-o fiel e fazendo da empresa sua opção preferencial para a compra da mercadoria. O *Flywheel* tornou-se uma possibilidade muito importante para várias empresas que apostam no marketing para melhorar seus produtos ou serviços e garantir que seus resultados sejam sempre melhores. Não é inútil pensar que a maior relevância para a organização são os seus clientes e, por consequência, o quanto eles aprovam o que foi adquirido.

3

CAIXA DE FERRAMENTAS
Modelo Learning by Doing
ASM (Agile Strategy Management)

MODELO ASM (AGILE STRATEGY MANAGEMENT)

Figura 49 – Agile Strategy Management.

Em uma economia caracterizada por mudanças rápidas e imprevisíveis, as empresas tradicionalmente administradas se sentiam como se estivessem paradas enquanto a nova ordem global passava por elas. Os pesos nos ombros corporativos eram fáceis de identificar: altos custos operacionais fixos, em outras palavras, compromissos de longo prazo com ativos, pessoas e tecnologias que roubavam das corporações a flexibilidade e a agilidade necessárias para competir e ter sucesso em um período de mudança sem precedentes no mundo dos negócios.

As empresas administradas tradicionalmente estavam pagando muito por escritórios, instalações e ativos subutilizados e tinham uma força de trabalho cara, inflexível, presa a contratos de longo prazo e atormentada por altas taxas de rotatividade. Pior, essas mesmas empresas tinham ciclos de desenvolvimento de produtos tão longos e complicados que os próprios mercados costumavam mudar antes que os novos produtos chegassem a eles.

Esses gigantes da Era Industrial são frequentemente chamados de dinossauros corporativos, em um esforço para descrever o quão lentos e pesados eles realmente são – para não falar de estarem quase extintos – e pode haver ainda mais verdade e discernimento contidos nessa imagem do que qualquer um jamais pretendeu. Embora os dinossauros tenham habitado a Terra por cerca de 150 milhões de anos, a crença geral hoje é que eles desapareceram após uma mudança climática cataclísmica causada pelo impacto de um enorme meteorito. Os dinossauros haviam se tornado tão fisicamente grandes e complexos, com sistemas nervosos voltados quase totalmente para suas próprias necessidades internas – respirar, digerir alimentos, circulação e assim por diante – que eram incapazes de se adaptar às novas condições. Apenas mamíferos menores, de pés velozes, foram capazes de sobreviver reagindo às mudanças no clima, na vida das plantas e nos outros habitantes remanescentes do ecossistema radicalmente alterado. Este é um capítulo sobre o novo "Darwinismo Organizacional"!

Vamos tirar os clichês do caminho (por enquanto!). Vivemos em tempos turbulentos e imprevisíveis. A ruptura constante é o novo *status quo*. Precisamos ser mais centrados no cliente. Vivemos em um mundo digital, em que dados e ideias se movem pelo globo na velocidade da luz e ao toque de um botão: a economia digital está mudando tudo. Temos a força de trabalho mais qualificada da história e os millennials estão mudando fundamentalmente a essência da relação empregador-empregado. Nós poderíamos continuar elaborando um planejamento estratégico com fórmulas de modelos de década atrás. Ter um plano não é nada, mas o planejamento é tudo!

Bilhões de palavras estão sendo escritas em livros, blogs e assim por diante, e outras tantas faladas em podcasts, seminários, conferências e similares, explicando o que tudo isso significa em termos de gestão estratégica, estruturas organizacionais futuras, trabalho em equipe, inovação e o resto. Soluções perfeitas – as tão procuradas "receitas mágicas" – estão sendo oferecidas!

A globalização, as novas tecnologias e o acesso à informação trouxeram mercados mais dinâmicos e com uma mudança rápida e sistêmica, que resultou em empresas mais dispostas a exercer novas capacidades adaptativas. O conceito de capacidade adaptativa nas empresas, perante o dinamismo do ambiente, permite a elas alcançarem e sustentarem novas vantagens competitivas em um ambiente mutável.

Em um ambiente de rápida transformação, o sucesso das empresas não depende exclusivamente da otimização dos processos ou da produção em escala, mas da identificação e/ou desenvolvimento de oportunidades, da combinação interna e externa afim de inovar, da transferência de tecnologia intra e interorganizacional, e da inovação no modelo de negócios.

A sincronia entre essas capacidades possibilita à organização inovar e capturar valor com o objetivo de manter um desempenho financeiro superior a longo prazo. Contudo, inovar não basta para se destacar no mercado. Por isso, as Capacidades Dinâmicas representam um meio para a organização posicionar-se num ambiente por ela modelado.

A proposta original sobre capacidades dinâmicas[1] vem do Teece, que é definida como "a habilidade da empresa em integrar, construir e reconfigurar competências externas e internas em ambientes de mudança rápida". As competências também são interpretadas como o conjunto de rotinas e processos organizacionais, específicos da empresa, cujo seu desempenho é influenciado pelos ativos específicos. A dinâmica do meio ambiente se reflete nas rápidas mudanças tecnológicas e nas forças de mercado. Além disso, capacidades dinâmicas são observadas no processo de desenvolvimento da empresa e renovação de suas capacidades, que são condicionadas pelas escolhas anteriores da empresa e pelo dinamismo do ambiente.

Capacidades dinâmicas são baseadas em um tripé: processo (prática atual e práticas ou padrões de aprendizagem),

---

[1] O termo "dinâmico" refere-se à capacidade de renovar as competências de modo a alcançar a congruência com o ambiente de negócio em mudança; certas respostas inovadoras são necessárias quando o tempo de resposta é crítico, a taxa de mudança tecnológica é rápida, e a natureza da concorrência e do mercado são difíceis de determinar. O termo "capacidades" enfatiza o papel-chave da administração estratégica em adaptar, integrar e reconfigurar as competências internas e externas organizacionais, recursos, e competências funcionais para corresponder às exigências de um ambiente em mudanças (Teece, Pisano & Shuen, 1997, p. 515).

posição (ativos, estrutura de governança, base de consumidores e relações externas com fornecedores e parceiros) e trajetória (histórico de decisão, oportunidades tecnológicas e mercados). Esse tripé (Figura 50) determina a natureza das capacidades dinâmicas da empresa e suas vantagens competitivas, ou seja, determina a sua competitividade.

Resume-se que as capacidades dinâmicas podem ser interpretadas como habilidades dinâmicas que refletem uma aprendizagem contínua sobre o desenvolvimento e acumulação de competências formadas no decorrer da história da empresa, sempre buscando uma diferenciação no mercado que está atuando em relação aos seus concorrentes.

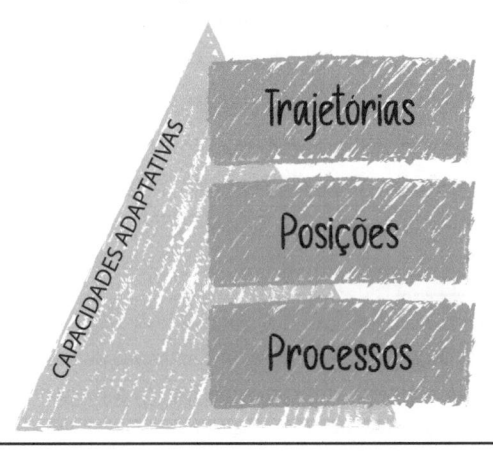

Figura 50 – Tripé da essência da capacidade dinâmica.

Com o passar do tempo, muitos autores foram aperfeiçoando o conceito e acrescentando novos pontos. Wilhelm,

Schlomer e Maurer (2015) utilizaram as mudanças nas condições ambientais (ou a ocorrência de choques exógenos) como moderador da seleção primária das empresas, definido como dinamismo ambiental. Um ambiente de alta dinâmica oferece ainda mais oportunidades e opções para melhorar as capacidades operacionais existentes. A adaptação organizacional ao ambiente é formulada pelas estratégias de exploração (*exploration*) e aproveitamento (*exploitation*). A primeira é relacionada à pesquisa, flexibilidade, experimentação, riscos, incertezas, descoberta e inovação (novas competências). A segunda inclui refinamento, escolha, eficiência, seleção, implementação, execução, adaptabilidade, eficiência de produtos ou serviços correntes (competências atuais). Para March (1991), o mais importante é o equilíbrio entre as duas estratégias, garantindo a sobrevivência e prosperidade da empresa, focando nos gestores e suas decisões. Wang, Senaratne e Rafiq (2015) definem as capacidades dinâmicas como comportamentos organizacionais com uma prospecção em integrar, reconfigurar, renovar e recriar os recursos e capacidades da empresa, e, principalmente, reagir e melhorar suas capacidades perante as mutações do ambiente, com o objetivo de sustentar a vantagem competitiva.

Para Helfat, as capacidades dinâmicas surgem de diferentes formas. Algumas capacidades dinâmicas auxiliam a empresa a entrar num novo negócio e estender sua base para o exterior ou outra região, outras capacidades ajudam na criação de novos produtos e nos processos de produção, e, por fim, outras capacidades estão intimamente relacionadas à capacidade dos gestores, a nível econômico e lucrativo, de fazer a empresa crescer de forma constante e eficaz.

No entanto, deve-se atentar o que não são capacidades dinâmicas. Para Winter, as capacidades formuladas num nível operacional, classificadas como capacidades de nível zero, não podem ser interpretadas como capacidades dinâmicas, pois essas capacidades de nível zero não são capazes de realizar mudanças. Ou seja, a empresa sobrevive vendendo o mesmo produto e/ou serviço para a mesma população de clientes, sem realizar mudanças em suas rotinas, não evoluindo e não apresentando um diferencial (como uma vantagem competitiva). Com isso, o autor define capacidades dinâmicas como quando a organização consegue alterar seus procedimentos, gerar novos processos, produtos e/ou serviços, e ampliar seu rol de clientes, todos esses pontos mantêm um desempenho superior no longo prazo. Por exemplo, a identificação das oportunidades e ameaças abre para a organização um rol de novas atividades comerciais. Trata-se de um processo de aprendizagem e criatividade que envolve a compreensão das demandas latentes e da evolução do mercado. A busca deve ocorrer em todo o ambiente que envolve a organização, incluindo potenciais colaboradores como: clientes, fornecedores e complementadores. O impacto da exploração é maior quando se expande para além dos limites organizacionais. Uma vez identificadas as oportunidades, a organização se depara com obstáculos que ultrapassam questões de quando, onde e quanto investir. A empresa deve selecionar ou criar um modelo de negócios que defina sua estratégia e prioridades de investimentos. De fato, há evidências consideráveis de que o sucesso do negócio depende da inovação organizacional. Entretanto, o entendimento do modelo organizacional é normalmente limitado, o que acarreta erros quanto ao modelo e a estrutura organizacional necessárias para suportar a inovação. Com isso, uma capacidade dinâmica fundamenta-se em torno da capacidade da gerência substituir características (disfuncionais) de regras existentes e dos processos de alocação de recursos. Cabe também à gerência coordenar a integração interna e externa a fim de capturar os benefícios. Uma correta identificação e alocação dos recursos leva ao crescimento e aumento da lucratividade da empresa.

Teece (2007) desagrega as Capacidades Dinâmicas em três diferentes elementos: (1) compreender o mercado e detectar oportunidades; (2) aproveitar as oportunidades; e (3) manter-se competitivo pela combinação e reconfiguração de ativos. Na Figura 51, apresenta-se uma síntese da proposta da TCD (Tripé das Capacidades Dinâmicas).

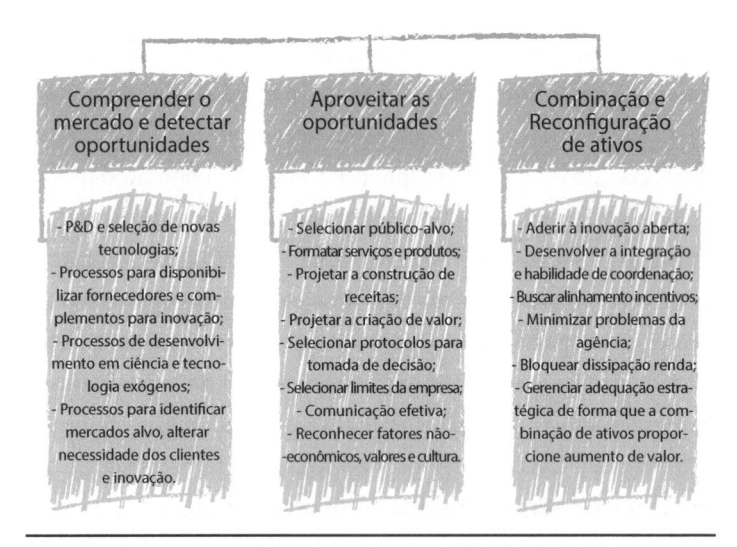

Compreender o mercado e detectar oportunidades	Aproveitar as oportunidades	Combinação e Reconfiguração de ativos
- P&D e seleção de novas tecnologias; - Processos para disponibilizar fornecedores e complementos para inovação; - Processos de desenvolvimento em ciência e tecnologia exógenos; - Processos para identificar mercados alvo, alterar necessidade dos clientes e inovação.	- Selecionar público-alvo; - Formatar serviços e produtos; - Projetar a construção de receitas; - Projetar a criação de valor; - Selecionar protocolos para tomada de decisão; - Selecionar limites da empresa; - Comunicação efetiva; - Reconhecer fatores não--econômicos, valores e cultura.	- Aderir à inovação aberta; - Desenvolver a integração e habilidade de coordenação; - Buscar alinhamento incentivos; - Minimizar problemas da agência; - Bloquear dissipação renda; - Gerenciar adequação estratégica de forma que a combinação de ativos proporcione aumento de valor.

Figura 51 – Fundamentos das capacidades dinâmicas.
(Fonte: Adaptado de Teece, 2007)[2]

As capacidades dinâmicas estão associadas às relações entre diferentes níveis de capacidades, desde a operacional até a rotina estratégica. Sua definição é uma metarrotina projetada para melhorar as rotinas operacionais de uma empresa. Para Wilhelm, Schlomer e Maurer, a ação das capacidades dinâmicas sobre as operacionais influenciam no aumento do desempenho da empresa. A prática demanda por novos instrumentos que auxiliem na identificação

---

[2] Explicating dynamic capabilities: the nature and microfoundations of (sustainable) enterprise performance. Strategic management journal, 28(13), 1319-1350.

de oportunidades, acompanhamento dos movimentos da concorrência e fornecedores, mudança tecnológica, planejamento e adequação das operações da empresa. Segundo Mckelvie e Davidson, existem três dimensões nas capacidades dinâmicas: identificação, aprendizado e reconfiguração. O primeiro refere-se a identificar as mudanças e oportunidades relevantes. O segundo diz respeito ao desenvolvimento de novas maneiras de responder às mudanças e oportunidades ambientais observadas. E, por fim, o terceiro, refere-se à reorganização das rotinas operacionais existentes. Sobre o processo de identificar as capacidades dinâmicas, estas são:

1. capacidade de geração de ideias;
2. capacidade de absorver as rupturas para criar um dinamismo no mercado atuante;
3. capacidade de desenvolver produtos e serviços inovadores com qualidade e quantidade superior perante os concorrentes;
4. capacidade de criar processos superiores aos concorrentes.

Nesse contexto, Teece realizou vários estudos para identificar as capacidades dinâmicas. Ele definiu um conjunto de habilidades que formam as capacidades dinâmicas:

1. capacidade adaptativa (habilidade da empresa em observar e capitalizar as oportunidades do mercado);
2. capacidade absortiva (habilidade da empresa em reconhecer as informações externas, assimilá-las e aplicá-las);

3. capacidade de inovação (habilidade da empresa de desenvolver novos produtos por meio de processos de inovação).

Todas essas habilidades geram capacidades na empresa para empregar seus recursos, como know-how e liderança, e criar vantagem competitiva de difícil imitação ou cópia. Com isso, conclui-se que, para os autores, as capacidades dinâmicas não são processos normais que podem ser facilmente codificados e transferidos entre as unidades da empresa, mas, sim, processos de desenvolvimento de habilidades ao longo do tempo. Teece propõe três capacidades de sustentação das capacidades dinâmicas:

1. capacidade de interpretar e associar o contexto do ambiente
    - (I) processos para administrar trabalhos internos de pesquisa e desenvolvimento;
    - (II) processos de privilégio exclusivo de fornecedores para complementar as inovações da organização;
    - (II) processos para empreender desenvolvimentos científicos e tecnológicos exógenos;
    - (IV) processos para identificar segmentos de mercado-alvo, para mudar os hábitos dos clientes e para gerar inovações que sejam de interesses destes mesmos clientes.
2. capacidade de aproveitar as oportunidades

- (I) soluções para o cliente – envolve entrega de valor ao cliente, modelo de negócio, identificação dos segmentos de mercado;
- (II) seleção das fronteiras organizacionais – é o processo de formação de capacidades com o objetivo de gerenciar as atividades e fronteiras da organização;
- (III) rotinas para seleção de protocolos de tomada de decisões – finalidade de selecionar adequadamente os investimentos a serem realizados;
- (IV) rotinas para construir lealdade de comprometimento – uma relação contínua com os colaboradores pode aumentar o desempenho da empresa.
3. capacidade de gerenciar ameaças e transformações
    - (I) descentralização e decomposição;
    - (II) coespecialização;
    - (III) governança e gerenciamento do conhecimento.

Meirelles e Camargo resumem que é necessário possuir uma descentralização para evitar uma falta de flexibilidade e capacidade de resposta. No entanto, também é necessária uma autonomia entre as unidades para tomarem decisões rápidas. Uma peça-chave é a forma de governança que contempla processos de integração de know-how externo, aprendizagem, compartilhamento e integração de conhecimento. Além disso, a governança é essencial para o desenvolvimento de procedimentos de transferência de tecnologia e de propriedade intelectual.

À medida que as empresas se espalham pelo mundo e o tempo passa a ser a maior arma competitiva, as organizações precisam de novas formas de pensar o seu futuro e buscar se tornarem mais competitivas. Por exemplo, hoje em dia tudo está sendo digitalizado: áudios, fotos, filmes, livros serviços financeiros, formas etc. Vejamos o exemplo relatado por Andrew Grove, que demonstra as consequências desse novo cenário, que combina conceitos como digitalização, desmaterialização, desmonetização, democratização e disrupção. Os correios fazem a triagem de 90% das cartas automaticamente. No caso das correspondências que as máquinas não conseguem decifrar – equivalente a 10% –, um leitor humano digita os endereços em um computador. Recentemente, para reduzir custo dessa mão de obra, os correios dos EUA testaram um novo sistema. Uma máquina tira uma fotografia dos envelopes ilegíveis e envia instantaneamente a imagem a uma região do mundo com mão de obra mais barata. Lá, alguém lê e digita o endereço e envia a informação eletronicamente para os correios. Esse exemplo revela o início de uma tendência que se tornará geral nos próximos anos.

Simplificando, a revolução da informação eliminará bolsões de improdutividade em qualquer lugar do mundo e em qualquer linha de trabalho. Diante desse cenário, as perguntas que devem ser respondidas são: "O que as empresas devem fazer?" e "O que os gestores devem fazer?".

Não há outra opção! Você deve estar preparado para enfrentar as ondas de choque provocadas por uma técnica completamente nova, lançada por alguém ou alguma empresa da qual você nunca ouviu falar. Você precisa tentar fazer o impossível e adiantar-se ao inesperado. E, quando este acontecer, você deve redobrar seus esforços para impor a ordem à desordem causada pela mudança. É preciso admitir que nem todo o planejamento formal do mundo é capaz de adiantar-se às mudanças como a revolução do conhecimento e as tecnologias exponenciais. Mas não nos entenda mal: de maneira alguma estamos sugerindo que você não deva planejar. Longe disto! Você precisa planejar como se fosse o corpo de bombeiros. Como é impossível saber onde o próximo incêndio vai ocorrer, um corpo de bombeiros deve formar uma equipe dinâmica e eficiente, capaz de lidar tanto com os acontecimentos do dia a dia quanto com os mais imprevistos.

ETAPAS PARA CONSTRUÇÃO DA ESTRATÉGIA

A alta competitividade no mercado tem levado as organizações a adotarem cada vez mais métodos criativos e inovadores para resolução de problemas simples à complexos. As organizações de pequeno, médio e grande porte, procuram inovar ao resolver seus problemas trazendo à tona o engajamento, a colaboração e a geração de novos insights junto aos seus colaboradores.

Severo Silva afirma que a criatividade passa ser um grande diferencial competitivo nas organizações e deve estar presente nas tomadas de decisões, nos processos de desenvolvimento de novos produtos e nas relações de trabalho. A importância da criatividade é como fator-chave para a inovação e a competitividade, e alerta que as empresas precisam investir cada vez mais no potencial humano e na sua capacidade inovadora, de modo a propiciar um ambiente favorável ao desenvolvimento da criatividade dentro da organização.

Aqui está a nossa opinião: várias estruturas, modelos e soluções surgirão para capitalizar as oportunidades da era digital (ou a agora frequentemente chamada de 4ª ou 5ª Revolução Industrial) e para gerenciar os riscos associados. Não podemos, com qualquer grau de precisão, prever qual será particularmente útil. Ninguém jamais previu com precisão como as revoluções acontecerão ou como será um mundo pós-revolucionário: é provável que quando se trata de como as organizações vão para o mercado e criam valor, nunca haverá um momento pós-revolucionário.

Podemos estar mais confiantes ao prever que nunca haverá uma solução de gerenciamento "perfeita". Em vez disso, haverá uma combinação de abordagens que funcionarão bem em um contexto e período específicos antes de se tornarem disfuncionais e não mais apropriadas. Para adicionar outro clichê, podemos sempre ser amaldiçoados a viver em tempos de extrema incerteza!

Uma empresa ágil pode inovar, impulsionar a mudança de transformação e ser flexível ao mesmo tempo que mantém um forte foco na estratégia e no cliente. Uma definição útil de agilidade vem da empresa de benchmarking sediada nos Estados Unidos, The Hackett Group, "agilidade é a capacidade de uma organização de sincronizar a taxa interna de mudança do negócio com a taxa de mudança imposta pela empresa externa".

Uma empresa ágil se sincroniza com a taxa externa de mudança inculcando e constantemente adaptando operações escaláveis e centradas no cliente e cadeias de valor conectadas digitalmente que cortam hierarquias e silos organizacionais. Eles também aproveitam a análise de dados para capturar e transformar dados em conhecimento acionável que impulsiona a tomada de decisão proativa.

Figura 51 – Visão geral da metodologia ASM (Agile Strategy Management).

A agilidade aponta para mudanças rápidas e repentinas – ser capaz de se mover rápida e facilmente, ao passo que definiu adaptativo como ter a capacidade de mudar para atender a diferentes circunstâncias (o que não significa necessariamente rapidamente ou facilmente).

A imaginação criativa é associada com estratégias inovadoras que algumas organizações empreendem não apenas para ganhar de seus concorrentes, mas para torná-los completamente irrelevantes. Esse é o espírito que Gary Hamel – um dos pensadores de negócios mais influentes do mundo, segundo o *The Wall Street Journal*. Com base na imaginação criativa, o método ASM – Agile Strategy Management vem a continuar com este pensamento ágil, mas ao mesmo tempo estruturado por meio de um sequenciamento lógicos de ações, ferramentas, melhores práticas e metodologias para planejamento estratégico.

O ambiente de negócios volátil de hoje exige uma estratégia corporativa e tecnológica integrada que dê suporte à agilidade, escalabilidade e estabilidade organizacional. E, à medida que a estratégia de negócios e a estratégia de tecnologia se entrelaçam cada vez mais, muitos executivos corporativos estão descobrindo que as opções de tecnologia anteriores de sua organização estão limitando suas opções estratégicas e agilidade de negócios. Para resolver essas limitações, os estrategistas podem procurar colaborar com os líderes de tecnologia para confirmar se as tecnologias críticas da organização apoiam a estratégia organizacional – e se os tecnólogos da organização têm a estrutura e o entendimento corretos da estratégia corporativa para tomar suas decisões de tecnologia do dia a dia.

Na pesquisa CSO (Chief Security Officer[3]) de 2020 da Deloitte, a maioria dos entrevistados (70%) acredita que o crescimento disruptivo é fundamental para o sucesso de sua empresa, mas apenas 13% acreditam que sua empresa pode alcançar isso. Um foco estratégico. Embora a maioria dos entrevistados disse que está procurando um crescimento disruptivo, 71% dos entrevistados disseram que passaram mais de três meses em uma única rodada de formulação de estratégia. Quase metade (45%) atualiza sua estratégia a cada ano, ou até menos: a cada dois anos (23%) ou três anos (22%). Essas estatísticas mostram que muitas empresas ainda têm muito trabalho a fazer para melhorar a agilidade estratégica. Mas o desenvolvimento e a execução de uma estratégia ágil não acontecem no vácuo – para entregar resultados eficazes, as organizações precisam dos seguintes blocos de construção:

- **Desbloquear o crescimento disruptivo é uma lacuna de capacidade estratégica.** Seja o CEO, CSO ou outro executivo, um líder com poder é fundamental para o desenvolvimento e execução eficazes da estratégia. Em colaboração com o CIO, o líder da estratégia pode ajudar a expandir e moldar a visão de outros líderes

---

3 Um **Chief Security Officer (CSO)** é o executivo mais sênior de uma organização responsável pelo desenvolvimento e supervisão de políticas e programas destinados à mitigação e/ou redução de conformidade, estratégias de risco de segurança operacional, estratégico, financeiro e de reputação relacionadas à proteção de pessoas, ativos intelectuais e propriedade tangível.

executivos e membros do conselho. O CSO precisa desafiar as visões de longo prazo e fazer com que seus colegas executivos pensem em um ambiente de mercado diferente do existente. Os CSOs deverão ajudar suas organizações a enfrentar o desafio do crescimento disruptivo, arquitetando uma competência sistêmica e inovadora, com base em um modelo adequado, que promove uma mentalidade mais empreendedora, novas maneiras de sentir tendências e oportunidades emergentes, maior taxa de experimentação, maior tolerância ao risco, expectativas mais bem calibradas, financiamento e incentivos bem alinhados e criação de um ecossistema expandido de parceiros.

- **Vencer (hoje e amanhã) requer fluência em tecnologia como um facilitador estratégico.** Os executivos de alto escalão e os membros do conselho devem ter um amplo conhecimento das tecnologias críticas de que a empresa precisa para obter vantagem competitiva e construir resiliência contra interrupções. Os líderes precisam apoiar o investimento em um portfólio de investimentos em tecnologia, desde provas de conceito que testam tecnologias emergentes até grandes implementações de plataformas comprovadas. Além disso, os executivos podem ajudar a desafiar as suposições críticas daqueles que implementam a tecnologia para ajudar a garantir que a implementação gerará valor para a empresa.

- **Líderes de tecnologia** com experiência em negócios. Da mesma forma, os líderes e tecnólogos de TI podem se envolver em processos de desenvolvimento de estratégia e educação que os ajuda a compreender amplamente o negócio e seus objetivos estratégicos. Como parceiros estratégicos, os líderes de tecnologia podem ajudar os líderes de estratégia e negócios a identificar e explorar tecnologias emergentes que apoiem a visão estratégica. Na verdade, a pesquisa da Deloitte mostra que 40% dos CEOs disseram que seu CIO ou líder de tecnologia será o principal impulsionador da estratégia de negócios – mais do que o CFO, o COO e o CMO[4] combinados.
- **Tecnologia e parceiros alinhados**. Organizações eficazes escolhem suas plataformas de tecnologia e parceiros de ecossistema com cuidado, alinhando suas escolhas e decisões de implementação com seus objetivos estratégicos. Ao selecionar parceiros importantes do ecossistema, avalie seus motivos e agendas de longo prazo para entender se seus objetivos e aspirações

---

4 CFO – Chief Financial Officer: Esses profissionais comandam a administração e planejamento financeiro da empresa), COO – Chief Operating Officer e CMO (Sigla do cargo de Diretor de Operações, as Operações da empresa são as atividades principais que geram receita para o negócio; e CMO – Chief Marketing Officer: referente ao cargo de Direção de Marketing. Nesta posição, profissionais coordenam e administram todas as ações de Marketing da companhia.

estão alinhados com os seus. Na pior das hipóteses, um parceiro de plataforma pode se tornar uma ameaça competitiva depois de "aprender" sobre o seu setor.
- **O planejamento estratégico deve se tornar mais dinâmico.** O processo de planejamento estratégico tradicional não corresponde à velocidade com que o mercado está se movendo e provavelmente precisa ser reinventado. O processo é muito trabalhoso e leva muito tempo para ser concluído. A maioria dos executivos de estratégia (45%) relata que suas empresas atualizam sua estratégia anualmente, enquanto outros só passam por esse exercício a cada dois anos (23%) ou três anos (22%). Além disso, o processo de planejamento estratégico anual normalmente leva de 3 a 4 meses para ser concluído (de acordo com 40% dos entrevistados). O planejamento de cenário é uma ótima técnica para criar apostas na estratégia de uma organização, munindo-a de um projeto ou mapa para reagir rapidamente às mudanças nas condições de mercado ou na dinâmica competitiva – no entanto. No início do processo de desenvolvimento de estratégia, estrategistas, líderes de tecnologia e parceiros de ecossistema podem explorar e desafiar as suposições para que uma estratégia habilitada por tecnologia seja eficaz. Considere manter a discussão em um ambiente neutro, como um workshop, em que uma série de

respostas são encorajadas e catalogadas para serem usadas posteriormente para sinalizar os principais indicadores de sucesso ou fracasso da estratégia.
- **Financiamento ágil**. A execução de estratégias ágeis exige um processo flexível para planejar e financiar os investimentos em tecnologia necessários para implementar as estratégias.

À medida que os líderes consideram uma gama mais ampla de variáveis e cenários futuros, as plataformas de estratégia habilitadas pela tecnologia podem ajudar os estrategistas a pensar de forma mais ampla e precisa sobre a ampla gama de possibilidades futuras. Equipadas com análises avançadas, automação e recursos de IA, essas plataformas também podem ajudar os líderes a obter *insights* sobre ocorrências aparentemente não relacionadas que podem permitir escolhas estratégicas mais inteligentes em uma base contínua, identificando forças motrizes, informando decisões estratégicas e monitorando resultados.

Considere como o processo de formulação e planejamento de estratégias está evoluindo para a era digital. Precisa ser muito mais rápido do que geralmente tem sido historicamente e com um toque mais leve, ao mesmo tempo que envolve melhor os principais gerentes que devem implementar a estratégia, bem como os planejadores.

Além disso, há um requisito para definir o "senso de propósito" da organização. Isso deve ser capturado em uma declaração (e que, ao contrário das declarações de missão e visão, não tem limite de tempo e raramente muda).

Além disso, é necessário captar as vozes do cliente, bem como de outras partes interessadas importantes, para que todos os envolvidos na cadeia de valor estejam na mesma página. Ferramentas como a cocriação, na qual os clientes, colaboradores e usuários, estão ativamente envolvidos na modelagem de soluções, desempenham um papel importante aqui – assim como a análise das partes interessadas. Também explicaremos como outras abordagens mais recentes, como a estratégia do Oceano Azul, inovação do modelo de negócios, planejamento baseado em tecnologia, análise situacional, o OODA Loop[5] e assim por diante, estão ajudando a criar planos estratégicos mais relevantes e ágeis/adaptativos.

Nosso modelo do ASM (Agile Strategy Management) está organizado em dois EIXOS: AS – Agile Strategy e AM – Agile Management, os quais, por sua vez, estão definidos em 4 grandes FASES: 1. Visualização (pensamento sobre o futuro), 2. Design (definições empresariais e formulação), 3. Implementação (Execução) e 4. Governança (Aprendizado e Alinhamento), que se desdobram em mais 12 ENTREGÁVEIS, com pode ser visto na Figura 53.

---

5 OODA Loop é o ciclo observar-orientar-decidir-agir, desenvolvido pelo estrategista militar e Coronel da Força Aérea dos Estados Unidos John Boyd. Boyd aplicou o conceito ao processo de operações de combate, geralmente no nível operacional durante campanhas militares. Disponível em: https://ao.wikiqube.net/wiki/OODA_loop. Acesso em: 03 jun. 2021.

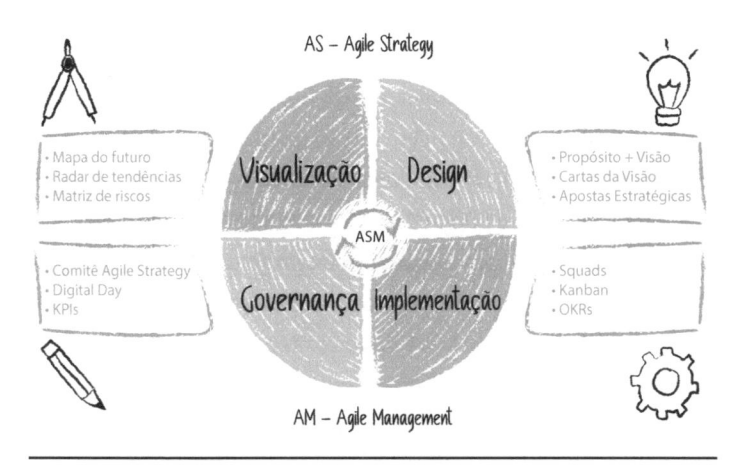

Figura 53 – Eixos, fases e entregáveis do ASM.

Não há uma tendência ou padrão que dure para sempre, tampouco estratégias que sejam à prova do tempo. É necessário observar e agir frente à frenética dinâmica do mercado, consumidores e tudo mais que os envolvem, não colocando mais o foco principal em estruturas ágeis, produtos inovadores e na experiência dos usuários (internos e externos) por meio da redução dos atritos nos serviços prestados, mas também no foco do que é valor para os clientes e, por consequência, nas rápidas mudanças de direção. Nosso objetivo aqui não é o de deixar tudo para trás, mas fazer uma junção das boas práticas tradicionais com o melhor da cultura e metodologias ágeis, o que se pode se revelar numa verdadeira vantagem competitiva (ambidestria organizacional).

Este livro considera o Agile de uma perspectiva de gerenciamento, enfocando questões de estratégia, implementação, organização e pessoas. Ele examina a turbulência do mercado e do ambiente de negócios a fim de identificar que papel o Agile deve desempenhar no enfrentamento de tais mudanças e incertezas. O que emerge é uma narrativa sobre uma nova orientação estratégica baseada em capacidades dinâmicas e a renegociação de significado dentro da organização que se presta à implementação usando técnicas de gerenciamento de projetos e programas ágeis apropriadas. Isso resulta em uma experiência transformadora para a organização, que deve desafiar crenças de longa data sobre sua própria identidade e abraçar o espírito empreendedor de seus funcionários. Assim, os novos paradigmas organizacionais direcionados para fora, para as necessidades dos clientes e equipes que possuem a autonomia e capacitação necessárias, tornam-se a nova ordem de jogo. Este livro é baseado nas nossas observações, experiências pessoais e extensos esforços de pesquisa para tornar claro o tecido da Organização Ágil, auxiliando assim os gestores a se tornarem líderes ágeis em um mundo incerto.

AUTOAVALIAÇÃO DA ESTRATÉGIA ATUAL

Na Tabela 26 – Autoavaliação do Processo Estratégico – apresentamos algumas assertivas e questões (pontos de atenção para práticas de um planejamento estratégico ágil) que as organizações devem abraçar no seu processo. Recomendamos ao leitor que faça uma autoavaliação neste momento da sua maturidade a processos adaptativos e ágeis.

A autoavaliação a seguir ajudará o leitor a identificar os pontos fortes e as oportunidades de melhoria em relação à dimensão-chave do desempenho que consideramos crítica para ter sucesso com o gerenciamento da estratégia na era digital. Para cada questão, qualquer grau de concordância com a afirmação mais próxima de um representa uma oportunidade significativa de melhoria. Para cada afirmação considerada **completamente atendida**, coloque um X na frente da questão e depois conte o número de questões atendidas.

Questões	Avaliação
Temos uma visão clara por escrito que foi devidamente comunicada e é compartilhada por todos na empresa?	
Nossos principais valores são claros e estamos contratando, revisando, recompensando e disparando em torno deles?	
Nosso *core business* é claro e mantemos nosso pessoal, sistemas e processos alinhados e focados nele?	
O nosso objetivo de 5 anos (objetivo de negócio grande, de longo alcance) é claro, comunicado regularmente e compartilhado por todos?	
Nosso mercado-alvo (definição de nosso cliente ideal) é claro e todos os nossos esforços de marketing e vendas estão focados nele?	
Nossos 3 maiores diferenciadores são claros e todos os nossos esforços de marketing e vendas os comunicam?	
Temos um processo comprovado para fazer negócios com nossos clientes. Foi nomeado e ilustrado visualmente, e todos os nossos vendedores o utilizam?	
Todas as pessoas em nossa organização são as "pessoas certas" (elas se encaixam em nossa cultura e compartilham nossos valores essenciais)?	

Questões	Avaliação
Nosso organograma que inclui funções/responsabilidades é claro, completo e constantemente atualizado?	
Todos estão no "lugar certo" (eles "conseguem, querem e têm a capacidade de fazer bem ao seu trabalho").	
Nossa equipe de liderança é aberta, honesta e demonstra um alto nível de confiança?	
Todo mundo tem de 1 a 5 prioridades por trimestre e está focado nelas?	
Todos estão envolvidos em reuniões semanais regulares?	
Todas as reuniões são no mesmo dia e no mesmo horário da semana, têm a mesma agenda, começam no mesmo horário e terminam no horário?	
Todas as equipes identificam, discutem e resolvem claramente os problemas para o bem maior da empresa a longo prazo?	
Nossos processos principais são documentados, simplificados e seguidos por todos para produzir consistentemente os resultados desejados?	
Temos sistemas para receber feedback regular de clientes e funcionários, para que possamos sempre conhecer seu nível de satisfação.	
Um Scorecard para rastreamento de métricas/mensuráveis semanais está em vigor?	
Todos na organização têm pelo menos um número pelo qual devem prestar contas a cada semana?	
Temos um orçamento e estamos monitorando-o regularmente (por exemplo, mensalmente ou trimestralmente)?	
Minha organização mostra um alto nível de agilidade e adaptabilidade no processo de gestão da estratégia?	
A equipe de liderança sênior entende perfeitamente que "estratégia é um conjunto de premissas que devem ser verificadas em ação"?	
Durante a execução da estratégia, continuamente pesquisamos e respondemos às mudanças externas?	
Minha organização tem uma estrutura de execução de estratégia estabelecida, como Balanced Scoredcard ou similiar?	

Tabela 26 – Autoavaliação do processo estratégico.

Agora some todas as afirmativas consideradas atendidas e compare a soma das suas notas com avaliação a seguir.

SUA PONTUAÇÃO FOI: _____

- **Menor que 8 pontos:** Existe um alto risco de perda inesperada de vantagem competitiva e participação de mercado.
- **Entre 19 e 12 pontos:** Demonstra a necessidade de melhorias significativas.
- **Entre 13 e 16 pontos:** O plano já está bastante consistente, mas ainda apresenta espaço para algumas melhorias.
- **Maior que 17 pontos:** Processo de planejamento requer pequenos ajustes, mas consideramos que ele está bem estruturado.

A discussão do gerenciamento ágil deveria ocorrer dentro do contexto do gerenciamento estratégico, mas, atualmente, está mais alinhada com o tema de desenvolvimento de produtos, de processos e aplicado à construção de sistemas. Embora atraente em si mesma, essa visão um tanto de cima para baixo não é compartilhada por todos os praticantes ágeis, como pode ser deduzido do surgimento das filosofias de startups enxutas. Assim, o gerenciamento ágil de estratégico, conforme apresentado aqui (ASM), representa uma evolução das visões existentes sobre a estruturação de atividades de mudança que foram imbuídas de características e práticas ágeis.

CONHECENDO A FORÇA DAS FERRAMENTAS EM CADA ETAPA DO PROCESSO

Com o avanço da tecnologia, as organizações continuam enfrentando desafios, seja para garantir uma posição de destaque no mercado ou para atender às necessidades dos usuários. Essa situação geralmente é percebida pela unidade de inteligência de mercado. Ao longo dos anos, as ferramentas e métodos usados para gerenciar o departamento de informações foram testados e implementados em organizações de diferentes fontes. Por exemplo, podemos citar a análise SWOT (forças, fraquezas, oportunidades e ameaças), análise interna e externa do ambiente; ferramentas 5W2H para planos de ação organizacionais; ferramentas abrangentes para gestão da qualidade, como diagramas de Ishikawa e matriz de prioridade GUT (gravidade, urgência e tendência).

Diante de um cenário marcado por constantes transformações, as áreas de inteligência de negócio, bem como as organizações, precisam se manter atualizadas para que consigam atender aos desejos dos usuários/clientes. Nesses termos, a inovação no modelo de negócio é vista como uma das principais alternativas para contornar os desafios contemporâneos.

A inovação será um fator decisivo nos resultados e performance das organizações daqui para frente. Por sua vez, a expressão "inovar" pressupõe também a introdução de novas ferramentas e/ou soluções para as mais diversas situações que venham a ser detectadas no ambiente organizacional, e isso requer não somente a introdução de novos métodos de trabalho, mas também de um novo *mindset* da liderança e um novo modelo de gestão que incentive a criatividade e aceite o "erro bem-intencionado". Diante do exposto, nosso trabalho tem como objetivo identificar potenciais ferramentas e métodos atuais utilizados em gestão e negócios e que possuam potencial para complementar o processo de formulação e gestão estratégica.

A Tabela 27 – Ferramentas/Artefatos seus usos e potência – faz um resumo de todas as ferramentas, frameworks e artefatos apresentados na *Parte II – Conceitos: o que eu preciso saber para mudar*, caracterizando de forma descritiva e exploratória ao fazer uma identificação dos potenciais de cada ferramentas e/ou métodos de gestão e negócios que já estão sendo ou ainda possam ser aplicados na gestão estratégica, concentrando-se no potencial de uso, facilidade e eficácia. Para esta classificação do potencial, foram consultados especialistas, dirigentes organizacionais e, sobretudo, artigos que tratam da aplicação de ferramentas de gestão.

Ferramentas / Artefatos	Classificação	Mapa do futuro	Radar de tendências	Matriz de risco	Propósito + visão	Cartas da Visão	Apostas estratégicas	Squads	Kanban	OKRS	Comitê Agile Strategy	Digital Day	KPIs
Mapa stakeholders	FIRT	x	x		x	x		x	x	x	x	x	x
Análise Horizontes Estratégicos	DAPC	x	x		x	x	x			x			x
TEM - Think Experience Managment	FIRT		x		x			x					
BX - Business Experience	EIPC	x	x		x	x	x						
Inovação Experiência	EAPC	x	x		x	x	x						
Inovação Modelo Negócio	FIMT				x	x	x						
Desing Thinking	FIRT	x	x		x	x	x	x	x		x	x	x
Desubg Sprint	FSRT							x					
Desing Serviço	FIRT				x	x	x			x			
Oceano Azul	FSRT	x			x	x	x			x		x	x
Lean Startup (Iniciação Enxuta)	FIRL	x	x										
KANBAN	FIRT							x	x	x			x
Restrospectiva	FIRT							x	x	x			x
Mapa de empatia	FAMT				x			x			x		
SCRUM	FAPC							x	x	x	x		
Métodos Ágeis	EAPC	x	x	x	x	x	x	x	x	x	x	x	x
Live e Golden Cycle	FSRT	x	x		x			x	x	x	x	x	x
IKIGAI	EIMC	x	x		x								
Personas	FIMT				x	x	x						
Modelo Wartey Maps	FIRT	x	x		x								
Adventurous Thinking	DIPC				x								
LSP - Lego Serious Play	EAPC	x			x	x	x	x	x		x		
Point of You	EAPC				x						x		
KBV - A VRIO do Conhecimento	DAPT		x										
OKR e KPI	FIMT									x			
O cone do Futuro	EAMC	x	x		x	x	x						x
A Roda do Futuro	EAPT	x	x		x	x	x						
Future Wheel	EIMC	x	x		x	x	x						
6 Graus da Competição	EART						x						
Matriz de apostas estratégicas	EAPC						x						
Risco - Análise de Monte Carlo	DAPC		x				x	x		x			x
TRIZ - Teoria da Resolução dos Problemas Inventivos	DAPC	x				x	x						
Flywheel	FIMT	x	x		x	x	x						

Tabela 27 – Ferramentas/Artefatos: seus usos e potência.

Classificação: (CATE)			
Complexidade	**Aplicação**	**Tempo**	**Envolvimento**
F – Fácil	S – Superficial	R – Rápido	L – Líder
D – Difícil	A – Aprofundamento	M – Moderado	T – Time Gestor
E – Especialista	I – Bons Insighs	P – Planejado	C – Consultoria

Na primeira coluna temos todas as ferramentas apresentadas *na Parte II – Conceitos: o que eu preciso saber para mudar*. Na segunda coluna as ferramentas e/ou artefatos estão classificados pela nossa metodologia CATE – **COMPLEXIDADE** de uso da técnica apresentada, qualidade da resposta quando feita a **APLICAÇÃO**, ou seja, a profundidade da análise que ela permite alcançar, **TEMPO** para aplicação da técnica e, finalmente, o nível de **ENVOLVIMENTO** requerido para sua aplicação, sendo possível uma avaliação realizada individualmente pelo líder do processo ou requer apoio de consultoria especializada.

Conhecendo cada técnica apresentada na Parte II, com a Tabela de Ferramentas/Artefatos seus usos e potências, você pode definir para cada uma das FASES e ENTREGÁVEIS do modelo ASM, qual gostaria de utilizar para sua organização. A proposta da Tabela 27 é ajudar a você a identificar quais ferramentas, modelos e artefatos você deve utilizar e qual o nível de resposta das ferramentas. Por exemplo, o Mapa dos Stakeholders é uma ferramenta (F) fácil de utilizar, que traz (I) bons insights (conhecimentos) para a tomada de decisão, sendo (R) de rápida aplicação e não requer ajuda de consultoria especializada, mas deve ser trabalhada pelo time (T) de planejamento estratégico.

O Mapa de Stakeholders poderá ser aplicado nos seguintes entregáveis: Radar de Tendência, definição do Propósito, planejamento dos Squads, na definição das prioridades do Kanban, para estruturação dos OKRs, apoio na tomada de decisão do Comitê Agile Strategy e para avaliar e definir os KPIs.

Serão apresentadas daqui para frente as quatro fases que definem o caminho para a formulação (AS – Agile Strategy), implementação e controle (AM – Agile Management). As FASES são: Visualização, Design, Implementação e Governança, as quais compõem toda a estrutura do modelo ASM (Agile Strategy Management), com os seus respectivos ENTREGÁVEIS. Cada fase terá três entregáveis.

Por sua vez, os entregáveis são os artefatos, ou seja, as entregas principais que devem ser construídas para finalização da fase. São atividades obrigatórias para a construção do ASM.

Já as ferramentas complementares são métodos, metodologias e/ou boas práticas que auxiliam na condução dos entregáveis por fase. As ferramentas complementares não são exigidas no ASM, mas ajudam na construção e no raciocínio da implementação.

O MODELO DO ASM TERÁ A SEGUINTE ESTRUTURA

Fase 1: Visualização

Entregáveis: Mapa do Futuro, Radar de Tendências e Matriz de Risco.

Ferramentas Complementares: Mapa de Stakeholders, Métodos Ágeis, Kanban...

Fase 2: Design
Entregáveis: Propósito + Visão, Cartas da Visão e Apostas Estratégicas.
Ferramentas Complementares: TEM, BX, *Design Thinking*, LSP...

Fase 3: Implementação
Entregáveis: Squads, Kanban e OKRs.
Ferramentas Complementares: SCRUM, Lean Startup, Retrospectiva...

Fase 4: Governança
Entregáveis: Comitê Agile Strategy, Digital Day e KPIs.
Ferramentas Complementares: Mapa Stakeholders, Mapa de Empatia, Análise Horizontes Estratégicos...

Conforme as características do projeto, as etapas do processo de gestão estratégica ágil poderão ser ajustadas, não precisam assumir uma sequência fixa. É necessária uma análise/estudo para identificar a necessidade do público-alvo e experimentar soluções para resolver os problemas encontrados, mas sempre com foco no usuário, não apenas oferecer aquilo que já existe esperando pelo retorno e interesse do usuário. É importante sair da passividade e ser proativo, um produto ou serviço só tem um sentido real se for fazer alguma diferença, resolver e/ou atender à necessidade do usuário, ou seja, ser capaz de entregar valor ao seu cliente (sucesso do cliente).

A necessidade urgente de que as organizações sejam mais ágeis em seu processo de gestão da estratégia é a mensagem central deste livro e do modelo que propomos. Dito isso, devemos ser um pouco cautelosos ao aplicar religiosamente o pensamento ágil a cada etapa do processo.

A DIVERSIDADE DE PENSAMENTO NA CONSTRUÇÃO DE UMA NOVA ESTRATÉGIA

A cada dia, vemos com maior clareza que ter uma estratégia de dados nas organizações, juntamente ao tema da diversidade de seus quadros de colaboradores, será um dos fatores para desenvolvimento de estratégias diruptivas (inovadoras). O assunto tem se mostrado de extrema importância na agenda dos líderes organizacionais, pois são fatores para conseguir se atingir a alta performance e inovação.

Lima afirma que, antes de pontuar os ganhos de apostar nesse tema, é preciso lembrar sobre como nós, seres humanos, nos comportamos para propor soluções aos mais diferentes tipos de problemas. Segundo o autor, nosso cérebro, uma máquina biológica sem comparação, passou anos aprendendo diversas funções, como andar, comer, se proteger e outras. Porém, em nossas vidas, vários processos foram aprimorados, o que tem muito a ver com o ambiente em que estávamos inseridos, bem como com todas as experiências do passado. Dessa forma, a nossa maneira de pensar é quase digital, impressa, única e extremamente personalizada.

Infortunadamente, há um outro elefante dentro da sala

Figura 54 – A diversidade como oportunidade de inovação.

Pense em como seria um time com pessoas com praticamente as mesmas experiências e origens entre si (Figura 54). Não queremos dizer que esse grupo não será eficaz, mas levará em conta menos conceitos e variáveis na hora de resolver um desafio. Por outro lado, um time diverso, com pessoas de raízes diferentes, terá formas de raciocinar bem distintas, e isso com certeza levará o coletivo para novos caminhos. Assim, ficará muito mais perto de inovar e trazer resultados efetivos em relação à outra equipe.

O relatório Diversity Matters, da McKinsey, avalia que organizações dedicadas à diversidade e à igualdade de gênero são 15% mais propensas a terem performances superiores e esse número salta para 35% quando o assunto é diversidade étnica. Embora a correlação não seja igual à causalidade (maior diversidade étnica e de gênero na liderança corporativa não se traduz automaticamente em mais lucro), a correlação indica que, quando as empresas se comprometem com a liderança diversificada, elas são mais bem-sucedidas. Acreditamos que empresas mais diversificadas serão cada vez mais capazes de atrair e reter os melhores talentos. A diversidade será capaz de melhorar a orientação para o cliente e o engajamento dos colaboradores nas tomadas de decisões, e tudo isso leva a um ciclo virtuoso! O GPTW lançou o conceito de uma organização Great Place to Work For All (4ALL). Uma organização "For All" é uma organização na qual **qualquer pessoa**, seja ela quem for – ou seja, independente de gênero, idade, raça, orientação sexual, cargo, área, tempo de casa – **tenha uma experiência positiva do ambiente de trabalho**. Ou seja, o ambiente de trabalho e a cultura da empresa são excelentes para todos (e excelente no mesmo nível). É uma maneira simples de falar sobre diversidade.

ALINHE-SE COM O PENSAMENTO EXECUTIVO

Agora que você conhece todo o processo, é importante que você utilize a estratégia certa no momento correto para se alinhar com a maneira como os executivos de negócios pensam e tomam decisões (Figura 54). Para John Orvos, quando você se concentra em conversas com os executivos que permanecem alinhadas com seu pensamento, você pode guiá-los com elegância durante o processo de decisão para efetuar mudanças. Ao usar as estratégias deste livro como um guia, você vai mostrar a eles como podem se beneficiar, motivando-os a se juntar ao seu movimento de mudança.

Alinhe-se Com o Pensamento Executivo

	CONSCIÊNCIA DE ALGUM PROBLEMA?	CONHECIMENTO SOBRE O PROBLEMA?	HABILIDADE PARA SOLUCIONAR O PROBLEMA?	PLANO DE SUCESSO DA EMPRESA?
MENTALIDADE DE EXECUTIVA	"Estou indo muito bem e posso atingir meus objetivos".	"Eu não sei como esse problema se aplica a mim".	"Eu preciso ver como me beneficio de fazer uma mudança".	"Como alcançaremos resultados de negócios?"
ESTRATÉGIA	SOAR O ALARME	OLHE NO ESPELHO	COLOQUE EM EVIDÊNCIA	REALIZAÇÃO DO NEGÓCIOS ÁGIL
	"Nossa empresa está enfrentando novos desafios".	"Seu processo é parte do problema".	"É assim que o sucesso parece".	"Aqui está o plano de reforço".

Figura 54 – Alinhando o pensamento executivo.

Para resumir, as quatro estratégias acionáveis para alcançar agilidade de negócios são as seguintes:

- **"Soar o Alarme"**: provoca uma resposta por meio de uma declaração que chama a atenção para um problema específico da empresa que os executivos podem ter perdido.
- **"Olhe no espelho"**: educa e colabora com os executivos para revelar como seu modelo operacional está contribuindo para o problema geral da empresa e como eles precisarão ser parte da solução.
- **"Brilhe a luz"**: cria a visão para a mudança, destacando o que significa entregar valor ao cliente com um piloto que demonstra o sucesso da perspectiva do cliente.
- **"Realização de negócios ágeis"**: estabelece um modelo de reforço para manter os executivos responsáveis pelas mudanças e mantê-las ao longo do tempo.

Às vezes, você pode ser excessivamente zeloso ao ensinar a mecânica das formas ágeis de trabalhar. Evite essa tentação, não caia nesta armadilha! Ao presumir que um executivo está ciente de um problema e buscando aprender mais sobre como melhorar o modelo operacional de sua empresa/departamento, não prossiga imediatamente para compartilhar as maravilhas das formas ágeis de trabalho e sucesso em seu departamento de entrega ou outras organizações com o objetivo de demonstrar sua expertise no assunto.

Evite o erro de "saltar à frente", que é um problema comum para muitos defensores da transformação ágil que se esforçam para motivar os executivos a mudar. Isso vai sair pela culatra e aumentar os níveis de estresse dos executivos. Se você se mover muito rápido e se apressar "com as armas em punho" para adotar a agilidade nos negócios, criará resistência e, às vezes, ressentimento. Além disso, insistir para que seus executivos mudem o modelo operacional de sua empresa/departamento antes que eles tenham consciência ou conhecimento do problema minará sua confiança. Compreensivelmente, os executivos de negócios não estão realmente interessados em aprender um novo conjunto de linguagens e práticas ágeis até que percebam e reconheçam que vale a pena melhorar seus próprios objetivos. Além disso, saltar à frente coloca o executivo na posição desconfortável de ter que traduzir o que você está tentando dizer. Isso porque a mensagem não está na linguagem comercial com a qual eles estão acostumados. Qualquer pessoa precisa ter uma motivação pessoal antes de reservar um tempo para aprender os detalhes de um novo processo. O resultado é que você corre o risco de perder sua conexão com os executivos e seus esforços vão falhar.

Por outro lado, também existe o risco de ser muito cauteloso e supor que os executivos não percebam que há um problema em primeiro lugar. É mais do que provável que o executivo já conheça seu próprio negócio, portanto, você não contará nada de novo, pois é provável que ele tenha "consciência" de seus próprios problemas de negócio. Pise com cuidado aqui, pois eles vão se perguntar por que você está tentando ensinar-lhes algo que eles já sabem, a saber, suas próprias pressões de negócios. O que pode faltar é a compreensão e o conhecimento de que são parte do problema. Se você gastar muito tempo explicando um problema que o executivo já conhece, você criará frustração. Às vezes, você pode interpretar mal a mentalidade dos executivos e deixar de dar-lhes crédito pelo que já sabem. Você pode se debruçar muito sobre os problemas que a empresa está enfrentando e perder os pontos que mais importam para os executivos, deixando de oferecer insights e conhecimento sobre as restrições de seus processos ou ações que eles podem tomar para resolver esses problemas. Os já impacientes executivos vão interpretar sua falta de compreensão como um sinal de inexperiência, o que os faz sentir que suas reuniões são uma perda de tempo.

Este livro se baseia na premissa de que você pode criar mudanças em sua organização e obter agilidade nos negócios. Ao implementar o modelo de formulação estratégica ágil deste livro em alinhamento com a mentalidade de seus dirigentes, você poderá ter sucesso. Agora que você leu e entendeu as ferramentas e modelos de construção estratégica, que permitem agilidade aos negócios, você está pronto para criar mudanças reais e impactantes em sua empresa. A agilidade e a adaptabilidade ajudarão sua organização a se defender contra concorrentes revolucionários emergentes em um mundo digital. Isso também lhe dará visibilidade pessoal, o que pode impulsioná-lo também para o próximo nível em sua carreira.

É claro que adotar os conceitos aqui apresentados tem a ver com liderar mudanças, mas, conforme declarado ao longo do livro, criar mudanças é muito mais do que formar relacionamentos de confiança. Trata-se de ajudar outras pessoas a se conectarem a um novo estado ideal para que queiram melhorar sua situação. Trata-se de ajudá-los a perceber quais são os problemas e resolvê-los.

À medida que você implementa as abordagens deste livro, tenha em mente que isso representa uma maneira nova e empolgante de fazer negócios em sua organização. Com a informação e o conhecimento vem o poder, e com o poder vem a influência. A capacidade de identificar e aproveitar o poder da agilidade e adaptabilidade se traduzirá em vendas aumentadas e mais lucro para sua empresa. Agora, você está a caminho de uma carreira mais gratificante! Bem-vindo à transformação, bem-vindo à jornada!

ASM – CONSTRUINDO UMA ESTRATÉGIA ÁGIL E ADAPTATIVA

Nosso modelo para construção de uma Gestão Estratégica Ágil (Agile Strategy Management), representado na Figura 55, demonstra as FASES e ENTREGÁVEIS do processo. Vamos descrever, com exemplos e sugestões de trabalho, e até mesmo com uma maior profundidade conceitual cada um destes passos da metodologia, que você poderá aplicar com a sua equipe. Nosso objetivo não foi de apresentar um caderno de trabalho, com formulários predefinidos, mas um conjunto de elementos de referência para que você possa aplicar o conceito de forma prática.

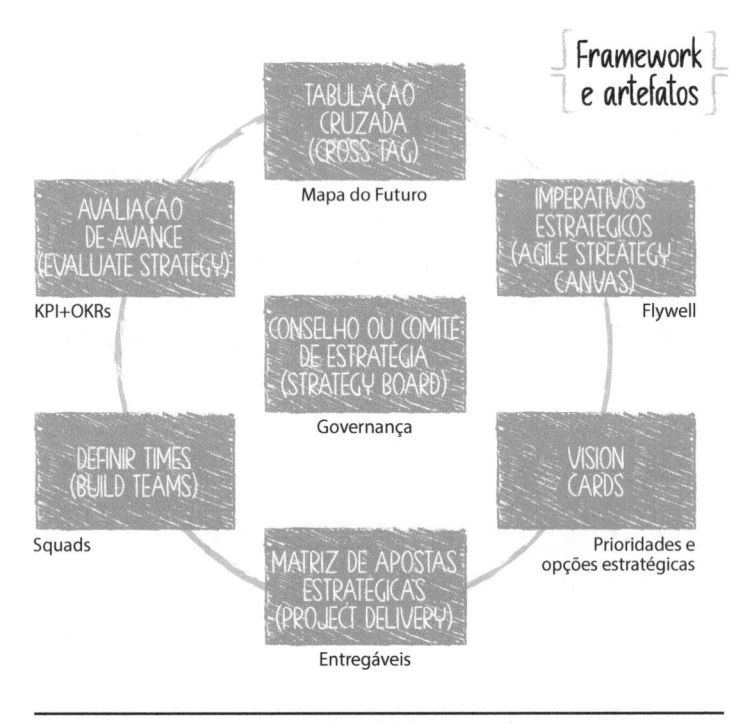

Framework e artefatos

- TABULAÇÃO CRUZADA (CROSS-TAG) — Mapa do Futuro
- IMPERATIVOS ESTRATÉGICOS (AGILE STRATEGY CANVAS) — Flywell
- CONSELHO OU COMITÊ DE ESTRATÉGIA (STRATEGY BOARD) — Governança
- VISION CARDS — Prioridades e opções estratégicas
- MATRIZ DE APOSTAS ESTRATÉGICAS (PROJECT DELIVERY) — Entregáveis
- DEFINIR TIMES (BUILD TEAMS) — Squads
- AVALIAÇÃO DE AVANCE (EVALUATE STRATEGY) — KPI+OKRs

Figura 55 – Modelo de Gestão Estratégica Ágil (Agile Strategy Management).

FASE 1 – VISUALIZAÇÃO

Queremos liberar o poder do processo evolutivo, que inclui experimentar e testar muitas ideias e conceitos. Mas se não criarmos contornos, podemos atingir um alto nível de entropia criativa. Em termos práticos: a estratégia original do Instagram era fornecer um aplicativo que permitisse fazer check-in, fazer planos (para registro futuro), passar tempo com amigos, tirar fotos e muito mais para ganhar pontos. Com o tempo, eles definiram contornos mais claros e se concentraram em um mote, que é tirar e compartilhar boas fotos. Se ainda estiverem abertos para desenvolver todos esses recursos, é provável que encontrem sérios problemas de desatenção ou entropia criativa excessiva.

O trabalho de esclarecer as prioridades e expectativas de todos é o que chamamos de contorno. Este não é um plano sofisticado de longo prazo. Existem dezenas de metas, cronogramas e resultados esperados. Isso causará mais confusão do que clareza. Parece simples, mas envolve esforço contínuo, não apenas uma vez. Duas abordagens podem ser enfatizadas aqui: 1) Crie funções que sejam mais granulares do que posições e funções (difusas e gerais); e 2) atualize-as regularmente para refletir a realidade atual da organização. Esta é uma abordagem em estruturas como Holocracia[6], Sociocracia[7] e O2[8], as quais ajudam a fornecer clareza.

Utilizar de maneira correta a abordagem OKR ou criar uma modelagem simples sobre o que é mais prioritário para os próximos 3 meses pode ser uma boa prática para alinhamento das equipes, e nunca as associe à remuneração ou avaliação de desempenho. Esse horizonte mais curto e a simplicidade da regra/objetivo ajudam muito em contextos VUCA/BANI. Detalhe importante, tanto definir claramente os papéis quanto implantar OKRs não pode ser um processo puramente top-down, pois isso iria contra a auto-organização e contra a busca de dar autonomia e protagonismo aos colaboradores. Recomendamos nesta fase que a organização estabeleça ao menos 3 entregáveis.

VISUALIZAÇÃO – ENTREGÁVEL: MAPA DO FUTURO

A primeira etapa de um planejamento estratégico ágil e adaptativo é prospectar o futuro. Estamos falando de combinar

---

6 Holacracia é um sistema organizacional no qual a autoridade e a tomada de decisão é distribuída a uma holarquia de grupos auto-organizados, abrindo mão, assim, da corrente hierarquia vigente.

7 Sociocracia, também chamada de "governança dinâmica", é um sistema de governo, encontrado na Democracia participativa, no qual as decisões são tomadas considerando-se a opinião dos indivíduos de sua sociedade.

8 A O2 é uma tecnologia social que ajuda organizações a se tornarem mais adaptativas, auto-organizadas e focadas no propósito.

análise de dados rigorosa, cenários e mapeamento para gerar previsões para uma tomada de decisão mais confiável.

O que vem à mente quando você lê "pensar estrategicamente"? Se lembrarmos de grandes estrategistas de guerra como Napoleão Bonaparte e Júlio César, estratégia é enganar o inimigo, quase uma dissimulação. Em um jogo de xadrez, o movimento de cada jogador é uma etapa de cálculo, ou seja, movimentar as peças de xadrez para atingir objetivos futuros e sempre estar atento aos movimentos e realizar contra-ataques. Quando pensamos em estratégia, o que essas duas situações têm em comum? Muitos dos maiores conflitos da história não foram vencidos por mais tropas, mas por tropas com melhores estratégias. Na Batalha de Alesia em 52 a.C., 70.000 soldados sob o comando de Júlio César derrotaram um regimento de mais de 250.000 soldados liderados pelo gaulês Vercingetórix.

No xadrez e na batalha, para derrotar um oponente, é preciso imaginar o que ele fará, antecipar, enxergar o movimento antes que ele se pareça óbvio demais, ou ainda será preciso projetar jogadas para que que levem o oponente (concorrência) a erros. Ou seja, em ambos os casos, o futuro deve ser considerado. Se o pensamento estratégico é a diferença entre ganhar e perder o xadrez ou a guerra, qual é o poder do pensamento estratégico na empresa? O pensamento estratégico é pensar no futuro. Em uma empresa, isso significa prever mudanças de mercado, identificar oportunidades emergentes, prever riscos e outros fatores. Nas organizações que desejam ter sucesso em seu setor, pensar no futuro é essencial e imperativo. Siga o raciocínio: o sucesso é simplesmente o resultado de pensar sobre como a empresa atinge seus objetivos, não apenas reagindo às condições ambientais internas e externas. Portanto, pensar no futuro significa tomar uma série de decisões sobre quais ações tomar para obter os resultados esperados, ou seja, tomar a iniciativa e ser proativo.

É útil pensar sobre o que pode ter mudado, estar mudando ou será mudado nas áreas de tecnologia, economia, mercados, política, direito, ética e sociedade. A seguir temos um mnemônico[9] – TEMPLES (Figura 57) – para ajudá-lo a se lembrar.

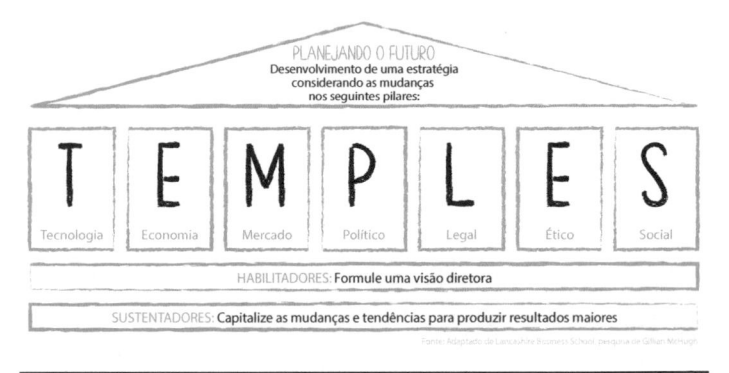

Figura 57 – Avaliando o ambiente.
(Fonte: Adaptado de Lancashire Business School, pesquisa de Gillian McHugh.)

---

9 Diz-se de técnica ou exercício que ajuda a desenvolver de a memória e facilita a memorização.

Simon Wootton e Terry Horne sinalizam algumas questões que podem ser tratadas nesta discussão:

Tecnologia
- Como as melhorias nos métodos de comunicação mudarão a maneira como você trabalha com seus clientes, fornecedores e funcionários?
- Como você será afetado pela banda larga de alta velocidade?
- Como você será afetado pela nanotecnologia?
- Como você será afetado pela realidade virtual?
- Como você usará máquinas inteligentes (em oposição à inteligência de máquina)?
- Como você será afetado quando o equipamento ficar obsoleto em dois anos?
- Como você será afetado quando a venda e a persuasão se tornarem baseadas no cérebro?

Economia
- Como os movimentos nos principais indicadores econômicos afetariam você; por exemplo: desemprego, queda da inflação, aumento das importações, recessão dupla, taxas de juros baixas, crédito limitado e mais graduados em busca de trabalho?
- Taxas de câmbio – como elas afetarão você ou seus clientes?
- Qual será o impacto do crescimento econômico na China, Índia, Rússia e Brasil?

- O seu crescimento é restringido por uma falta de habilidades de pensamento?
- Quem tem poder de compra? Pessoas mais velhas? Pessoas mais jovens? Governo?
- Quais departamentos governamentais têm planos de aumento ou redução de gastos? Como isso afetará você? Eles serão alterados por mudanças políticas?
- Como os custos e a produtividade de seus funcionários se comparam aos dos benchmarks?
- Você entende o conceito de comércio justo? O comércio ético tem implicações para suas próprias políticas de marketing ou compras?

Mercado

- Qual é o tamanho do seu mercado? Quantos concorrentes existem?
- Onde estão seus concorrentes? Na América do Sul? Europa Oriental? África? Ásia? A sua lucratividade está ligada à escala da sua operação? As empresas maiores lucram mais neste mercado do que as menores?
- É necessário muito capital para entrar neste mercado? Quão fácil seria para um novo participante encontrar o capital inicial?
- Sua empresa precisa de canais de distribuição específicos? Em caso afirmativo, eles são vulneráveis ao controle de um concorrente?

- A sua organização fornece serviços ou produtos exclusivos? Seus clientes poderiam obter os benefícios que obtêm de seu produto de outra maneira?
- Com que facilidade alguém poderia copiar o que você faz?
- Até que ponto seus serviços ou produtos são substituíveis?
- Seus concorrentes estão crescendo ou diminuindo?
- Como seus concorrentes começam a fazer negócios?
- O principal ponto forte de seus concorrentes é a confiabilidade de seu serviço? Eles facilitam a vida dos clientes?
- Seus concorrentes fornecem uma gama de produtos ou serviços que atendem totalmente às necessidades, desejos e expectativas de seus clientes? Ou seus clientes têm áreas de necessidades não atendidas ou insatisfação?

Política
- Como poderia as mudanças políticas no nosso país e nos países estrangeiros ter implicações para seus clientes ou seu negócio?
- Como você poderia ser afetado por um colapso da boa governança em um de seus mercados, por exemplo, o colapso da ordem judicial? Terrorista ou outra insurgência? Cancelamento de ajuda internacional? Restrições de viagens ou sanções comerciais?

Legal
- Que legislação ou regulamentação nova ou proposta pode afetar você?
- Como você será afetado por mudanças em:
  - leis trabalhistas?
  - regulamentos de mudança climática?
  - legislação de saúde e segurança?
  - concurso competitivo obrigatório?
  - leis sobre monopólios ou comportamento anticompetitivo?
- Os órgãos reguladores ou grupos de pressão desenvolverão políticas que afetam você?
- O que sua autoridade local está tentando mudar, por meio de seu departamento de planejamento, subvenções empresariais ou esquemas de desenvolvimento comunitário?
- A legislação existente protege você da concorrência? Isso te ajuda contra concorrentes? Você vê alguma mudança que faria sua posição menos segura?
- Você depende de tarifas favoráveis que não podem ser renovadas?
- Existem novas barreiras não tarifárias no horizonte?

Éticos
- Seus principais concorrentes estão promovendo uma imagem verde?

- Como as questões ambientais e sociais (ESG) afetarão sua organização?
- Você está reciclando sempre que possível?
- Você cuida da saúde e do bem-estar do seu povo?
- Você está pensando em alterar suas fontes de matéria-prima?
- Que grupos de pressão podem se interessar por suas atividades?
- Você promove um tratamento justo para todos, independentemente de cor, cultura, religião, raça, sexo, sexualidade ou idade?
- Você tem uma política de gerenciamento de estresse?
- Você será afetado por grupos de pressão que defendem o comércio justo e questões de direitos humanos?
- Como os acordos sobre comércio justo ou equidade e sobre questões de direitos humanos afetarão sua organização, seus clientes ou seus fornecedores?

Sociedade
- Você envolve funcionários e clientes nas decisões que os afetam?
- O seu pessoal, ou os seus clientes, esperam uma melhoria da qualidade de vida no trabalho, em casa e no ambiente geral?
- Preocupa-se com roubo, crime automobilístico, vandalismo, falta de moradia ou terrorismo?

- É provável que a migração econômica afete seus funcionários ou clientes?
- Qual será o impacto da mudança dos padrões de vida familiar (por exemplo, um dos pais ou famílias com um único filho, ou onde ambos os parceiros são empregados)?
- O trabalho em meio período, os contratos de curto prazo e a subcontratação aumentarão?
- As mudanças no lazer, nas férias e no estilo de vida afetarão você?
- Existem implicações do rápido aumento da idade média dos clientes ou trabalhadores?
- Quais são as implicações agora que a doença mental se tornou a causa número um de morte prematura ou deficiência?
- Qual é o impacto de novas ameaças à saúde e ao bem-estar?

VISUALIZAÇÃO – ENTREGÁVEL: RADAR DE TENDÊNCIAS

O radar é um produto das reuniões presenciais, que funciona como um resumo conciso das discussões da organização em um formato que procura oferecer uma visão sobre os principais fatores que influenciarão o futuro dos negócios.

Como construir seu radar?
1. todos os participantes devem listar suas percepções em post-its e posicioná-las em uma representação

gráfica do radar (pode ser um quadro branco dividido em quadrantes ou anéis);
2. uma pessoa é escolhida como facilitadora; então, agrupa itens repetidos ou parecidos, em grupo, discute-se cada um dos itens, decidindo em conjunto se cada um deles deve permanecer no radar e em que posição;
3. uma pessoa é escolhida para escrever, para cada item, uma descrição breve sobre a discussão em torno dele;
4. cada cenário validado deve receber uma das 3 qualificações a seguir: a – tendência consolidada (deve fazer parte do nosso plano estratégico), b – incerteza crítica (já temos alguns fatos relevantes e começamos a identificar um padrão no mercado ou tendência, o qual deve ser monitorado) e c – fato relevante (algumas evidências isoladas, mas ainda não se configurem algo que devemos estar preocupados).

Além de ser uma ótima desculpa para ter conversas apaixonadas sobre o futuro e seus impactos no negócio, o radar de tendências é uma ótima ferramenta para ponderar risco e adoção, alinhar expectativas e experiências, e construir uma visão unificada de tecnologia, hábitos do consumidor, fatores políticos, econômicos e sociais que poderão impactar os negócios. Além disso, o radar funciona como uma ferramenta de análise e monitoramento contínuo. Quando incorporado à gestão estratégica, esse processo passa a ser um grande aliado para tomada de decisões, que passam a ser mais fundamentadas e coerentes.

VISUALIZAÇÃO – ENTREGÁVEL: MATRIZ DE RISCO

No mundo corporativo, a matriz de risco é inevitável. A empresa enfrenta riscos operacionais diários ao gerenciar vendas, comunicação, parceiros, concorrentes etc. Não importa a qual setor sua empresa pertence, a pergunta mais importante que você deve se fazer é: O que pode dar errado?

Na operação de qualquer empresa, é inevitável que erros e riscos permaneçam entre os setores e unidades de negócio. A equipe é frequentemente afetada por riscos. Adquirir conhecimentos e ferramentas é essencial para avaliar e controlar cada situação.

A análise de risco pode ser descrita como o processo ou método de identificação e análise de eventos que podem ter um impacto negativo sobre pessoas, ativos, meio ambiente, processos e procedimentos. O objetivo desta atividade é analisar detalhadamente cenários e situações específicos que podem impactar a empresa e os resultados. Esse processo pode ser feito de várias maneiras, dependendo dos padrões de risco e conformidade aplicáveis ao setor ou negócio.

Na matriz, um risco é considerado por dois critérios: sua probabilidade de acontecer e o impacto que trará para empresa. Ao avaliar um risco que é uma ameaça, determinamos o nível de probabilidade e o impacto, e assim como num jogo de batalha naval, a matriz utilizará as linhas e colunas para determinar a criticidade do risco, que pode ser baixa, média ou muito alta. A avaliação para classificar a probabilidade e o impacto dos seus riscos vai depender do contexto da sua organização, do tipo do risco e do nível de conhecimento que sua equipe tem sobre o risco

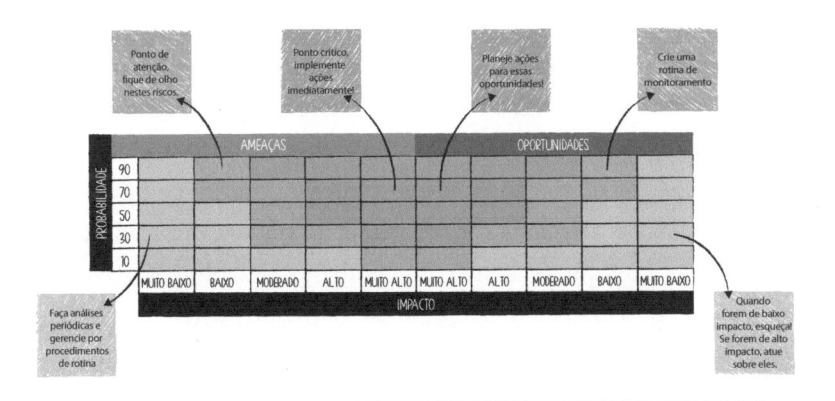

Figura 58 – Matriz de risco estratégico.

O gerenciamento de riscos é tão ou mais importante quanto lidar com não conformidades, pois desempenha um papel muito importante em seu sistema de melhoria e visa tornar seu processo mais eficaz. Se o sistema de melhoria e gestão de risco não o fez, é melhor reavaliar seu processo ou as ferramentas que você está usando, porque algo deu errado!

Por meio de entrevistas com funcionários, os riscos geralmente são mapeados em uma matriz de riscos. Isso mostra apenas as informações e opiniões sobre riscos. Mas a ideia aqui é melhorar sua percepção de risco face a face com o conhecimento do mercado. Conecte profissionais de mercado experientes com sua equipe por meio de reuniões, entrevistas ou seminários para revelar informações valiosas sobre sua organização.

O problema é que, muitas vezes, as equipes trabalham isoladas em seus respectivos departamentos, o que dificulta a troca de experiências, reduzindo o risco. Trazer conhecimento externo para dentro da empresa dissemina conhecimentos táticos e une estratégias.

Estude o mercado e concorrentes à procura de padrões e tendências relacionados aos riscos da sua organização. Relatórios e pesquisas de mercado podem passar despercebidos em seu processo de revalidação da matriz de riscos. Um benchmark focado em processos ou departamentos específicos pode fornecer melhorias para suas métricas.

DICAS PARA MANTER O FOCO NA AGENDA!

Icebreaker

São as atividades chamadas de quebra-gelo. Andy Barbosa e Mayara Souza, do Agile Institute, recomendam utilizar esta técnica na abertura de um evento de planejamento, ou no início de alguma atividade em equipes, tendo como objetivo criar um ambiente mais amistoso e de aproximação entre as pessoas. Como Icebreaker, utilize atividades que façam as pessoas se apresentarem com seus nomes, características, histórias, apelido, manias, hobbies, dentre outros.

Energizer

São atividades que devem ser aplicadas quando você percebe que o grupo perdeu energia, está com expressão de cansaço, tenso ou estafado, dependendo da profundidade do assunto e da discussão.

Para *Energizer*, utilize atividades que façam as pessoas se movimentarem, sejam mais engraçadas, pois faz com que gere mais endorfina e proporciona um gás para o organismo das pessoas e continuidade dos trabalhos.

Os benefícios de utilizar atividade de *Icebreaker* e *Energizer:*

- propiciar um ambiente positivo e descontraído;
- divertir e envolver as pessoas;
- promover interação, diálogo, integração e socialização;
- energizar e motivar as pessoas;
- melhorar o entrosamento e confiança das pessoas;
- promover a autenticidade e liberdade das pessoas;
- reduzir distâncias e barreiras;
- criar um ambiente de empatia, aceitação e conexão.

Você encontra na internet diversos sites que podem lhe auxiliar a ter ideias de como energizar e quebra-gelo durante em sua facilitação. Busque, leia e adapte de acordo com sua necessidade, local e perfil dos participantes. Tente também criar as suas próprias dinâmicas.

FASE 2 – DESIGN

A estratégia existe em um ambiente aberto e dinâmico, em que os resultados são frequentemente afetados por eventos exógenos, e os resultados definitivos podem não ser conhecidos por um longo período. Você não pode quebrar a estratégia em pequenos pedaços e constantemente reavaliar e mudar o plano, uma vez que cada parte da estratégia está interconectada de várias maneiras; mudar um terá consequências imprevistas no resto.

Como resultado, a estratégia evolui mais rapidamente. Como toda estratégia é considerada e alterada com base no ambiente e no impacto que a mudança traz, a agilidade responde à pergunta: "O que precisamos fazer e mudar para atender a esse conjunto de demandas?", enquanto a estratégia responde à pergunta: "O que estamos fazendo ainda é relevante no ambiente atual?". É preciso definir requisitos e o desenvolvimento e se adaptar a eles. O ambiente define os requisitos e você deve se adaptar.

Definir um mapa ou um ponto de chegada (ambição estratégica ou visão) é fundamental para sua organização, algo que dê solidez em um mundo volátil. O melhor que encontramos até hoje é um propósito claro e engajador. Alguns chamam de PMT (Propósito Máximo Transformador), outros de Propósito Evolutivo. É uma maneira de expressar o impacto positivo que se quer causar na sociedade e no mundo. Se ele não está na cabeça das pessoas e é usado como uma bússola para as decisões do dia a dia, pode ter certeza de que não é esse o propósito que estamos falando.

A ESSÊNCIA DA ESTRATÉGIA

FAZER ESCOLHAS ENTRE ALTERNATIVAS DE NEGÓCIOS, VISANDO MAXIMIZAR RESULTADOS DESEJADOS

DECIDIR ONDE APLICAR RECURSOS LIMITADOS ($, GENTE, TEMPO, ETC.), DISPONÍVEIS OU MOBILIZÁVEIS

NA ESSÊNCIA, É DECIDIR SOBRE INVESTIMENTOS

Figura 58 – A essência da estratégia.

O posicionamento estratégico deve ser algo sólido, seja atuando em um nicho de mercado, por exemplo, ou oferecendo uma experiência de compra única. Você pode definir ou aspirar essa posição, definindo de maneira deliberada o que será feito. Mas cuidado: as incertezas são enormes. Uma das poucas ferramentas que estão começando a ser utilizadas nas organizações e pode ajudar a mapear possíveis posições em um mercado que muda rapidamente é o mapeamento dinâmico da cadeia de valor, chamado de Wardley Maps. Trata-se de um processo de tomada de decisões estratégicas (a liderança) com base no objetivo (o jogo), uma descrição do cenário competitivo (um mapa), as forças externas que atuam no cenário (ambiente) e o design de sua organização (valores).

Abordagens menos preditivas são os já consagrados Business Model Canvas e Value Proposition Canvas, que também podem ser de grande utilização nesta fase. São ferramentas importantes para explicar suposições e ajudar na comunicação entre os membros da organização. O trabalho atual ainda é encontrar essa base estratégica sólida em um mundo turbulento. Observe que trocamos planos detalhados de ferramentas para aumentar nossa compreensão dos desafios e, ao mesmo tempo, reduzir a ambiguidade. A descoberta também pode ser feita por meio de ações intuitivas. Muitas empresas de sucesso nasceram dessa maneira. A plataforma de chat do Slack foi criada por uma empresa de jogos que precisava melhorar a comunicação. Ao resolver seus problemas internos, eles descobriram um nicho de negócios incrível. Nenhuma intenção.

Agora, aqui, devemos fornecer alguma clareza em torno das definições. Uma raridade no mundo da estratégia é que nunca houve uma definição universalmente aceita do termo estratégia. Portanto, as pessoas podem argumentar que "a estratégia está morta", mas raramente fica claro o que exatamente elas estão enviando para o cemitério. A estratégia é um lugar final? Um conjunto de opções e planos para chegar a esse destino? Ou uma combinação desses – ou algo mais?

Recomendamos, nesta fase do processo, que a organização estabeleça ao menos 3 entregáveis.

DESIGN – ENTREGÁVEL: PROPÓSITO E VISÃO

Uma pergunta fundamental para todas as organizações responderem é: "Por que existimos?". Muitos descartariam essa questão casualmente com "Para ganhar dinheiro e entregar valor ao acionista" (se for uma organização comercial) e, para qualquer empresa, "Entregar um produto ou serviço a um cliente".

Bem, sim, mas essa não é toda a história. Portanto, talvez a principal questão estratégica que os executivos seniores devam fazer constantemente seja o que chamamos de questão de "relevância": o que estou fazendo ou vendendo ainda é relevante e será relevante daqui a cinco ou dez anos? Relevância significa questionar constantemente se a forma como a função está sendo realizada está ameaçada, bem como a estratégia e sua hipótese de execução.

A adaptabilidade é necessária, que é essencialmente o que a evolução é (a evolução nunca é ágil). A formulação da declaração de visão é a etapa mais importante no processo de planejamento da estratégia. A visão é a âncora para todo pensamento subsequente – até a identificação dos objetivos, medidas, metas e iniciativas estratégicas. A visão deve descrever precisamente o que a organização deseja alcançar por meio de sua estratégia: o objetivo final e o sonho grande.

Criar uma causa
Mais que uma marca forte

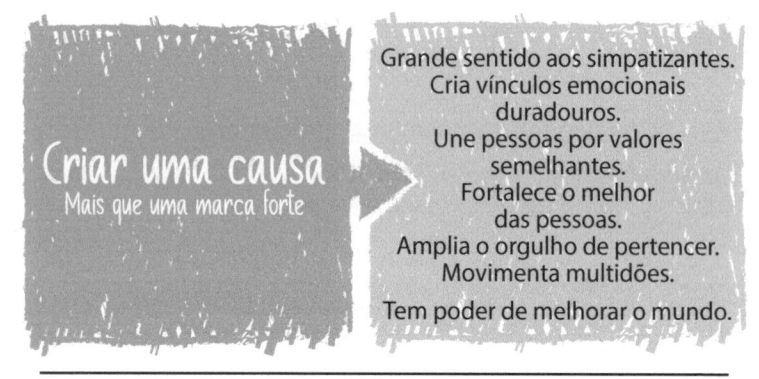

Grande sentido aos simpatizantes.
Cria vínculos emocionais duradouros.
Une pessoas por valores semelhantes.
Fortalece o melhor das pessoas.
Amplia o orgulho de pertencer.
Movimenta multidões.
Tem poder de melhorar o mundo.

Figura 60 – Propósito: criar uma causa.

Elaborar uma declaração de propósito significativa e convincente é uma das coisas mais poderosas que você pode fazer pela sua organização. No entanto, você precisa sempre acreditar e praticar. Caso contrário, é apenas um slogan legal! E sua organização pode sofrer de falta de caráter organizacional em não atuar de forma contrária a qual divulga no mercado.

Essas são novas maneiras de expressar o impacto positivo que uma organização pode ou deseja ter no mundo. Se não estiver na mente das pessoas, se não for usado como base para a tomada de decisões, certifique-se de que esse não é o "propósito" de que estamos falando.

Precisamos estar cada vez mais conscientes de como as coisas são imprevisíveis e complexas. Todos os planos devem ser vistos como uma visão atual de como as coisas seriam feitas se algo pudesse ser feito agora. Seria o equivalente a um experimento mental de trabalhar hipóteses e traçar oportunidades.

Um plano não é mais uma receita testada e aprovada de como devemos agir no futuro, tornando este um exercício opcional e, muitas vezes, desnecessário.

PROPÓSITO

SUPERMERCADO RENA Ajudar as famílias a abastecerem suas mesas com alegria, paz, amor e união!	**RESERVA** Ser um exemplo mundial de como a moda pode transformar a sociedade.
GSA EDUCACIONAL Ser o ponto de encontro de pessoas sonhadoras que desejam se conectar, desenvolver seu potencial e transformar vidas.	**SENIOR** Potencializar pessoas e impulsionar negócios. **PHILLIPS** Tornar o mundo mais saudável.
NATURA Somos apaixonados pela cosmética e pelas relações.	**UNILEVER** Tornar corriqueira a vida sustentável.
APPLE Por quê: Tudo o que nós fazemos é desafiar o que está no mercado e fazemos pensando diferente.	**NIKE** Levar inspiração e inovação a cada atleta do mundo. **MICROSOFT** Ajudar indivíduos e empresas a realizarem seus plenos potenciais.
SPOTIFY Música para todos	

Figura 61 – Exemplos de propósitos.

Uma forma interessante de desenvolver o seu PROPÓSITO organizacional é utilizar o framework do IKIGAI (apresentado na Parte II). No Japão, país com grande número de centenários, há uma crença de que a longevidade e a saúde estão diretamente relacionadas à satisfação de se estar fazendo aquilo que ama e que está de acordo com seus princípios mais intrínsecos. Steve Jobs já dizia: "O trabalho de uma pessoa preenche boa parte da vida dela, portanto, ela deve fazer algo que ame". Neste caso, nossa proposta é usar de forma positiva o IKIGAI, uma filosofia pessoal, e transformá-la em uma filosofia empresarial.

Estamos em um momento que exige diariamente ações criativas e inovadoras. Como exemplo, de forma didática, podemos tentar exemplificar usando como referência uma análise (fictícia) de uma empresa de cosméticos.[10] Entendemos que a beleza é um dos ramos que em meio a crise se reinventa e tenta levar uma mensagem aos seus consumidores, a não deixarem a autoestima de lado, cuidar do corpo, da pele, da estética. Dessa forma, ela pode unir os quatro pontos estratégicos IKIGAI e implantar na estratégia empresarial um posicionamento mais relevante, por exemplo:

- PAIXÃO – A empresa precisa transmitir ao consumidor o amor pelo que produz, alinhando uma mensagem positiva e que o fidelize.
- PROFISSÃO – O marketing da divulgação, pesquisar recursos para profissionalizar, análise do briefing de público-alvo. Estudos para inovar e conhecimento para gerar novas ideias. Formar bons profissionais aptos para conduzir e alcançar resultados positivos e promissores.
- VOCAÇÃO – Ser assertivo na seleção de colaboradores. A vocação está unida à paixão, é algo que nasce

---

10 TORRES, Beatriz. Ikigai: Alinhe seu negócio à sua missão de vida. [online]. Disponível em: https://capitalsocial.cnt.br/. Acesso em: 12 mar. 2021.

com o ser humano e juntamente com a paixão há um desafio na elaboração de bons produtos. Seja organizações ou pessoas, para ser escolhido pela seleção natural, é necessário se adaptar às mudanças deste mundo em que vivemos. Isso significa que é necessário adaptar-se para continuar prosperando.

- MISSÃO – Oferecer produtos de excelência, sustentabilidade, qualificar colaboradores, cumprir prazos e pontualidade na entrega.

Ter um negócio alinhado ao seu IKIGAI é a chave para o sucesso. O sucesso, aqui, não deve ser apenas visto como ganhar muito dinheiro ou enriquecer em pouco tempo. Sucesso, nesse sentido, significa trabalhar naquilo que ama, trabalhar em algo que esteja alinhado à nossa essência, aproveitando ao máximo as nossas capacidades e, como consequência, garantindo a satisfação de outras pessoas também. Empreendedores que fazem aquilo que amam, que está diretamente ligado aos seus desejos mais internos, possuem uma chance de sucesso muito maior.

Veja o caso da Ânima Educação! Há 18 anos surge como um grande ecossistema composto por pessoas que querem construir os sonhos do futuro. Com o propósito de "Transformar o Brasil pela Educação", a Ânima é, atualmente, o maior e mais inovador ecossistema de educação de qualidade do país. É o 3º maior player privado educacional do Brasil, listado no segmento de Novo Mercado, e soma mais de 330 mil alunos, aproximadamente 17 mil educadores e 26 instituições distribuídas em 12 estados, nas regiões Sudeste, Sul, Nordeste e Centro-Oeste, em mais de 100 unidades, além de contar também com o Instituto Ânima. O portfólio da companhia ainda inclui marcas especialistas em áreas do conhecimento como HSM, HSM University, SingularityU Brazil, EBRADI (Escola Brasileira de Direito), Le Cordon Bleu – São Paulo, Inspirali e Learning Village, primeiro hub de inovação e educação da América Latina.

A história da Ânima começou em 6 de maio de 2003 com a aquisição da Minas Gerais Educação Ltda., mantenedora do Centro Universitário Una, em Belo Horizonte. Já em 2006, a Ânima deu um novo passo para o seu desenvolvimento com a chegada ao grupo da Associação Educacional do Litoral Santista – AELIS, criada em 1971 e mantenedora do Centro Universitário Monte Serrat, conhecido como Unimonte.

Em 2009, a companhia ampliou sua presença em terras mineiras, passando a ter entre as suas instituições o Centro Universitário de Belo Horizonte, o UniBH, outra tradicional escola de educação superior da capital mineira.

Em 2013, além de adquirir 100% de participação da HSM, empresa líder em educação executiva e referência em toda a América Latina na realização de grandes eventos de gestão empresarial, a Ânima estreou suas ações na Bolsa de Valores, no segmento de Novo Mercado, considerado o de mais elevado grau de governança corporativa.

Em 2014, a Ânima adquiriu a Universidade São Judas, em São Paulo, uma das mais tradicionais instituições de ensino superior do estado paulista, também reconhecida por seu forte rigor acadêmico, alta qualidade de seus cursos e um corpo docente e técnico administrativo altamente capacitados.

O ano de 2016 representou um marco importante na rota de evolução da Ânima. A companhia viveu uma temporada marcada por muitas novidades, que consolidaram os esforços para a ampliação de sua atuação e da busca por levar seu propósito para um número ainda maior de brasileiros. A aquisição da Sociedade Educacional de Santa Catarina (Sociesc), de Joinville (SC), marcou o início das operações no eixo Sul do País. No mesmo ano, a Ânima realizou a compra da Alis Educacional e, também, da Faculdade Politécnica de Uberlândia, instituições que foram vinculadas à marca Una posteriormente. Neste mesmo ano, a São Judas manteve seu caminho de expansão no estado de São Paulo com a inauguração de três unidades na Capital: Paulista, Santo Amaro e Jabaquara, além de fincar sua marca na região da Baixada Santista, a partir da transformação da Unimonte (adquirida em 2006) em Centro Universitário São Judas Tadeu | Campus Unimonte. Além disso, a companhia realizou a compra do Centro de Ensino Superior de Catalão (CESUC), universidade do interior goiano, e da Faculdade Divinópolis (Faced), no centro-oeste mineiro, instituições que foram integradas à marca da Una. E no Sul, adquiriu a Faculdade Jangada, em Jaraguá do Sul (SC), que foi vinculada à UniSociesc.

Em 2018, firmou parceria com a secular rede internacional de culinária francesa Le Cordon Bleu, inaugurando, em

São Paulo, a primeira escola do instituto no Brasil. Além disso, implementou o ensino referenciado por competências, chamado de Ecossistema Ânima de Aprendizagem (E2A). Foi a primeira organização de ensino superior do país a adotar esse modelo de forma ampla, já que contempla todas as instituições do grupo. O Ecossistema se baseia em três pilares: 1) trajetória personalizada com conteúdos flexíveis; 2) foco no projeto de vida e na carreira dos estudantes; 3) docentes mentores.

Em 2019, celebrou a aquisição da Ages, que marca a entrada estratégica da Ânima na Região Nordeste e também o fortalecimento da vertical de saúde. As instituições da Ages estão distribuídas em 6 unidades, sendo um centro universitário localizado na cidade de Paripiranga, estado da Bahia, quatro faculdades no estado da Bahia (nas cidades de Jacobina, Senhor do Bonfim, Irecê e Tucano) e uma faculdade em Sergipe (Cidade de Lagarto).

Já em 2020 foi a vez da chegada do Centro Universitário UniCuritiba, da cidade de Curitiba, Paraná, que conta com mais de 70 anos desenvolvendo talentos e entregando profissionais de referência para o mercado. Ainda no mesmo ano, a organização iniciou um processo de cogestão com a Universidade do Sul de Santa Catarina – UniSul.

Ainda em 2020, o Centro Universitário UniFG passou a ser parte integrante do Ecossistema Ânima. Com 19 anos de atuação em Guanambi, interior da Bahia, a instituição possui quatro mil alunos e é referência na região por sua qualidade no ensino. A UniFG foi avaliada pelo Mec com conceito 5 (nota máxima) e se destaca por ser a primeira a oferecer Mestrado em Direito no interior das regiões Norte e Nordeste do Brasil.

IKIGAI ANIMA[11]

IKIGAI / PROPÓSITO

Fazer com que todas as pessoas que fazem parte do Ecossistema Ânima descubram o seu IKIGAI e entendam como podem deixar um legado que ajude a transformar a sociedade. Que sejam pessoas inconformadas, apaixonadas e competentes.

AMAMOS
Pensar diferente, inovar, criar o novo, provocar, inspirar e fazer as pessoas sonharem valorizando a diversidade e a pluralidade.

PAIXÃO: Despertar o sonho de cada um e ajudá-los a realizar esses sonhos.

MISSÃO: Transformar o país pela educação.

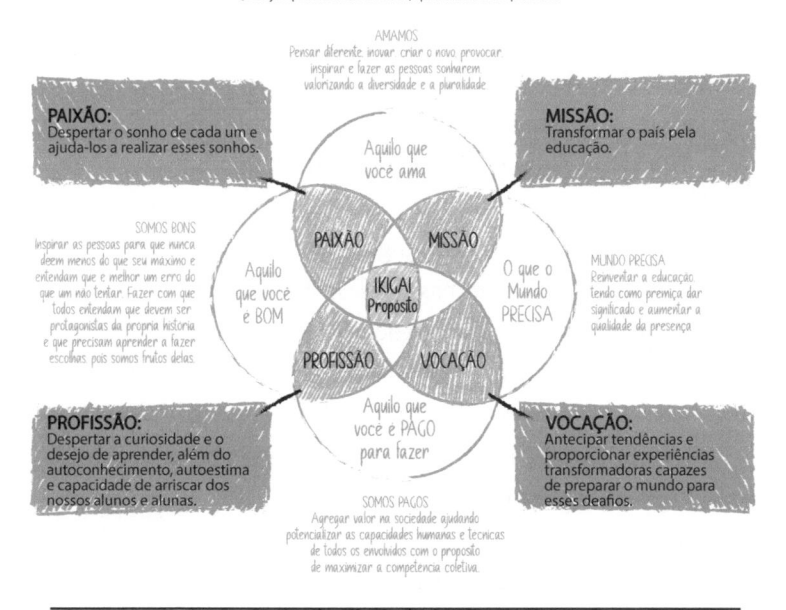

SOMOS BONS
Inspirar as pessoas para que nunca deem menos do que seu máximo e entendam que é melhor um erro do que um não tentar. Fazer com que todos entendam que devem ser protagonistas da própria história e que precisam aprender a fazer escolhas, pois somos frutos delas.

MUNDO PRECISA
Reinventar a educação, tendo como premissa dar significado e aumentar a qualidade da presença.

PROFISSÃO: Despertar a curiosidade e o desejo de aprender, além do autoconhecimento, autoestima e capacidade de arriscar dos nossos alunos e alunas.

VOCAÇÃO: Antecipar tendências e proporcionar experiências transformadoras capazes de preparar o mundo para esses desafios.

SOMOS PAGOS
Agregar valor na sociedade ajudando potencializar as capacidades humanas e técnicas de todos os envolvidos com o propósito de maximizar a competência coletiva.

Figura 62 – IKIGAI Anima.

---

11 Elaborado pela Ânima.

Com resultados positivos e uma estrutura de capital sólida para atravessar os momentos desafiadores trazidos pela Covid-19, se mantêm alinhada a sua identidade organizacional (Figura 62). Dessa forma, ainda em 2020, foi adquirida a MedRoom, empresa de base tecnológica (startup) líder no Brasil no desenvolvimento de soluções em tecnologias imersivas (Realidade Virtual – RV e Realidade Aumentada – RA) para educação médica, além de 100% das cotas da Inovattus Empreendimentos e Participações Ltda., que, por sua vez, é detentora de 51% do capital social do CESUV, sociedade mantenedora da Faseh, que possui cerca de 1.034 estudantes na cidade de Vespasiano, região metropolitana de Minas Gerais.

Também nesse mesmo período foi inaugurado o Learning Village, primeiro hub de inovação e educação da América Latina, fundado pela HSM e a SingularityU Brazil. O hub oferece, para as startups, programas de desenvolvimento de negócios que incluem conexão com grandes empresas, mentoria, espaço de trabalho e acesso à rede global da Singularity University.

Em 2021, um marco para a história da Ânima: a aquisição das instituições da Laureate Brasil, dobrando os números das suas operações e reafirmando o PROPÓSITO de Transformar o País pela Educação.

A Linha de Visão permite à organização definir suas principais conquistas com uma cronologia definida. A Figura 63 permite a definição das Cartas da Visão, bem como a definição dos objetivos estratégicos e metas.

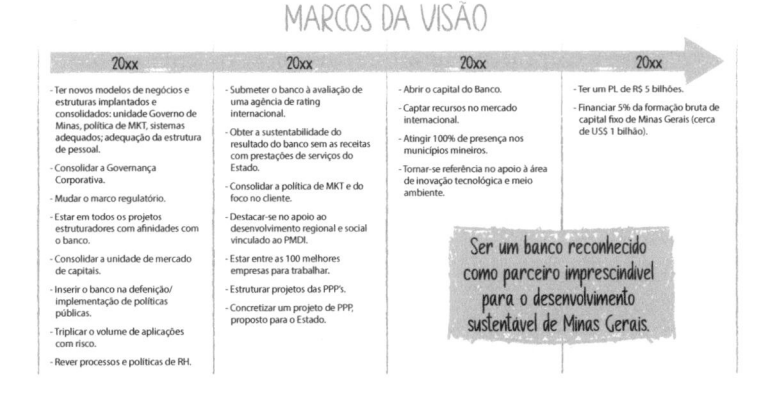

Visão de Futuro do Banco XYZ:
Ser reconhecido como banco parceiro **imprescindível**
para o desenvolvimento sustentável de Minas Gerais.

MARCOS DA VISÃO

20xx	20xx	20xx	20xx
- Ter novos modelos de negócios e estruturas implantados e consolidados: unidade Governo de Minas, política de MKT, sistemas adequados; adequação da estrutura de pessoal. - Consolidar a Governança Corporativa. - Mudar o marco regulatório. - Estar em todos os projetos estruturadores com afinidades com o banco. - Consolidar a unidade de mercado de capitais. - Inserir o banco na definição/implementação de políticas públicas. - Triplicar o volume de aplicações com risco. - Rever processos e políticas de RH.	- Submeter o banco à avaliação de uma agência de rating internacional. - Obter a sustentabilidade do resultado do banco sem as receitas com prestações de serviços do Estado. - Consolidar a política de MKT e do foco no cliente. - Destacar-se no apoio ao desenvolvimento regional e social vinculado ao PMDI. - Estar entre as 100 melhores empresas para trabalhar. - Estruturar projetos das PPP's. - Concretizar um projeto de PPP, proposto para o Estado.	- Abrir o capital do Banco. - Captar recursos no mercado internacional. - Atingir 100% de presença nos municípios mineiros. - Tornar-se referência no apoio à área de inovação tecnológica e meio ambiente.	- Ter um PL de R$ 5 bilhões. - Financiar 5% da formação bruta de capital fixo de Minas Gerais (cerca de US$ 1 bilhão).

Ser um banco reconhecido como parceiro imprescindível para o desenvolvimento sustentável de Minas Gerais.

Figura 63 – Exemplos Linha de Visão.

Metodologias tradicionais de desdobramento estratégico (Waterfall) estão perdendo espaço para os métodos ágeis. Dar preferência à entrega contínua de valor permite ciclos de *feedback* e revisão rápidos. A prototipagem e a experimentação passam a fazer parte deste novo arsenal de recursos. Os MVPs (*Minimum Viable Product* ou Mínimo Produto Viável)[12] são construídos, testados e validados. E isso não

---

12 MVP (*Minimum Viable Product*) – em português, o Produto Mínimo Viável – é uma versão simplificada de um produto final de uma empresa. Essa versão tem como principal função permitir que os empreendedores testem suas hipóteses de negócio e verifiquem se elas fazem sentido. Ficou famosa após a popularização dos conceitos contidos no livro *Lean Startup* (ou A *Startup Enxuta*), de Eric Ries.

pode ser restrito a uma área ou departamento da organização. Todos são responsáveis e precisam estar envolvidos nos processos de melhoria e inovação.

E isso só poderá acontecer quando os colaboradores se sentirem seguros e com autonomia. Esta segurança psicológica deve ser dada de forma plena e definitiva, e não de forma específica e circunstancial. Isso significa dar autoridade com responsabilidade para times e pessoas, evitando e fugindo da paralisia da análise e do consenso lento de muitas organizações.

DESIGN – ENTREGÁVEL: CARTAS DA VISÃO

O desenvolvimento de estratégias fortes e inovadoras requer uma mudança de mentalidade de um viés interno para um viés externo. Devemos direcionar nosso processo de tomada de decisão para o que o cliente/mercado/ambiente está nos dizendo, para entender quais tendências e avanços principais afetarão mais o valor entregue.

No entanto, muito do que vemos no lote atual de ofertas de inovação não faz isso bem. Na verdade, muitos disparates são divulgados sobre inovação. A estratégia começa a se tornar mais ágil no estabelecimento de metas de curto e médio prazos e seus mecanismos de entrega.

Ser capaz de responder rapidamente às oportunidades e ameaças torna-se um diferencial competitivo. O primeiro passo é criar um propósito e uma visão para a organização. Tal como acontece com uma declaração de missão, as organizações, muitas vezes, não conseguem capturar o poder da visão como um guia estratégico. Posteriormente, traduzir essas definições organizacionais básicas em guias para execução estratégica, que chamamos de "Cartas da Visão (Agile Strategy Cards)". Outro benefício importante das Cartas da Visão é que elas garantem uma interpretação consistente do objetivo. O fato é que a equipe de liderança sênior, que concorda com os objetivos, terá um entendimento compartilhado da importância e do significado das poucas palavras que os descrevem (ou pelo menos deveriam).

A Diamantes Lingerie, marca especialista no segmento de moda íntima e 100% brasileira, foi fundada em 2005 na cidade de Frecheirinha, no interior do Ceará. Nasceu com o propósito de oferecer produtos de alta qualidade para toda a família e transformar a vida de milhares de pessoas empreendedoras.

Sua história de sucesso, contada a seguir pela própria empresa, originou o Grupo Diamantes, detentor de seis marcas: Diamantes Lingerie, Diamantes For Men, Diamantes Kids, Diamantes Beach & Resort, Diamantes Fitness e Afinidades. A Diamantes investe no desenvolvimento profissional de sua equipe, altamente treinada para oferecer atendimento personalizado atuando em todo o Brasil com suas lojas físicas, call center e canais digitais.

O Grupo Diamantes tem a missão de unir pessoas e propósitos, além de proporcionar independência financeira as suas consultoras. Com uma linha de produtos elaborada com design exclusivo, matéria-prima nobre e constante investimento em tecnologia, desenvolve uma relação de confiança com seus clientes e consumidores de todo Brasil.

Através de muito trabalho e união de seus colaboradores, a Diamantes é fonte de renda para milhares de consultoras no país. São muitas histórias de verdadeiras conquistas que motivam a marca para criar e se reinventar diariamente.

A Diamantes tem uma história marcada pela dedicação, cuidado e também pelas parcerias realizadas, tão importantes para o crescimento da empresa. Entre os parceiros de sucesso ao longo da sua trajetória estão nomes da música brasileira: Wesley Safadão, Solange Almeida e Ivete Sangalo. A Diamantes é uma marca especial, feita de pessoas especiais que todos os dias brilham de um jeito diferente.

No seu planejamento estratégico, a Diamantes Lingerie definiu em conjunto com seus fundadores e dirigentes os seus temas estratégicos (Cartas da Visão) para um ciclo de 3 anos, utilizando a ferramenta de *flywhell*. A Diamantes tem a visão de: "Ser uma marca de moda íntima mais admirada no Brasil, com inovação e conectando pessoas apaixonadas", e o seu propósito é o de "Encantar e transformar vidas, contribuindo para que as pessoas sejam protagonistas de suas histórias".

As Cartas da Visão, definidas no modelo de *flywhell*, dá uma ideia de movimento, da dinâmica que a estratégia precisa ter, um movimento orquestra de como a Diamantes pretende crescer nos próximos anos, adicionando novas plataformas de negócio e movimentos de crescimento, com entrega de valor aos clientes e produtos encantadores aos seus consumidores finais.

FLYWHELL DIAMANTES

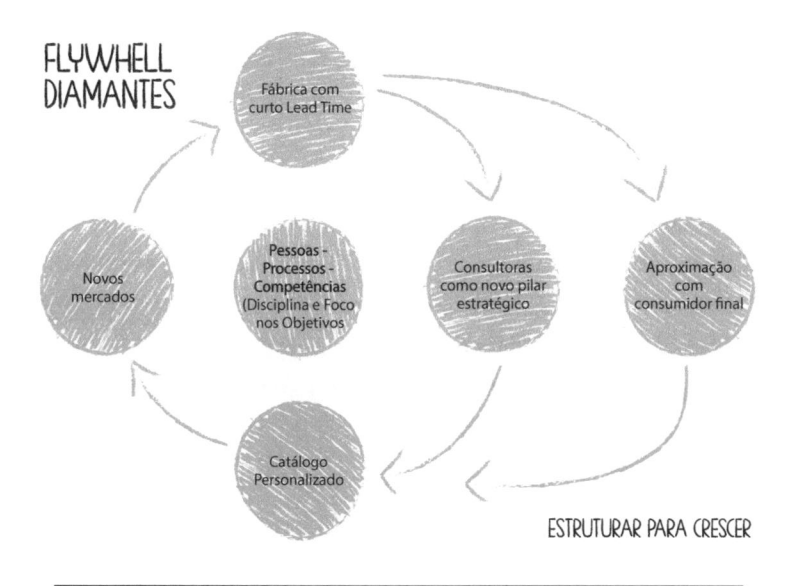

- Fábrica com curto Lead Time
- Novos mercados
- Pessoas - Processos - Competências (Disciplina e Foco nos Objetivos)
- Consultoras como novo pilar estratégico
- Aproximação com consumidor final
- Catálogo Personalizado

ESTRUTURAR PARA CRESCER

Figura 64 – *Flywhell* **Diamantes.**

As Cartas de Visão devem ser definidas a partir da construção do propósito e da linha de visão da organização. Essa etapa é essencial na implantação da gestão estratégica ágil, pois permite ao estrategista detectar os sinais de mudança, identificar as oportunidades, planejar de forma sintonizada com o negócio e criar condições para as ações proativas e inovadoras.

O processo de formulação de estratégias não é uma ciência exata. Não há receitas prontas para serem meramente copiadas e implantadas, a oferta nos diversos modelos apresentados em livros e teorias é sobre um processo. Nesta área, há muito engenho e arte, invenção, criação, experimentação, ajustes, enfim, um processo de melhoria e de experimentação contínuas.

Empiricamente falando, sabe-se apenas que uma determinada estratégia foi aplicada com sucesso em uma determinada situação, ela é única e não replicável. É sabido também que certas estratégias devem ser evitadas em certas situações porque a probabilidade de sucesso é muito pequena. Vale ressaltar que qualquer estratégia deve ser simples, clara e objetiva. A experiência tem mostrado que estratégias com muitos temas perderão o foco nas ações e, eventualmente, não terão estratégia alguma.

DESIGN – ENTREGÁVEL: MATRIZ DE APOSTAS ESTRATÉGICAS

Algo que observamos ao longo dos anos é que, apesar do número crescente de ferramentas sofisticadas agora disponíveis para gestão estratégica, algumas das mais úteis são as mais simples; uma delas é a Matriz de Apostas Estratégicas (Figura 65), para a qual as entrevistas com a alta administração são a principal contribuição.

Em nosso trabalho com as organizações, incentivamos a dedicação de mais tempo à formulação da agenda de mudanças do que à escolha dos objetivos. Normalmente, a perspectiva de aprendizado e crescimento é a menos bem pensada. Os objetivos das pessoas são geralmente genéricos e vagos, como "criar uma cultura de alto desempenho", "satisfazer os funcionários", "viver os valores" e assim por diante. Isso é verdadeiro para os objetivos de informação; "Apoiar a organização com bons sistemas de informação" é um exemplo comum. Mais uma vez, as organizações perdem uma oportunidade de ouro de pensar nas pessoas e nas capacidades tecnológicas necessárias para entregar os processos internos ao nível de excelência esperado.

A matriz de aposta estratégica deverá dar elementos para uma visão de longo prazo de oportunidades de crescimento. Este modelo está baseado na ideia de distanciamento do core, como podemos ver no exemplo da Arezzo[13]:

---

13 Apresentação Institucional 4T17 – Arezzo & Co. Disponível em: http://arezzoco.com.br/wp-content/uploads/sites/2/2018/04/Apresenta%C3%A7%C3%A3o-Institucional-4T17-Novembro-2017-Site.pdf. Acesso em: 12 mar. 2019.

Modelo de negócio permite múltiplas opções de crescimento

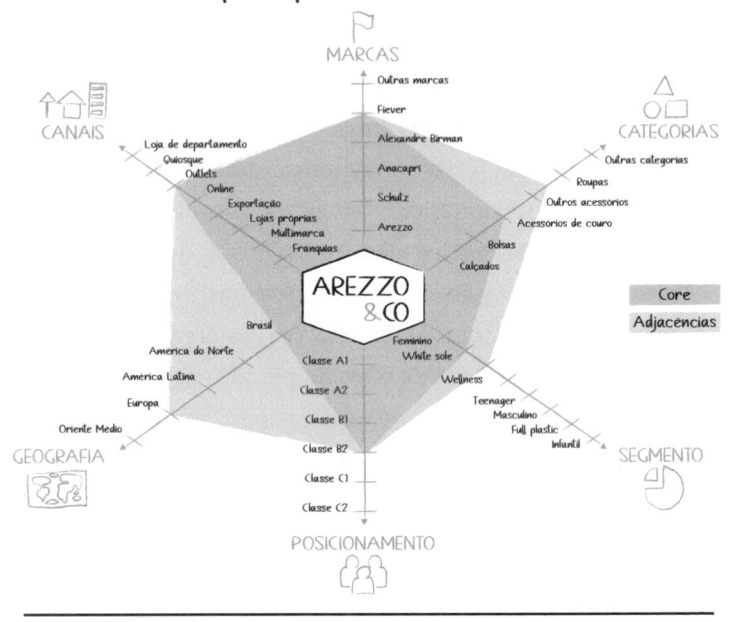

Figura 65 – Mapa de apostas estratégicas Arezzo.

A dificuldade de os players estrangeiros operarem por causa da própria organização no mercado brasileiro (como é o caso da Vans) cria diversas oportunidades para a Arezzo. A empresa ainda diversificou seu portfólio e expandiu sua plataforma ao adquirir a marca de roupas Reserva pelo valor total de R$ 715 milhões. Com a criação de crescimento adicional pelas novas marcas, a Arezzo investiu em melhorias na estrutura de sua cadeia de suprimentos e na sua proposta multicanal.[14] A empresa tem posição *premium* no varejo brasileiro, com execução superior à média na gestão da marca e sucesso no seu modelo de franquias. No mapa anterior, podemos facilmente identificar as oportunidades dentro do core business, as adjacentes ao core business e as de crescimento além do core business (diversificação).

Como redesenhar a organização de maneira a acompanhar tais transformações? Como transformar a cultura organizacional e agregar todas as gerações de colaboradores em prol de uma missão única? E os antigos processos, como ficam? O que muda na forma de liderar? Neste capítulo, vamos ajudá-lo a obter respostas para essas e outras perguntas e trazer o *mindset* digital para sua empresa.

Assim como em outros aspectos da vida, encarar a Transformação Digital – e incorporar tecnologia de maneira orgânica aos meios de produção das empresas – depende da criação de uma nova mentalidade. *Mindset* é uma expressão que pode ser traduzida como "programação mental". Na prática, é o conjunto de pensamentos e crenças existentes em nossa mente que conduzem nossos comportamentos e sentimentos em relação a qualquer coisa, seja aprender um idioma, lidar com um *smartphone* ou sorrir ao se envolver

---

14 CHENG, Diana. Arezzo: novos canais de crescimento deixam analistas confiantes com atuação da empresa. MoneyTimes, 19 nov. 2020. Disponível em: https://www.moneytimes.com.br/arezzo-novos-canais-de-crescimento-deixam-analistas-confiantes-com-atuacao-da-empresa/. Acesso em: 20 nov. 2020.

numa briga de trânsito. Para as organizações, a principal chave para ter sucesso na era digital e no futuro dos negócios é criar um modelo de pensamento que funcione como guia para garantir a total imersão da organização no modelo tecnológico de negócios.

Isso significa não apenas treinar e capacitar os colaboradores para usar esses sistemas de informação, mas, principalmente, criar uma cultura organizacional convertida para o digital. Se, no passado, havia um modelo de produção linear, em que cada colaborador era responsável por cumprir bem determinada tarefa e passá-la adiante para a continuidade do processo, com a tecnologia, esse pensamento linear deixa de existir. É como se vivêssemos num espectro de cores, em que todos os tons necessitam de exploração constante para o alcance de novos e melhores resultados. Com tantas tecnologias e soluções surgindo a todo momento, os colaboradores precisam ser envolvidos num modelo de trabalho que permita exploração e aprendizado constantes.

A NOVA DINÂMICA DA ESTRATÉGIA
PILARES PARA CONSTRUIR A ESTRATÉGIA

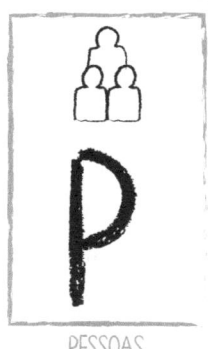

PESSOAS
Ter e ser líderes inspiradores. A liderança egocêntrica da disputa de poder e centralização está dando lugar à predominância da colaboração, ao alinhamento de propósito da organização e das pessoas. Criar ambientes com maior autonomia estimula a paixão pelo trabalho!

PROCESSOS
Ter processos consistentes que apoiem a entrega de valor e permitam a cocriação com o cliente. Estruturas enxutas e ágeis nos fluxos de trabalho e na execução das atividades. Ter processos com resultados para os stakeholders, de forma integrada com o ecossistema!

TECNOLOGIA
Utilizar a tecnologia já faz parte da rotina das organizações por meio de práticas como home office, aplicativos para interação com o cliente, reuniões por videoconferência, comércio eletrônico, entre outros. Os profissionais e as empresas precisam aplicar de formas adequadas ferramentas digitais (IA, Analytics, Big Data, RPA, IIoT) com foco no cliente e no mercado. É possível acessar o produto com um click?

Figura 66 – A nova dinâmica da estratégia.

PESSOAS: quando começamos a falar sobre Transformação Digital, logo nos vemos discutindo tecnologia, *hardware* e automatizações. Entretanto, a transformação está focada na experiência que essas tecnologias podem proporcionar ao ser humano. Sabendo disso, é possível concluir que desenvolver inovações por si só, sem levar em consideração o comportamento humano, é um grande tiro no pé. Que tal começar refletindo sobre como as pessoas da sua organização estão relacionadas à tecnologia?

PROCESSOS: passar pela Transformação Digital significa ter todos os setores da empresa alinhados e colaborando entre si. Para empresas digitais serem bem-sucedidas, é preciso que a organização opere em conjunto, com metas bem definidas e o digital no foco. Será que sua empresa está seguindo esse caminho?

TECNOLOGIA: Por fim, temos todo o arsenal tecnológico, as ferramentas e dispositivos que permitem que as pessoas tornem os processos mais eficientes, garantindo não apenas que o trabalho será realizado, mas que os indicadores-chave do negócio serão controlados e atingidos.

Pessoas, processos e tecnologia normalmente são descritos como um tripé, com bases igualmente importantes. Se um desses pontos for menor que os outros, a estrutura perde sua estabilidade. No entanto, hoje sabemos que a importância de cada um deles não é exatamente a mesma, mas que devemos buscar um equilíbrio para que todos os elementos interajam com eficiência. Em vez de visualizar a estrutura como um tripé, podemos pensar em engrenagens de diferentes tamanhos. Nesse caso, cada engrenagem tem sua vital importância para que a estrutura funcione, mesmo que o investimento e esforço em cada uma delas não seja o mesmo.

Empresas que não possuem uma equipe comprometida e capacitada tendem a encontrar uma enorme resistência à adoção de novas tecnologias e à disciplina de seguir a estrutura dos processos. Nesse caso, os gestores precisam investir grande esforço para fazer com que suas equipes utilizem as ferramentas que tornarão os resultados mais eficientes.

Existem também aqueles que possuem boas equipes e agora querem implementar novas tecnologias, mas ainda não desenharam um processo de vendas ou não sabem exatamente o que significa implantar uma cultura de CRM. Essas são empresas que tendem a automatizar o caos. **Uma tecnologia é tão boa quanto os processos que guiam seu uso.** Sem definir um processo, o melhor *software* disponível terá seu potencial reduzido, ou nem mesmo será adotado.

Por fim, há empresas que já fizeram grande parte do dever de casa ao organizarem suas equipes, definiram seus processos e realizaram o treinamento de seus colaboradores. Essas empresas têm grande potencial, mas, como ainda não utilizam uma tecnologia especializada, têm dificuldade em mensurar indicadores-chave e direcionar investimentos para o seu crescimento.

Cada um dos três componentes citados aqui é importante de uma forma e, quando negligenciados, causam grandes prejuízos ao negócio. O equilíbrio entre os pontos deve ser observado e reavaliado, e o gestor tem a missão crítica de garantir que tudo caminhe em constante harmonia.

O *mindset* digital é, literalmente, "pensar fora da caixa" e criar uma abordagem organizacional, confortável e adaptada a todas as possibilidades que a tecnologia pode trazer para o negócio. E, dessa forma, aceitar novos processos de trabalho sem apreensão, uma vez que todos estarão familiarizados com o contexto tecnológico. Construir o mindset digital é mudar completamente as lentes através das quais sua empresa enxerga o mundo e abraçar novas ideias, ainda que pareçam radicalmente diferentes do habitual.

A ideia é simples: a qualidade dos resultados produzidos por qualquer sistema depende da qualidade da conscientização dos participantes que o operam. A fórmula do sucesso de um processo de mudança não é "a forma segue a função", mas sim "a forma segue a consciência". A estrutura da conscientização e da atenção decide a trajetória futura de uma situação. A essência do nosso conceito envolve o poder da atenção: não podemos transformar o comportamento dos sistemas enquanto não mudarmos a qualidade da atenção que as pessoas dedicam às ações que realizam nesses sistemas, tanto individual quanto coletivamente.

Embora para muitas empresas esse seja um processo ainda obscuro, especialmente à massa de organizações que não nasceu digital, o novo *mindset* é a ponte para transpor as dificuldades de adaptação. O dinamismo do mercado e a facilidade com que as tecnologias vão ficando obsoletas não permitem hesitação ou dificuldades de adaptação.

Por isso, ao adotar o *mindset* digital, as organizações tornam-se mais preparadas para enfrentar tais mudanças e caminhar numa evolução contínua. Pautada pela integração da tecnologia no âmago da empresa, essa reestruturação permite à organização conhecer (e implantar) mudanças em seus modelos de negócios que favoreçam qualquer adaptação ao cenário mercadológico – seja com a criação de novos produtos, novas abordagens junto aos consumidores ou alteração nos meios de produção.

Em um mercado competitivo e em constante evolução, o *mindset* digital é fundamental para que as empresas implementem inovação e competitividade como alguns de seus principais pilares. Vale lembrar que não basta implementar as melhores tecnologias: o resultado competitivo só chega com a difusão do pensamento digital dentro da cultura organizacional. Em suma, a tecnologia é apenas uma ferramenta arrojada para o trabalho, mas que depende de um olhar estratégico da gestão para acontecer.

A inovação deve ser também entendida como a adoção de novos processos de gestão, buscando a racionalização e a eficácia empresarial. Nesse sentido, o *mindset* digital pressupõe a fixação da cultura da inovação e precisa que a empresa, de maneira global, envolva-se para ter sucesso na reformulação dos modelos de negócio. Os colaboradores, não importa se muito ou pouco afetados pela cultura digital na empresa, devem tomar plena consciência da importância da Transformação Digital na organização. Eles são o ponto culminante desse *mindset*.

FASE 3 – IMPLEMENTAÇÃO[15]

Administrar uma empresa geralmente requer que líderes e equipes de gerenciamento façam as coisas melhor e

---

15 Como elaborar um planejamento estratégico ágil? Disponível em: https://bridgeconsulting.com.br/insights/como-elaborar-um-planejamento-estrategico-agil/ Acesso em: 4 out. 2020.

mais rapidamente, com menos recursos e a um custo menor. Aqueles que têm sucesso o fazem porque sempre olham como fazem as coisas e perguntam continuamente: "Como podemos administrar melhor o nosso negócio?". Eles respondem à pergunta aprendendo primeiro as melhores práticas de outras organizações de grande sucesso. Em seguida, olham para dentro, estudando como fazem as coisas atualmente. Na sequência, pegam o que aprenderam e experimentam as mudanças, testando novas formas de trabalhar de maneira mais inteligente, melhor e mais rápida com um custo menor usando os recursos disponíveis.

Mas fazer isso requer pesquisa, conhecimento, planejamento e ferramentas. Proficiência e habilidades devem ser obtidas em várias disciplinas que incluem:

- elaboração e adaptação de uma estratégia de negócios competitiva e defensável;
- traduzir a estratégia de negócios em ação;
- capacitar e motivar a força de trabalho;
- desenhar processos de negócios eficazes e eficientes;
- implementação de tecnologia da informação para execução econômica;
- alinhar recursos como pessoas, processos e tecnologia para executar de forma consistente a estratégia de negócios.

A execução requer o domínio de várias habilidades, incluindo:

- liderança perspicaz, capaz de orquestrar uma atuação multidisciplinar;
- time de gerenciamento;
- uma disciplina incansável de gerenciamento de projetos, programas e portfólio para melhorar continuamente os resultados dentro do prazo e do orçamento;
- analistas de negócios qualificados, capazes de chegar ao cerne dos problemas de negócios e criar soluções inovadoras e projetos de processos;
- experiência técnica perspicaz, capaz de aplicar a tecnologia da informação de forma exclusiva para garantir a execução e os resultados adequados;
- métodos meticulosos para medir e gerenciar a execução e o desempenho, e fazer os ajustes adequados quando necessário para permanecer no curso.

Alcançar a agilidade nos negócios é muito diferente de implementar o Agile na empresa. Um negócio ágil conecta tudo de volta ao desenvolvimento de produtos que os clientes valorizam. Portanto, todas as atividades estão em sincronia com o objetivo comum de desenvolver e implantar o produto mais valioso. A agilidade de negócios está focada em melhorar a capacidade da empresa de perceber e responder às mudanças no mercado. Portanto, as atividades de negócios estão conectadas à construção de produtos que agregam valor ao cliente. Um erro emergente é confundir os termos com ágil dentro da empresa. Ágil dentro do negócio refere-se a quando há a adoção de práticas ágeis no negócio sem qualquer conexão com o desenvolvimento de produtos de software.

Embora seja uma causa nobre, a agilidade dentro dos negócios não é a mesma, porque não tem nada a ver com ajudar a empresa a competir no mercado. Uma empresa ágil tem a missão única de ajudar a organização a sentir e responder às mudanças para competir, entregando produtos e serviços de alto valor. Portanto, agilidade de negócios é diferente de ágil dentro da empresa.

A entrega central da metodologia ágil (e amplamente praticada nos círculos de gerenciamento de projetos) é normalmente por meio de sequências de trabalho iterativas e incrementais, comumente conhecidas como sprints. Desde que foi introduzido pela primeira vez no desenvolvimento de software, o pensamento ágil e a imagem sedutora do "sprint" têm sido aplicados de forma onipresente aos processos ou atividades organizacionais – inovação ágil, por exemplo. Também está sendo aplicado ao gerenciamento de estratégia – é aqui que devemos cuidar.

Agilidade na execução da estratégia significa ser capaz de mudar rapidamente de posição para explorar oportunidades ou mitigar riscos – para capturar, interpretar e agir sobre dados e insights o mais próximo possível do tempo real. Embora estratégia e operações sejam coisas diferentes, é aqui que estamos começando a testemunhar uma grande mudança de processo.

Já em uma abordagem ágil, a equipe possui autonomia para resolução de problemas e o gerente possui um papel similar ao de um facilitador. Ao adotar um método ágil, partimos da premissa de que serão constituídas equipes multidisciplinares, de alto desempenho e com foco no cliente. Dessa forma, expandindo esta ideia para o Planejamento Estratégico, seguem seis iniciativas para torná-lo mais ágil:

1. Identificar os objetivos estratégicos (Cartas da Visão) que podem ser executados através do método ágil ou tradicional (Desdobramento Estratégico: planos, prazos e entregas), a diferença entre usar o modelo tradicional e o ágil está no tipo de objetivo que quero alcançar, por exemplo: quanto à previsibilidade, implantar uma nova linha de produção, abrir uma nova fábrica etc., o modelo tradicional é imbatível. Mas quando não se consegue visualizar a solução ou precisa de alguma inovação, devemos usar o modelo ágil. Nesta etapa, você deve analisar as seguintes questões:

    - Quais objetivos necessitam de relatórios regulares?
    - Quais deles não envolvem projetos complexos?
    - Quais envolvem muitos setores e departamentos, bem como interação com várias abordagens diferentes?
    - Quais poderão ser de total responsabilidade dos times/equipes?
    - Quais têm um escopo de entrega bem definido ou ele será ajustado em função das necessidades do mercado e dos clientes?

2. Fornecer um mecanismo para responder rapidamente às mudanças, de forma que certos mercados possam

se adaptar sem interferir diretamente na estratégia. O que temos visto em muitos clientes é o surgimento de novas oportunidades, em alguns casos, a realocação da equipe e do orçamento para não perder esse momento.
3. Reduzir a duração do planejamento estratégico. Usando métodos ágeis, usamos a história de cada Sprint e a velocidade da equipe para calcular os prazos. Como estamos lidando com esse plano de forma ágil, também precisamos avaliar, por exemplo, se a quebra do plano em metas de 12 meses e a duração de cinco anos do projeto ou ciclos diferentes fazendo um breve comentário.
4. Incorporar outros níveis na definição da meta, proporcionar mais participação da equipe e uma definição mais próxima do dia a dia, visando motivar os membros da equipe para o alcance da meta. De acordo com um dos princípios da agilidade que prega a ideia de construir projetos em torno de indivíduos motivados, você precisa fornecer a eles o ambiente e suporte necessários, e confiar neles para concluir seu trabalho. Uma vantagem dessa abordagem é transformar os objetivos macro da empresa em objetivos menores e mais administráveis, de forma a incentivar a equipe na buscar dos resultados desejados.
5. Comunicar claramente o plano estratégico a todos os níveis organizacionais para que toda a empresa entenda seus objetivos e metas estratégicas. A premissa do

modelo ágil é que toda a organização, principalmente a equipe, esteja envolvida. Nessa comunicação, o ciclo de feedback deve ser priorizado para que todos estejam alinhados com o progresso estratégico da empresa.

6. A construção de protótipos pode ser usada para atingir objetivos estratégicos e medir os resultados reais de certas propostas, fornecendo maior flexibilidade no replanejamento de recursos e alocação de orçamento quando novos desenvolvimentos ou ajustes precisam ser iniciados.

IMPLEMENTAÇÃO – ENTREGÁVEL: SQUADS

O modelo que proposto para execução ágil não é totalmente original. Nossa proposta é trazer o modelo Scrum adaptado para conseguir executar a estratégia com uma maior velocidade e adaptabilidade. A implementação ágil tem como ponto de entrada as Cartas da Visão, guias para ação dos times. Ter, neste momento, o Comitê Estratégico ligado ao Conselho ou à Diretoria é fundamental. Entenda o papel do Comitê como um orientador e facilitador do processo de implementação da estratégia. Não se trata de um órgão controlador, nem do tradicional escritório de projetos. O papel do Comitê será descrito na próxima etapa do processo.

As iniciativas estratégicas *(backlog strategy)* derivadas são colocadas em prática em "sprints" individuais dentro da área definida de atividade. Podemos considerar as iniciativas estratégicas como uma lista de pendências. O *backlog strategy* é uma lista de tarefas necessárias para dar suporte a um plano estratégico mais amplo. Em um contexto de desenvolvimento de produto, ele contém uma lista priorizada de itens nos quais a equipe concordou em trabalhar em seguida. Itens típicos em uma lista de pendências de produto incluem histórias de usuários, mudanças em funcionalidades existentes e correções de bugs. Os resultados são testados imediatamente, garantindo que haja feedback direto do mundo real. Quaisquer medidas que não sejam totalmente eficazes podem ser identificadas e modificadas imediatamente, mantendo um equilíbrio entre a velocidade de implementação e o foco nos resultados.

A alta competitividade no mercado tem levado as organizações a adotarem cada vez mais métodos criativos e inovadores para resolução de problemas simples aos complexos. As organizações de pequeno, médio e grande porte, procuram inovar ao resolver seus problemas trazendo à tona o engajamento, a colaboração e a geração de novos insights junto aos seus colaboradores.

O método ASM – Agile Strategy Management – vem para continuar com este pensamento ágil, mas ao mesmo tempo estruturado por meio de um sequenciamento lógicos de ações, ferramentas, melhores práticas e metodologias para planejamento estratégico.

Então, por onde começar? Poderíamos lançar direto em uma longa lista de histórias de sucesso ágil sobre produtividade aprimorada, qualidade e cumprimento de prazos de entrega. Mas vamos reconhecer uma coisa: alcançar a agilidade de negócios vai muito além da construção de produtos ou execução de projetos inovadores usando práticas ágeis, então aventurar-se em um território desconhecido fora da zona de conforto da entrega pode ser como cruzar para um mundo diferente.

Imagine que você seja um astronauta que orquestrou com sucesso muitas viagens à Lua – aqui a abordagem deve ser tratada com uma entrega ágil ou até mesmo um projeto tradicional. Agora, nos próximos meses, você deve se preparar para uma missão a Marte – agora você precisa ser ágil nos negócios. Embora você tenha anos de experiência para desenvolver seus esforços na Lua, as regras serão diferentes para sua próxima jornada a Marte. As condições, coordenadas, equipamentos e até mesmo a linguagem que você está usando podem não funcionar neste novo planeta. Quando um colega astronauta se aproxima de você e pergunta: "Então, como vamos chegar a Marte?", a última coisa que você gostaria de fazer é responder presunçosamente: "Já que somos especialistas em ir à Lua, vamos simplesmente pegar nessa mesma direção e espero que tenhamos sorte e encontremos o caminho certo".

Para chegar ao seu novo destino, não há dúvida de que você precisará de um novo plano. Infelizmente, muitos especialistas em Agile, que tiveram um enorme sucesso na entrega, presumem que seu modelo atual pode simplesmente ser retirado do pó e reutilizado para novas missões. Embora tenhamos participado de muitas aulas de agile nos últimos anos, não nos lembramos de uma única aula, discurso ou discussão sobre estratégia de gestão de mudança que se aplica à adoção de negócios. Na verdade, sempre ouvimos que o sucesso da entrega ágil pressupõe que o lado comercial da organização migraria magicamente para adotar essas mesmas práticas e vir para a mesa, não explicando nada sobre estratégias para comunicar o que há de melhor para a empresa fazer essa mudança. O gerenciamento de mudanças nunca esteve nas telas do radar do mundo da consultoria ágil de transformação, porque as rotinas bem elaboradas das equipes de gerenciamento de mudanças têm funcionado perfeitamente ao longo dos anos – eles sabem como chegar à Lua. Agora, com o novo desafio de chegar a Marte, como podemos esperar sucesso se não sabemos como chegar lá? Por que falamos tão pouco sobre estratégias de gerenciamento de mudanças nos negócios em vez de tirar a poeira das estratégias antigas que funcionaram na entrega? Para iniciar esta jornada, devemos primeiro reconhecer que o negócio é diferente da entrega e, portanto, requer uma abordagem de gestão de mudança orientada para os negócios para adotar formas ágeis de trabalhar. Essa abordagem de gerenciamento de mudança deve responder à pergunta iminente que vários executivos de negócios pensarão, que é: "O que isso traz para mim?".

Apesar da crescente importância da agilidade nos negócios para que as empresas se mantenham competitivas atualmente, as práticas de desenvolvimento ágil muitas vezes ficam presas na "caixa de entregas", permanecendo desconectadas dos negócios. Um problema fundamental ocorre quando os executivos decidem convencer sua empresa a se juntar à cruzada ágil, mas são repetidamente negadas. Existe, no entanto, uma maneira de reunir a organização sob um objetivo comum, trazendo a agilidade para o centro da execução da estratégia.

O gerenciamento de mudanças sofre no mundo ágil porque o ágil é bem conhecido e geralmente aceito. Dentro da empresa, há um entendimento mínimo sobre o Agile ou, pior ainda, é que ele é totalmente mal compreendido, e isso geralmente resulta em altos níveis de resistência à aplicação do Agile, além de entregas pontuais em projetos de melhoria. Precisamos de uma estrutura de gerenciamento de mudanças ágil que ressoe em um contexto de negócios. Infelizmente, aqueles que lideraram com sucesso as transformações de entrega ágil às vezes são excessivamente confiantes ao trabalhar com a empresa, têm a tendência de não ganhar a confiança, o interesse e a adesão dos executivos e da alta administração (Diretoria e Conselho). Assim, os evangelistas ágeis permaneceram presos na entrega, muitas vezes arraigados na mecânica de escalonamento ágil. Eles não conseguem alavancar seu sucesso na entrega quando falam sobre agilidade em um contexto de negócios. Sem uma estratégia real para trazer todos para as mudanças necessárias, muitos dos especialistas em transformação ágil de hoje simplesmente esperam que haja algum executivo de negócios na organização que intuitivamente entenda a proposta de valor e apoie ativamente sua jornada ágil. Mas a esperança não é uma estratégia. Daí o propósito deste livro: oferecer uma estrutura e estratégia de gerenciamento de mudança acionável para qualquer organização utilizar, é uma alternativa para não apenas apostar na esperança.

IMPLEMENTAÇÃO – ENTREGÁVEL: KANBAN

Se você precisa controlar as tarefas de uma equipe para entender prazos, produtividade ou identificar gargalos no fluxo de trabalho experimentado por esta tarefa, você pode e deve adotar Kanban, que é uma estrutura de gerenciamento (artefato) ágil para diferentes tipos de equipes porque é muito intuitivo e fácil para se adaptar à sua realidade.

O método Kanban sugeria inicialmente o uso de cartões ou post-its no quadro para indicar e monitorar o andamento do processo de produção da empresa. De um lado do quadro estão as tarefas que precisam ser executadas, que podem ser chamadas de "Backlog". Por outro lado, a etapa de execução: neutralizar e entregar. Você pode alterar os nomes dessas etapas de acordo com seus processos internos. Ao executar uma tarefa, um cartão ou nota adesiva é colocado em um campo correspondente ao status da tarefa. Este "gerenciamento visual" mantém os principais itens de controle dentro do escopo de toda a equipe, e o Kanban fornece isso. Um dos objetivos do gerenciamento visual é permitir que toda a equipe entenda totalmente o andamento do projeto. Kanban é uma ótima maneira de manter todos na mesma página.

O controle pode ser feito dede o modelo físico (quadro) ou digital (planilha ou ferramenta, como, por exemplo, o Trello), a sinalização sempre será visual. Isso é especialmente útil quando várias pessoas ou equipes coordenam e colaboram no mesmo projeto ou processo, permitindo que planejem tarefas atuais e futuras. O Kanban fornece uma visão holística, ou seja, uma visão integrada e sistêmica de um processo. O sistema Kankan não permite que as pessoas trabalhem isoladamente, possibilitando que todos na empresa entendam e apreciem melhor o que outras pessoas e equipes estão fazendo. Por sua vez, os líderes poderão ter uma visão concreta de quem está fazendo o quê e quantas etapas são necessárias para concluir um projeto. Esse benefício é ainda mais essencial para trabalho com equipes em home office.

Dessa forma, essa metodologia que, inicialmente, tinha como foco linhas de produção, hoje auxilia equipes dos mais diversos segmentos de mercado. O objetivo é padronizar o controle de atividades no tempo, entendendo serviços como linhas produtivas de resultados ou objetivos estratégicos (Cartas da Visão).

A norma recomenda usar tabelas ou quadros para acompanhar o *status* e monitorar o processo de produção e suas etapas. Se sua empresa faz isso manualmente, você pode usar notas adesivas (*post-its*) e outras formas mais interessantes e criativas em locais de fácil acesso para sua equipe. Porém, se o foco for por meio de um software ou planilha, espera-se que o próprio programa organize as atividades no quadro para que os usuários vejam. O Kankan utilizado na gestão estratégica ágil tem (ao menos deveria ter) as seguintes características: distribuir rotinas conforme *status* de execução desde o momento do planejamento.

O Kanban não apenas melhora a eficiência do gerenciamento, mas também motiva a equipe, pois tem um aspecto intrínseco da gestão à vista que é a "cobrança social", pois ninguém gosta de ter um projeto em atraso colocado na parede. Entre os vários benefícios que a abordagem Kanban traz para a estratégia, identificamos alguns outros benefícios também muito relevantes:

- promove uma redução no tempo gasto para a execução dos processos e projetos, como as ações estão em sequência, geram atenção aos itens chave em andamento;
- os colaboradores acabam ficando menos ociosos, porque visualizam seu trabalho de forma contínua. Dessa maneira, entendem os prazos e buscam a satisfação do registro das tarefas cumpridas em seu "quadro";
- não gera resistência em sua aplicação, pois é simples e objetivo de implantar;
- têm foco na qualidade do trabalho, dando muita atenção às tarefas;
- é capaz de eliminar os gargalos e desperdícios de tempo, esforços e insumos, pois naturalmente evidencia as atividades que não geram valor à organização e, consequentemente, a entrega de valor ao cliente;
- fluxo de trabalho visual com faróis que trazem noções de prioridade;

- auxilia na realização de feedbacks, reuniões de análise de resultados (da*ily* ou retrospectiva) e para a tomada de decisão, pois elas podem ser feitas com base no acumulado de tarefas nas colunas do Kanban;
- permite a padronização dos fluxos de trabalho (priorização), independentemente do processo;
- por fim, é capaz de propiciar um aprendizado contínuo a partir de pequenas mudanças.

Criar uma estratégia pode ser desafiador, especialmente se você estiver lidando com prioridades conflitantes. No entanto, desenvolver uma estratégia que alinhe os objetivos estratégicos com seus respectivos projetos e execução no nível do produto é crucial para qualquer organização que deseja garantir a alocação de recursos eficaz e resultados de negócios positivos.

As abordagens tradicionais de planejamento estratégico sugerem a geração de uma lista completa de iniciativas estratégicas, conectadas com seus orçamentos e planos detalhados. Esse tipo de execução implica que o caminho a seguir é claro e a única variável é a eficiência com que você realiza o trabalho. E é eficaz se você estiver fazendo algo que já fez antes e executando um trabalho repetitivo em um ambiente estável. Mas, no mundo dos negócios de hoje, esse conceito de execução direta tem maior probabilidade de falhar.

No entanto, para serem eficazes e atingirem os objetivos comerciais e de mercado, as empresas precisam sintonizar o trabalho das equipes com os objetivos estratégicos gerais.

Portanto, as empresas precisam encontrar uma maneira nova e mais eficiente de alinhar a estratégia à execução. O Kanban é uma ferramenta que oferece suporte para uma visão mais ampla, ao mesmo tempo que se concentra no trabalho diário e adapta facilmente o fluxo de trabalho ao mercado em constante mudança e aos objetivos de negócios.

IMPLEMENTAÇÃO – ENTREGÁVEL: OKR

Os OKRs são um sistema de metas coletivas e individuais que convergem para a busca de metas globais de uma organização. A simplicidade de uso, somada à transparência dos OKRs e aos seus efeitos rápidos, que permitem mais foco e motivação de equipes, fez com que os OKRs se popularizassem rapidamente, especialmente entre empresas de tecnologia no Vale do Silício. Por exemplo, no Google, o OKR foi adotado no primeiro ano do evento, quando a empresa tinha cerca de 40 funcionários – e ainda está em uso hoje.

A metodologia OKR, que é bastante similar à gestão por diretrizes quando se trata do conceito de indicadores, mesmo assim, tem conquistado cada dia mais organizações interessadas em desenvolver a gestão baseada em indicadores e metas de controle de resultados-chaves como caminho para uma cultura de alta performance. Nosso objetivo aqui não é esgotar o tema, mas de apresentar um ENTREGÁVEL extremamente valioso do EIXO do AM (Agile Management).

Os OKRs (Objectives and Key Results) são uma releitura da gestão por metas (*Management by Objectives,* ou *MBO*) articulada por Peter Drucker. O termo *Objectives and Key Results* surgiu a partir do livro *High Output Management*, de Andy Grove (ex-CEO da Intel) e foi popularizado na década de 2000 por John Doerr, investidor de venture capital e membro do conselho de administração do Google. Trata-se de um sistema de metas, em que os objetivos são qualificadores e inspiradores; dessa forma, traduzidos em métricas coletivas e individuais que convergem para a busca de metas globais de uma organização.

Um OKR é composto de um objetivo qualitativo acompanhado de alguns key-results quantitativos e/ou mensuráveis. Como você pode ver, o objetivo (ou objective) não precisa ser SMART (*Specific*, ou específico; *Measurable*, ou mensurável; *Achievable*, ou atingível; *Relevant*, ou relevante; *Time-bound*, ou, na nossa tradução, com data de vencimento). Pelo contrário, objetivos devem ser qualitativos para não gerarem conflito com os key-results. Bons objetivos também devem ser aspiracionais: quanto mais memoráveis, melhor.

As key-results devem ter métricas e entregáveis claros que medirão se as equipes estão sendo bem-sucedidas ao atingir o objetivo desejado. Portanto, um bom exercício que o líder deve fazer com a sua equipe é sempre se questionar se ao atingirmos nossos key-results, teremos atingido nosso objetivo proposto?

Não se engane, os OKRs são metas! De Mello questiona o porquê todo o oba-oba a respeito? Entenda: OKRs são uma adaptação da prática tradicional de metas à realidade mais instável e competitiva das empresas de hoje em dia.

OKRs Metas

Quais são as diferenças?

OKRs são metas. Mas por que todo esse oba-oba?
Entenda: OKRs são uma adaptação da prática tradicional de metas à realidade mais instável e competitiva das empresas de hoje em dia.

Principais diferenças entre OKRs e Metas:

- **Ciclos mais curtos** – são criadas e reavaliadas em ciclos que variam entre 1 e 6 meses, enquanto a prática tradicional é gerir metas em ciclos anuais.
- **Mais transparentes** – toda empresa tem acesso às OKRs (exceto em casos específicos).
- **Mais flexíveis** – definida de forma mais descentralizada, dando voz aos colaboradores.
- **Moonshots** – estimulam os colaboradores a mirarem mais alto em seus resultados.
- **Menos ligada à remuneração** – em metas tradicionais, ligadas à remuneração, o colaborador pode bater o pé para números mais fáceis.

Figura 67 – Diferença entre OKRs e Metas.

Os OKRs devem ser criados e reavaliados em espaços mais curtos, variando de um a seis meses, enquanto a abordagem tradicional é gerenciar metas em um ciclo anual. Como veremos, o ciclo curto deve estar alinhado ao ciclo anual, bem com ao projeto estratégico, e, finalmente, na visão e no propósito da organização. Por padrão, o OKR de todos é público dentro da empresa. Como eles têm menos contato direto com o processo de gerenciamento de pagamentos (não deverá ter vínculo com bônus ou remuneração variável), isso deixa de ser um problema. Por outro lado, os benefícios de consistência e incentivo de se ter objetivos públicos são enormes. Vale lembrar que alguns OKRs continuarão sendo privados – quando puderem comprometer, por exemplo, a estratégia competitiva da empresa.

OKRs devem ser definidas de uma forma descentralizada, dando mais autonomia e participação aos times e a seus membros. No modelo de desdobramento por objetivos, os indicadores e metas tendem a ser desdobrados do topo (top-down) para baixo de uma maneira formal e rígida, por uma área de planejamento estratégico ou gestão de desempenho. Dessa forma, se todos os colaboradores baterem suas metas, supostamente a empresa terá batido as suas metas corporativas (correlação e fracionamento da meta). OKRs, por outro lado, são mais flexíveis: os colaboradores são incentivados a definir os seus OKRs em alinhamento com os objetivos mais elevados e depois validar com seus gestores.

Em algumas empresas, OKRs são alcançadas quando seus "donos" atingem 70% de sucesso. Então, você me pergunta, 70% é o novo 100%? Na verdade, não! A ideia é que se os colaboradores mirarem mais alto, busquem mais desafios, assim, atingirão mais resultados. Nesse contexto, os resultados reais alcançados são muito mais significativos do que os percentuais de atingimento.

Em organizações meritocráticas, a realização do objetivo é base para a remuneração variável. É o que denominamos condicionamento do comportamento humano, pois o não atingimento da meta acaba penalizando o colaborador, que começa a tentar negociar "metas alcançáveis". Qual é a ideia: se você atingir 100% das metas, você faz Y vezes seu salário mensal/anual. Nesse tipo de organização, os colaboradores tendem a bater o pé e negociarem metas mais fáceis para que seja maior a chance de atingirem-nas. Chamamos este processo de definir metas no formato "alvo ao tiro", eu defino o que consigo entregar. Nos OKRs, a porcentagem de conclusão não importa, mas, sim, os resultados reais alcançados.

Planejamentos estratégicos plurianuais podem parecer piada no mundo atual – uma vez que não conseguimos nem planejar o que nossas empresas farão em seis ou oito meses. No entanto, ainda assim é importante que haja algum tipo definição. Na nossa metodologia, esta definição serão as Cartas da Visão, as quais devem contribuir para que as decisões possam ser tomadas no dia a dia da empresa.

Como implantar este acompanhamento? O primeiro passo é determinar quais serão as metas e definir os OKRs. Inicie pelos objetivos e metas globais, ou seja, utilize os KPIs (que são indicadores de resultado – *outcomes*). Dessa forma, você traçará objetivos da empresa para o período de um ano, por exemplo. Determine metas mais bem específicas, que deverão ser cumpridas sempre no horizonte de um trimestre.

Agora que as metas da empresa estão definidas, é necessário selecionar metas para os departamentos, setores, processos e para os times. Para essa etapa, você deve ser cauteloso. Não é recomendado começar com muitas metas, nem recomendado que elas sejam ousadas, que possam confundir ou sobrecarregar os colaboradores. O ideal é começar com objetivos mais simples, para que todos possam contribuir e acompanhar sua evolução para entender melhor como funciona a metodologia.

O alcance de metas mais simples pode gerar mais engajamento e melhorar a autoestima para que o time possa se comprometer com metas maiores, que serão acompanhados pela implementação de indicadores mais arrojados em ciclos posteriores. Depois de um ou dois ciclos de metas da equipe, é hora de determinar as metas pessoais. Este é um método que as empresas de sucesso devem seguir ao implementar OKRs: os próprios funcionários participam do estabelecimento destas metas.

Em maneira geral, os OKRs individuais são definidos pelos colaboradores com apoio de seus líderes. É preciso que os gestores reúnam suas equipes e, com base nas metas globais da empresa, determinem de que forma cada um dos membros pode colaborar para que a organização atinja os seus objetivos. O ideal é que cada colaborador tenha entre 3 e 5 OKRs para cumprir em cada ciclo.

DICAS PARA MANTER O FOCO NA AGENDA!

Mapa de decisão para priorização dos projetos no Kanban

Na escolha dos projetos prioritários para investimentos, uma ferramenta muito útil, apresentada por Reinersen, é o Mapa de Retorno sobre o Investimento (MROI). Está ferramenta pode ser usada para ajudar a orientar as conversas e estabelecer qual funcionalidade do recurso é mais valiosa do que outras e quais recursos potencialmente gerariam um ROI[16] mais alto. A técnica para usar esta ferramenta gira em torno do negócio, representando a voz do cliente e sendo capaz de priorizar a funcionalidade do produto com base no valor para o cliente. Em seguida, outros representam a voz técnica e priorizam com base na complexidade técnica (que inclui tempo e custo).

Os resultados dessas discussões fornecerão uma representação visual da tomada de decisão, chamada de Mapa de Decisão ROI Relativo. Este mapa ajudará a conduzir mais conversas sobre o MVP para entender qual projeto tem o maior valor e deve ser entregue primeiro.

---

16 Return on Investment (ROI): em finanças, retorno sobre o investimento, também chamado taxa de retorno, taxa de lucro ou simplesmente retorno, é a relação entre a quantidade de dinheiro ganho como resultado de um investimento e a quantidade de dinheiro investido.

Para a tomada de decisão adequada sobre qual iniciativa ou desenvolvimento de produto investir e em que sequência, estabeleça este Mapa de Decisão de ROI Relativo (MROIR). Isso é feito considerando dois critérios principais:

1. A capacidade de gerar receita ou lucro com a decisão do produto. Tomando os conceitos do impacto negativo do custo do atraso: "Qual é o valor do negócio que estaríamos adiando por não implementar esta decisão?". Em outras palavras, é o custo de oportunidade de não fazer algo. Neste Mapa de Decisão de ROI Relativo, transformamos essa afirmação negativa em uma aspiração positiva, aproveitando o mesmo conceito perguntando: "Quanto o produto pode gerar receita ou melhorar o resultado?".
2. A capacidade de realmente entregar isso: "Qual é o prazo do piloto para entregar isso?".

A abordagem mostra que o negócio tem uma palavra a dizer sobre o valor de cada item que deseja investir com base no valor do negócio, estabelecido de acordo com a voz do cliente. Dependendo do projeto que está sendo desenvolvido, isso também pode incluir a voz dos especialistas de negócios neste domínio de produto para qualquer novo investimento que eles estejam tentando conduzir.

Ao pesar essas respostas contra decisões potenciais, você construirá um mapa visual no qual devem estar as prioridades (veja a Figura 68). As decisões que têm um alto potencial de receita ou alto custo do atraso por não agir, e um tempo relativamente curto para o mercado, devem ser tomadas imediatamente. Na extremidade oposta, as decisões que têm um potencial de receita baixo ou baixo custo de atraso, e que têm um longo tempo para o mercado, devem ser adiadas.

Isso é mostrado no eixo horizontal no diagrama para a escala de valor de negócios de baixo a alto. A técnica aqui é que os times tenham como determinar o valor para o negócio horizontalmente, de baixo para cima. Em seguida, o time tem que dizer sobre quanto tempo/custo será necessário para produzir a resultado que a empresa/cliente deseja. Isso é mostrado no eixo vertical para custo de entrega. Eles não podem mover itens horizontalmente.

Figura 68 – Prioridade de valor para o negócio.

Agora, o Comitê encontrará alguns intervalos naturalmente posicionais. Você verá onde pode desenhar arcos para agrupar iniciativas na Figura 69. O grupo mais abaixo à direita tem o ROI mais alto e, à medida que trabalhamos para sair do mapa, o ROI diminui. Observe que os itens com baixo valor e baixo custo de desenvolvimento (no canto esquerdo inferior da figura) geralmente acabam sendo excluídos ou arquivados, pois há trabalhos mais novos, mais interessantes e de alto valor para fazer.

ROI Relativo

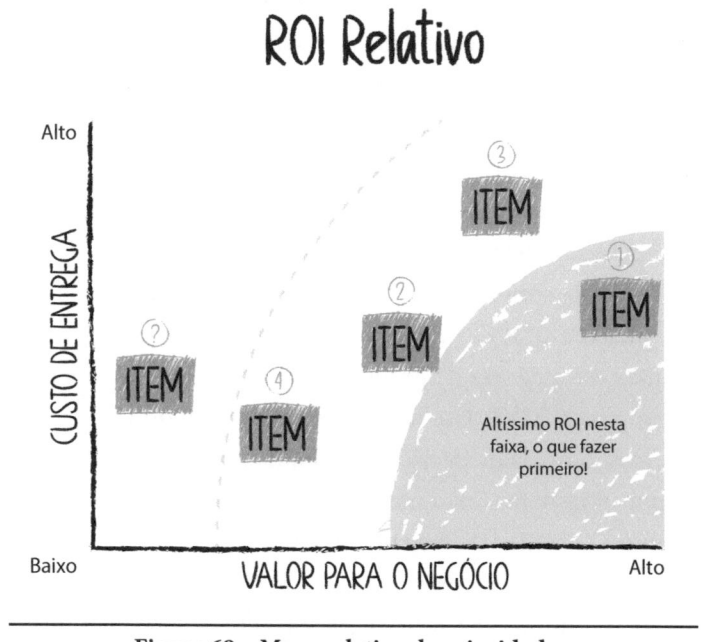

Figura 69 – Mapa relativo de prioridades.

Além disso, ao considerar itens no canto superior direito, que são de alto valor e alto custo, o grupo deve ser desafiado a pensar sobre como pode ser dividido em entregas menores. Muitas vezes, há uma joia mais barata e valiosa escondida no item de trabalho maior que pode ser descoberta usando o modelo de ROI relativo. Depois de dividir o item de trabalho grande em partes menores, volte ao modelo de ROI e está próxima rodada de discussões deve ser sobre as partes de trabalho menores e valiosas.

Os resultados de uma passagem completa do que o mapa mostra é uma ótima primeira etapa para ter um agrupamento priorizado de funcionalidade para começar a criar um roteiro de produto. Ao manter e iterar neste mapa ao longo do tempo, essa ferramenta e técnica podem ajudar em qualquer discussão dinâmica ou de compensação sobre a funcionalidade do produto que pode ser necessária quando o feedback é obtido da empresa e dos clientes.

Então, como a visão de longo prazo pode coexistir com os pilotos e o MVP? É simples, mas muito difícil de fazer, e muitos estrategistas de produto superestimam o que é necessário para o MVP. Use todas as entradas disponíveis de seus clientes, o mapa de decisão de ROI, dados de canais e vendas e, por último, mas não menos importante, seu melhor julgamento. O objetivo de uma boa estratégia de produto é fornecer um roteiro de longo prazo. Os pilotos e MVPs, por outro lado, estão acostumados a testar suas suposições sobre um desses itens de roadmap caros, complexos e de longo prazo. Comece pequeno, obtenha feedback do cliente, itere e gire se necessário. Um bom roteiro de produto pode absorver as mudanças necessárias na direção e o MVP irá, no início do processo, ajudar a conduzir uma solução holística futura nesse roteiro.

Como já mencionamos, escolher o piloto certo é fundamental. E dividir esse piloto na menor solução que fornece valor ao cliente – o MVP – é seu próprio desafio. A estratégia de produto geralmente facilitará as atividades envolvidas em ambos, incluindo o trabalho que vai para o Mapa de Decisão de ROI Relativo. Como a estratégia de produto é o proxy do cliente, eles precisam sintetizar as solicitações do cliente e os recursos apresentados pelos quatro pilares. Eles têm a difícil responsabilidade de tomar decisões estratégicas de longo prazo que vão impulsionar novos clientes e reter a base de clientes existente, em vez de buscar ganhos de curto prazo que não melhorem as taxas de retenção ou ganhem participação de mercado.

FASE 4 – GOVERNANÇA

O livro *A Jornada da Transformação Digital* diz que a governança se preocupa com a forma como a tomada de decisões dentro das organizações, bem como em relação aos seus investimentos e seus projetos, é conduzida. Embutida nessa visão está a garantia de que a capacidade necessária de gerenciamento do projeto estratégico existe e é suficiente para as necessidades da organização e que, em um nível de projeto individual, os recursos estão sendo implantados de maneira eficaz e eficiente. No que diz respeito à organização e às estruturas de funções, a governança também abrange não apenas questões de prestação de contas e responsabilidade, mas também a concentração e o equilíbrio de poder. Assim, embora os modelos de governança tradicionais frequentemente estipulem a existência de um comitê diretor que direciona os projetos e para quem as decisões podem ser escaladas para resolução, outras abordagens dependem mais da sabedoria coletiva e da democratização da tomada de decisão, sugerindo que as implementações de modelos de governança podem variar consideravelmente em seus detalhes. Portanto, embora a governança busque garantir que os benefícios pretendidos sejam realizados de uma maneira que, em última análise, cumpra a estratégia e a visão geral, exatamente como isso é alcançado é uma questão em aberto. Isso implica, por um lado, que a acomodação do pensamento ágil é necessária e, por outro lado, que o ágil se beneficia das perspectivas tradicionais de governança.

Às vezes ouvimos a palavra "estratégia" usada em conjunto com "táticas", mas há uma diferença entre as duas. Tendemos a pensar na estratégia como parte de algum domínio superior de planejamento, enquanto as táticas são a execução da estratégia. Se sua estratégia é se tornar um médico ou advogado, os cursos que você faz fazem parte dessa estratégia, mas as formas que você escolhe para estudar e se preparar são táticas. Clausewitz distinguiu entre estratégia e tática, concentrando-se nos níveis de conflito. Em suas palavras: "Assim como a tática é o emprego de forças militares na batalha, a estratégia é o emprego de batalhas [...] para atingir o objetivo da guerra". A estratégia abrange táticas bem executadas e não pode ser divorciada das táticas. Muitos grandes planos estratégicos podem falhar por não reconhecer este ponto crucial.

O pensamento estratégico não termina com a elaboração e execução de uma estratégia. O pensamento estratégico significa interação constante com o meio ambiente durante a execução da estratégia. A estratégia bem-sucedida é dinâmica, adaptativa, oportunista e depende da execução rápida, ousada e decisiva de táticas. O pensamento estratégico também é instrumental, pois ele acaba sendo utilizado como instrumento para atingir nossos objetivos. Torna-se um recurso, bem como dinheiro, tempo ou trabalho. Observe também que ele é útil em uma série de atividades, desde as grandes e arrebatadoras até as domésticas e diárias. Pensar estrategicamente nos ajuda a extrair sentido do caos e nos permite usar as forças ao nosso redor em nossa vantagem, em vez de permitir que essas forças nos golpeiem. Aprendemos a zelar por nossas próprias vidas, tanto planejando com antecedência quanto adaptando nosso plano nos momentos de decisão que mais importam.

Muitas organizações e seus líderes ainda não perceberam a amplitude da transformação que está em curso. Esse é um risco ainda maior quando o Conselho ainda não está pronto para esta discussão. Via de regra, nossas experiências e matriz de valores podem impedir que tomemos a decisão correta. A velocidade e a profundidade da revolução tecnológica e social, base da chamada Quarta Revolução Industrial, vão afetar toda a sociedade e, consequentemente, setores e organizações, seja na maneira como vemos o emprego e suas capacitações, seja destruindo ou criando funções. Obviamente, vão afetar de forma radical a maneira como as empresas se organizam e operam. As fronteiras entre os próprios setores começam a se dissolver – não apenas *startups*, mas empresas de outros setores entram em segmentos considerados sólidos e fechados.

Esse novo contexto, caracterizado pela incerteza e volatilidade, obriga que conselhos e conselheiros consigam dar respostas rápidas. Em consequência, demanda um modelo organizacional diferente do criado para dar sustentação às empresas da sociedade industrial. A velocidade das mudanças sinaliza claramente que o modelo hierárquico e matricial, como modelo de tomada de decisão, não traz a agilidade necessária para sobreviver nesta sociedade da era digital.

Aí vem a pergunta: como uma empresa, modelada para operar na velocidade da sociedade industrial, pode se tornar uma organização exponencial, ágil e inovadora? Como quebrar no Conselho o *mindset* de reduzir riscos, que, obviamente, é a antítese de inovação e experimentação? Sim, fazer uma transformação em uma empresa tradicional não é uma tarefa fácil. Mas não é impossível. E deve ser feita, até por questões de sobrevivência empresarial.

O primeiro passo é não permitir que a mudança ocorra no desespero. A transformação de uma empresa depende da mudança da mentalidade da alta administração. Os executivos precisam entender a urgência da mudança para a provocarem. Sem o apoio e comprometimento do Conselho, CEO e demais executivos C-Level, as mudanças não avançarão.

Entretanto, achamos que a governança não morreu. Alguns pensadores advogam que, no mundo da Transformação Digital, a gestão tem que ser ágil e, portanto, não caberia mais a existência de processos estruturados para fazer as coisas. A complexidade do ambiente de negócios e a demanda por resiliência, agilidade e velocidade implicam que a governança seja essencial para que a agilidade não se torne um caos. Para que a diminuição ou eliminação dos níveis hierárquicos não se transforme em um vácuo de decisões. E para que a empresa não sucumba às mudanças das variáveis do cenário de negócio.

Na verdade, queremos destacar aqui, de forma clara e direta, a importância da governança em um mundo digital, ágil e rápido nas tomadas de decisões. As práticas de governança foram desenvolvidas em um contexto de crescimento mais linear do mercado, como também consideravam as análises de risco e as projeções de retorno de investimento, sempre com o foco no compliance e no crescimento de valor para os acionistas. Não havia tantas empresas digitais que crescem exponencialmente, criptomoedas que desafiam as regulações, além de um grande fluxo de investimentos que, cada vez mais, miram alvos que se movem a três dígitos anuais (crescimento exponencial). Nas boas práticas do mercado, ou na literatura de governança recente, também não se encontram recomendações de como o capital de risco deve tratar *outliers* excêntricos. Eles surgem não mais nas garagens do Vale do Silício, mas, atualmente, em qualquer região do mundo, seja Israel, China, Índia, Brasil, ou em qualquer outro país, em um mundo de inovação sem fronteiras.

A nova economia pode desafiar o *status quo* da governança corporativa em empresas tradicionais. Por isso, faz-se necessário manter práticas que se comuniquem com as startups em novo ritmo que, quando desgovernado, pode oferecer riscos a uma velocidade totalmente diferente da que os sistemas de governança tradicionais estão acostumados a enfrentar.

Encontrar modelos flexíveis que mantenham o alinhamento das boas práticas de governança com a mesma rapidez com que a nova economia requer. Sendo capaz de equilibrar o controle, sem sufocar motores da inovação, com fardos de regulações, análises e compliance pesados demais. A inovação sempre estará à frente da regulação.

Logo, as práticas de governança não precisam somente de atualização, mas de um *modus operandi* oxigenado e vivo que, sobretudo, mantenha sua constante adaptação alinhada ao crescimento exponencial do negócio e hiperconectado com as questões fiscais e regulatórias. Uma boa governança pode atrair bons conselheiros. E, ambos, não só melhoram o negócio, mas também a reputação destes, mitigando os riscos da hiperexposição.

E como endereçamos[17] um cenário de empresas globais com modelos de negócios baseados em dados, cujas decisões estão se tornando mais complexas que aquelas tomadas por nações? Qual é a definição de ética para um mundo hiperconectado em uma economia digital? Quais são os desafios para entender a economia do compartilhamento em toda a sua complexidade, com nuances e contradições, sem cair em estereótipos, binarismos ou ideologias? Podemos aqui apresentar alguns destes paradoxos que Conselhos e Conselheiros terão que lidar daqui para frente na governança das suas empresas. Forças e pressões deste da Era Digital!

E aqui começam as contradições: uma empresa com mais donos não significa uma empresa com melhor governança. Os investimentos mais frequentes no cotidiano dos empreendedores são aliados para que as empresas se desenvolvam e ganhem escala. Mas, paradoxalmente, representam também uma área maior para o conflito entre propriedade e gestão. Ou seja: há mais necessidade de governança. Por um lado, uma maior quantia de dinheiro pode criar um cenário com complicações para as empresas que o recebem de forma desproporcional. Dinheiro abundante e barato funcionou

---

17 *O Universo da Governança na economia veloz*. E-book da Go.New. São Paulo: Janeiro/2020.

como energia artificial para empresas problemáticas que deveriam ser fechadas[18].

Diante desse cenário, devido ao aumento do fluxo de capital, cada vez mais processos específicos de *due diligence* se tornam essenciais para aferir adequadamente os potenciais financeiro, econômico, de experiência (ROX – *Return on Experience*) e de tecnologia. E a famosa frase de que "se investe em jóquei e não em cavalo" tem outros desdobramentos. Mas quais critérios podem ser adotados para tais aferições em *startups*? Valuations não são mais como antigamente. Primeiro porque é preciso fazer *due diligence* não só do negócio, mas também do time e dos fundadores. Além disso, novos elementos desafiam regras e a percepção contábil das empresas, como o *Day Asset*, os LTVs de longo prazo e os custos de controle sobre dados, que se movem rapidamente de um ativo para um passivo. Um levantamento de Jay Ritter, professor da Universidade da Flórida conhecido como Mr. IPO, apontou que 81% dos 134 IPOs realizados nos Estados Unidos em 2018 foram de companhias que registraram prejuízo nos doze meses anteriores à abertura do capital.

Como resposta aos padrões muitas vezes rígidos do IPO, empresas velozes estão em outros modelos de abertura de

---

18 MING, Celso. Os juros negativos e o mundo mudando. *Estadão*, 23 jan. 2020. Disponível em: <https://economia.estadao.com.br/noticias/geral,os-juros-negativos-e-o-mundo-mudando,70003170300>. Acesso em: 21 fev. 2021.

capital. O principal deles hoje é o direct listing, modelo usado recentemente por empresas como Spotify e Slack para fugir da subavaliação do IPO tradicional. De acordo com Ritter, as empresas deixaram de ganhar US$7 bilhões, apenas em 2018, por causa da subavaliação dos bancos na hora de abrir o capital. Por outro lado, a definição clássica de empresas como organismos vivos parte da ideia de que elas nascem, crescem e morrem. Dentro dessa visão, a perenidade sempre foi um desafio e um ideal almejado.

Aqui podemos fazer outra consideração sobre os novos paradoxos da governança. Como estabelecer controles e monitorar modelos de negócios inéditos? Eles jogam por terra métricas corporativas do passado? Talvez não, mas, de acordo com Eric Ries, empreendedor do Vale do Silício, muitos dos instrumentos de gestão não estão preparados para um ambiente de extrema incerteza. É importante estar *familiarizado com os novos modelos de negócios* e as estratégias específicas do setor em evolução (sejam serviços, *software*, tecnologia ou digital, entre outros) e se sentir confortável com um ritmo de mudança mais rápido do que aqueles do passado. Algumas organizações, como o Guardian Media Group, do Reino Unido, reformulam e substituem seus planos estratégicos a cada três meses. Como observa Fabiola Arredondo, diretora da Burberry, Campbell Soup Company e National Public Radio, os conselhos costumavam fazer uma sessão de planejamento estratégico anualmente. Agora, é mais comum introduzirem discussões estratégicas em cada reunião do conselho, com uma discussão mais aprofundada uma ou duas vezes por ano.

Embora seja um modelo interessante na busca por delinear questões de controle para novas estratégias e gestão, na hora da prática, as coisas não são divididas de forma tão precisa e acabam se misturando no decorrer dos processos. Um desses desafios é a sucessão empresarial, uma preocupação crescente dos proprietários de empresas, tendo em vista o ambiente de negócios mais veloz e o encurtamento do ciclo de vida das empresas. E a grande questão é: como não perder o *timing* das gerações futuras para sucessão em uma empresa familiar? Como consequência dessa profunda integração entre o mundo digital e a sociedade, estamos testemunhando uma explosão de ofertas diretas ao Cliente (D2C), geradas por um ciclo virtuoso de desagregação e reorganização. De uma época em que legados eram transmitidos de pai para filho e as preocupações da governança familiar, em sua maioria, eram sobre criar conselhos de família e definir o papel das futuras gerações em relação aos negócios, passamos para o momento em que temos menos certeza sobre a perenidade dos negócios e a sobrevivência para a atual geração na gestão. John Davies, com seu modelo de sucessão, pode ficar rapidamente ultrapassado!

Não deveria ser a governança familiar totalmente repensada? A cada dia temos menos certeza sobre o papel das próximas gerações e do *Family Office* no que tange a investimentos, empresas e novos modelos de negócios. Assim, a perenidade tratada no tópico anterior se traduz, agora, muito mais em gerar ciclos de novos negócios do que em transferência de legado e sucessão.

GOVERNANÇA – ENTREGÁVEL: COMITÊ AGILE STRATEGY

A governança se preocupa com a natureza das estruturas de tomada de decisão que orientam e dirigem as atividades e, como tal, é uma atividade separada da gestão de recursos e pessoas. Em termos gerais, há duas influências principais na definição mais ampla de governança de projetos que são derivadas da economia dos custos de transação e da teoria da agência principal. A economia dos custos de transação examina os custos incorridos ao realizar uma transação (por exemplo, busca de informações, negociação de contratos e execução) e se tornou uma teoria econômica fundamental que deu origem à noção de estruturas de governança econômica que moldam a atividade econômica e seu controle. A prevalência da economia dos custos de transação se deve ao significado que ela desempenha nos custos gerais e, portanto, sua relevância para a governança diz respeito ao uso eficaz e eficiente dos recursos. Portanto, não deve ser surpresa que as maquinações contratuais (em que os interesses das diferentes partes precisam ser protegidos e monitorados a fim de garantir que os principais participantes não tentem manipular os resultados apenas em seu benefício) são tanto uma preocupação de governança quanto o equilíbrio das necessidades de interesses concorrentes e conflitantes.

Apesar das amplas conotações de estruturas de tomada de decisão, as definições específicas de governança de projetos estratégicos variam desde aquelas que se concentram em detalhes contratuais econômicos até aquelas que adotam uma postura de princípios muito ampla sobre gestão de partes interessadas, justiça processual e obrigações contratuais. Em alguns casos, a governança do projeto estratégico é entendida como a projeção da governança corporativa sobre os projetos de forma que suas atividades estejam alinhadas com os objetivos da organização. No entanto, na maioria das vezes, as características de governança são condicionadas por muitos fatores, incluindo a especificidade dos ativos das entregas do projeto, a natureza relacional do empreendimento e a cultura de negócios predominante. Essas considerações admitem a possibilidade de que a governança também precise ser adaptada para atender à gestão das relações entre as partes envolvidas. Segue-se apenas, portanto, que a adoção do Agile inevitavelmente também terá alguma influência sobre como a governança será expressa dentro de um projeto.

Apesar da diversidade de debates sobre a natureza da governança de projetos estratégicos, há uma dicotomia clara em termos de como ela influencia os projetos individuais. Por um lado, existe a governança externa do projeto que é imposta de cima para baixo aos projetos. Aqui, o objetivo é estabelecer políticas e padrões independentes que os projetos devem seguir e com base nos quais as comparações entre os projetos podem ser feitas (por exemplo, função de governança encontrada no portfólio ou nível de programa e talvez executada por um PMO). Essa perspectiva destaca as preocupações da agência principal entre os projetos individuais e a autoridade predominante que dita os termos de governança para eles. Isso aponta para uma necessidade motriz de alinhamento com uma estratégia abrangente (por exemplo, como na situação em que os projetos constituem um programa), bem como a necessidade de submeter os projetos a monitoramento e relatórios padronizados. A outra visão, moderadamente mais popular, é que a governança do projeto estratégico está sujeita às circunstâncias específicas de um projeto e, portanto, envolve a adaptação e o estabelecimento de regras e entendimentos compartilhados entre os participantes e suas partes interessadas. Na verdade, a governança, neste contexto, é entendida como um meio de facilitar a congruência de objetivos das partes que possuem pontos de vista diferentes. Assim, as principais características desta perspectiva se concentram na natureza transitória, embora independente, das organizações de projeto unidas por um objetivo comum, nos relacionamentos frequentemente complexos entre as partes (por exemplo, fornecedores, contratados) e o papel da governança na salvaguarda do alinhamento de interesses e acomodação de contingências externas.

Em comum com a maioria das visões sobre governança, a tomada de decisão deve envolver indivíduos apropriados com base em sua autoridade de decisão (por exemplo, comando de recursos) e a capacidade de tomar decisões corretas em tempo hábil (por exemplo, proximidade de detalhes operacionais relevantes). À luz das observações da dinâmica de sistemas abordadas no Capítulo I, a oportunidade é particularmente importante, uma vez que as próprias estruturas e interfaces que muitas vezes são introduzidas em nome da boa governança podem, de fato, prejudicar a tomada de decisão ao introduzir atrasos que resultam em decisões sendo tomadas com base em informações obsoletas. Assim, pontos de revisão frequentes ao longo do processo são necessários para avaliar continuamente a adequação da solução emergente e para adaptar seu desenvolvimento à luz de novas informações (por exemplo, mudanças no mercado). Existem aparentemente inúmeros princípios em torno da governança do projeto estratégico, embora os seguintes, que foram adaptados e reinterpretados em termos ágeis, tenham um consenso razoável entre os líderes do projeto:

- Ponto único de responsabilidade: a responsabilidade por qualquer decisão de investimento deve ser atribuída a um Comitê Estratégico (Comitê Agile Strategy) confiável que está no comando dos recursos necessários e autoridade para dirigir as atividades e assumir a responsabilidade por elas. Inerentemente vinculado à liderança (Conselho), esse comitê deve ter capacidade para atuar como árbitro final dos conflitos relativos à direção e à natureza dos investimentos e projetos.
- Assegurar o alinhamento da governança do projeto e entrega da solução. Este princípio orienta o

envolvimento direto e a integração dos negócios em vários níveis na tomada de decisões relativas ao desenvolvimento da solução. Também garante que as divisões (talvez decorrentes de estruturas organizacionais) não inibam a comunicação e a colaboração e que haja validação contínua em relação ao que está sendo entregue.

- Separação da gestão das partes interessadas (stakeholders) e da tomada de decisão do projeto. Embora a gestão das partes interessadas seja importante e garanta a aceitação dos resultados da solução, não é obrigatório envolver todas as partes interessadas em todas as decisões relacionadas ao projeto estratégico. Os desacordos e conflitos mais amplos sobre a direção de um projeto que invariavelmente surgem entre as diferentes partes interessadas não devem prejudicar a autoridade do Comitê Agile Strategy do projeto ou inibir o empoderamento e a auto-organização das Squads (por exemplo, talvez envolvendo o as partes interessadas certas no momento certo). A adoção desse princípio claramente favorece modelos de governança menos democráticos, mas é consistente com as práticas ágeis, na medida em que o princípio de governança anterior é respeitado.
- Separação do projeto estratégico da governança organizacional. Esse argumento mostra a independência da tomada de decisão do projeto da influência

organizacional (por exemplo, gerentes de linha individuais), embora não impeça a projeção da governança corporativa nos projetos. Em ambientes ágeis, isso é particularmente importante, uma vez que grande parte da tomada de decisões ocorre no contexto de equipes auto-organizadas que devem ser suficientemente fortalecidas.

Um aspecto da governança que merece atenção especial para empreendimentos ágeis é a maneira pela qual as decisões são afetadas pelo contexto social, sugerindo que as redes sociais nas quais os participantes operam desempenham um papel na forma como as decisões são tomadas. Por exemplo, a história mútua e a confiança compartilhadas podem influenciar a forma como os acordos de trabalho são estruturados. Em muitos aspectos, o Agile aprimora os aspectos tradicionais da governança por meio de sua maior velocidade de comunicação, o que resulta em maior pontualidade das informações nas quais as decisões são baseadas.

GOVERNANÇA – ENTREGÁVEL: DIGITAL DAY

Já discutimos a transformação digital que na maioria das vezes permite que você resolva todos os problemas com seu próprio celular ou tablet em tempo real com total autonomia, sem necessidade de interação um operador ou atendente.

Hoje, as pessoas fazem tudo de forma 100% digital, desde pequenos negócios (como compras online) até grandes transações entre empresas. Neste momento, as pessoas podem trabalhar em casa, serem atendidas remotamente por um médico (telemedicina), estudar, realizar provas e testes de certificação, assistir uma palestra ou mesmo uma apresentação musical do seu cantor e artista preferido. Essa situação está se tornando cada vez mais comum, fazendo com que essa transição para a digitalização seja mais intensa e necessária. Não é mais uma questão de transformação é de aceleração digital. Ou seja, empresas que ainda não aderiram à Era Digital e não adaptaram seus processos e canais de atendimento e vendas são abandonadas pela concorrência. Ainda não é tarde demais!

Pensando nisso, criamos na metodologia do ASM o Digital Day. Um dia que a organização deve mobilizar seus gestores a discutir esta transformação, as ferramentas disponíveis, bem como interagir com as startups e novos modelos de negócio. A agenda deve conter um conteúdo exclusivo, que vai abordar tudo que você e sua equipe precisam para começar essa mudança na sua empresa. Uma sequência de lives com especialistas, parceiros e clientes, que falarão sobre como diversos setores se adaptaram a esta realidade atual, com dicas para você também fazer essa migração para um mundo sem papel e totalmente digital. Reunião com empreendedores ou centros de conhecimento para aprofundar em ferramentas ou mesmo conceitos importantes para os negócios na Era Digital.

A maioria das organizações fala sobre cultura de inovação, mas muitas não têm uma noção clara do que isso significa e de seu impacto sobre elas. Discussões sobre cultura de inovação não soam de forma semelhantes para todos. Alguns descrevem a cultura como "o caminho que as coisas foram feitas até aqui", outros como "a soma total de comportamentos". No entanto, a cultura da inovação tem um significado específico, além de possuir algumas propriedades importantes que merecem destaque:

- **é compartilhada**: é uma qualidade de um grupo (por exemplo, um departamento, uma unidade de negócios, uma organização), e não de um indivíduo;
- **evolui continuamente**: a qualquer momento, podemos apenas observar ou gravar um instantâneo da cultura de inovação de uma organização;
- **é uma construção local**: é provável que existam muitas subculturas de inovação dentro de uma organização. Quanto mais diversificada ou descentralizada a organização, maior a probabilidade de tais subculturas.

A Transformação Digital começa na vida particular das pessoas – uso de *smartphones*, compras on-line e aplicativos para agilizar diversas tarefas, entre outros –, mas, frequentemente, não se estende ao ambiente corporativo, o que pode ser um fator prejudicial para o negócio.

Os aspectos tangíveis e intangíveis do desenvolvimento da cultura digital requerem gestão e coordenação para produzir bons resultados. Dentre eles, podemos citar a aquisição e integração de recursos técnicos, bem como o treinamento para que os usuários entendam, usem e otimizem a tecnologia em seu dia a dia. Conheça algumas boas práticas que podem ser adotadas para que a transformação digital faça parte do DNA da sua empresa:

- **Comece de cima – *top down*:** a alta direção da organização precisa adquirir conhecimento sobre Transformação Digital para poder vislumbrar os impactos positivos e negativos da aplicação das novas tecnologias na operacionalização da empresa, e até mesmo para perceber oportunidades de mudança no seu modelo de negócio. Dessa forma, as lideranças estarão aptas a tomar decisões bem-sucedidas; estabelecer as estratégias necessárias para agregar valor aos produtos, processos e serviços da organização; e conduzir as equipes para alcançar essa visão pretendida.
- **Quebre o paradigma da hierarquia:** as estruturas piramidais de hierarquia organizacional estão sendo questionadas e não são compatíveis com a transversalidade do ASM. Cada vez mais, as equipes de trabalho precisam ser multifuncionais, e não hierárquicas, para se integrarem sem qualquer tipo de barreira e gerarem resultados rápidos se valendo da inovação tecnológica.
- **Integre seus colaboradores:** utilize ferramentas digitais de trabalho colaborativo. Elas auxiliarão

sua equipe a se engajar no ambiente tecnológico da Transformação Digital – interagindo com os colegas e os parceiros de negócios da sua empresa de forma transparente — e a romper as barreiras hierárquicas, assim como perceber a transversalidade dos recursos tecnológicos.

- **Automatize seus processos organizacionais:** elimine as atividades repetitivas, manuais e que agregam pouco valor, ou uso da automação e da robótica, podem tornar os processos organizacionais mais produtivos e reduzir drasticamente os pontos de atrito com seus clientes. Assim, você libera a sua equipe para se desenvolver e usar seus esforços pessoais para aprender a lidar com novas ferramentas tecnológicas ou humanizar o atendimento. É nesse momento que o mapeamento da jornada do cliente identifica os principais pontos de atrito (insatisfação ou redundâncias) em que a automação torna o processo mais leve. Além disso, isso permite usar a criatividade para gerar ideias inovadoras para aplicar a Transformação Digital na melhoria dos processos, da experiência do cliente e da gestão do negócio. Vale lembrar que uma cultura digital se consolida somente quando os hábitos e costumes relacionados às inovações tecnológicas se incorporam às práticas diárias dos seus colaboradores, com a formação de um *mindset* digital.

- **Foque no seu cliente:** os clientes e usuários estão cada dia mais conectados aos recursos tecnológicos que facilitam o consumo de produtos, a comunicação e o relacionamento. Essa mudança comportamental tornou a vida deles mais prática e rompeu todas as barreiras geográficas e temporais que, anteriormente, limitavam as escolhas que podiam ser feitas. Em função disso, a competitividade empresarial ficou ainda mais intensa. Antes, sua empresa competia em nível local, mas agora compete em nível global.

Por esses motivos, as tecnologias digitais precisam ser incorporadas ao seu negócio para tornar a experiência do cliente mais ágil, eficiente, simplificada e personalizada nos processos de interação com a sua empresa, de modo que a jornada de compra seja mais prazerosa e os níveis de satisfação se elevem. Sem a cultura digital, sua equipe fica privada da percepção dos movimentos de mercado, das mudanças comportamentais dos clientes e das oportunidades de negócios que podem ser desenvolvidas para prover continuidade e sustentabilidade para a sua organização.

Para essa finalidade, poderão ser incorporadas tecnologias como plataformas de serviço inteligentes – aplicativos responsivos –, Inteligência Artificial, *big data*, redes sociais, blogs com conteúdo rico e técnicas de SEO[19], entre outras possibilidades. Mas, para operacionalizar tudo isso, seus colaboradores precisam se engajar às ações de Transformação Digital.

O ASM nas empresas deve começar pelas pessoas, a partir das principais lideranças, para que ampliem seus conhecimentos e seu campo de visão acerca dos recursos tecnológicos que favorecerão a produtividade, a competitividade e a sustentabilidade do negócio. Isso só é possível por meio do desenvolvimento de uma cultura digital. Criar um programa com a participação das principais lideranças e multiplicadores e atender uma agenda de imersão digital são fatores determinantes para o sucesso e engajamento das pessoas no ASM (Agile Strategy Management).

O projeto de Agile Strategy Management deve seguir algumas etapas:

CULTURA DIGITAL

Novas maneiras de trabalhar a liderança. Demonstre que a Transformação Digital não se faz adotando novas tecnologias ou ferramentas, mas sim por meio de uma

---

19 As práticas de Search Engine Optimization (SEO) são fundamentais para dar a uma empresa a devida relevância em ambiente on-line. Sem elas, é bem possível que, mesmo com um conteúdo interessante, suas páginas acabem se perdendo em meio a tanta informação disponível na rede.

mudança de comportamento da organização que deve ser adotada por todos. Para transformar comportamentos emergentes e o papel da liderança, precisamos entender e dimensionar o quanto é importante realizar uma transformação de mentalidade que permeie toda a cultura da empresa. Nesse processo, ficará claro que não é suficiente apenas implementar novas tecnologias dentro de uma empresa para se tornar digital, mas que é fundamental mudar a mentalidade, de forma que todos assimilem as vantagens do digital. Trabalho colaborativo, processos mais curtos e experimentação são algumas das mudanças que devem ser incorporadas na sua cultura empresarial.

DESCOBERTA

Quais as necessidades do cliente e desenvolvimento de produtos e serviços. Oriente os participantes a descobrirem serviços e características que realmente agreguem valor ao produto, avalie a viabilidade das propostas e economize tempo e recursos buscando novas alternativas para administrar as prioridades dos diferentes públicos. Descubra métodos de trabalho que ajudem na inovação e aprenda a avaliar comportamentos que impedem mudanças para modificá-los e obter resultados. A etapa de descoberta tem como objetivo encontrar novas formas de criar experiências que os usuários desejem e, portanto, produtos e serviços pelos quais se apaixonem!

Nessa fase, é preciso levantar requisitos a partir de empatia e foco na jornada do usuário. Planeje e lidere o desenvolvimento de produtos/serviços centrados no usuário. Construa *Design Sprints* para gerar consenso entre todos os membros do time e equilibrar no dia a dia os três pilares do Lean UX: *Design Thinking*, Metodologias Ágeis e *Lean Start Up*. Aplique *Design Thinking* como uma ferramenta estratégica.

NEGÓCIOS DIGITAIS

Inovação, modelos de negócios e transformação. Entenda por que é fundamental assimilar as diferentes formas de gerar rentabilidade proporcionadas pelo mundo digital. Utilize ferramentas como o modelo Canvas para explicar um modelo de negócios em apenas uma folha, de forma clara e correta.

UX DESIGN

Entendimento do cliente e design centrado no usuário. Apresente metodologias e ferramentas usadas em UX/UI que possibilitem a aplicação prática em casos reais. Instrumentalize e capacite os colaboradores a entender o contexto dos consumidores, criar conexões com eles e se tornarem agentes de transformação e inovação.

METODOLOGIAS ÁGEIS

Fundamentos, implementação e casos de sucesso. É preciso fazer uma imersão em métodos ágeis e Scrum para ter o entendimento teórico e prático dos papéis de um time ágil, dos eventos e ferramentas que existem, além de apresentar ferramentas para implementar e gerenciar iniciativas ágeis e auxiliar na adoção de um novo *mindset* para o método ágil – que é um dos fatores mais desafiadores na adoção do Scrum. Entregas rápidas de valor, transparência e aceitação às mudanças são fundamentais nos métodos ágeis.

MARKETING DIGITAL

Modelos, mídia, ciclo de vida e ferramentas. O que mudou do Marketing Tradicional para o Digital? Faça com que os colaboradores compreendam quais são os diferentes canais disponíveis para estar mais perto do cliente e qual a importância de falar com eles e manter contato constante para aprender mais sobre eles e suas necessidades. Como planejar a partir dos produtos e do *target*? Como começar a pensar uma estratégia de Marketing Digital?

DATA ANALYTICS

Dados, métricas, visualização e análises. Demonstre que o valor não está no *big data*, mas, sim, na captura, tratamento e estruturação das análises desses dados para se obter *insights*. Apresente as vantagens de dominar as métricas corretas para cada tipo de negócio. Compartilhe as ferramentas disponíveis no mercado para gerenciar métricas (KPIs). Entenda por que a definição assertiva das linhas de investigações leva a uma melhor coleta e tratamento das informações, a diagnósticos mais acurados e, portanto, a melhores resultados. Saiba o que medir, como medir e por que cada métrica é determinante. Familiarize-se com o Google Analytics, a principal plataforma para dados, mas saiba que ela não é a única! Conheça o básico sobre ferramentas de análises de dimensões secundárias e saiba que alguns dados estão a apenas um clique de distância.

DATA SCIENCE

Fundamentos básicos e tendências de mercado. Compreenda como o contexto do avanço tecnológico exponencial atua na rápida expansão da área de *Data Science*, explorando diferentes aspectos dessas novas tecnologias, seus fundamentos, aplicações práticas e perspectivas.

GOVERNANÇA – ENTREGÁVEL: KPIS

Estamos chegando ao final! Agora é definir os KPIs! Indicadores de desempenho são muito importantes para uma organização e devem estar em constante análise e aprimoramento. Acompanhar medindo os resultados alcançados pela organização é a melhor forma de saber se as estratégias utilizadas estão sendo eficazes.

Os indicadores de desempenho, também conhecidos como KPIs (*Key Performance Indicators*), são medidas para verificar os resultados finais (*outcomes*). Esses indicadores são usados para avaliar a eficácia das ações da empresa para atingir as metas e objetivos identificados no plano estratégico. Sua função é determinar a evolução da empresa em sua busca por vantagem competitiva ao longo do tempo. Eles podem ser usados como um guia para esclarecer os próximos passos a serem dados

Cada organização deve analisar quais indicadores são mais eficazes e importantes para o seu negócio, pois eles podem variar em função de diversos fatores, tais como: objetivos e missões de cada empresa, segmento em que atua, porte da empresa, setor da economia, sociedade e política do local ou particularidades da sua equipe.

O desempenho pode ser avaliado a partir de diversos aspectos, basta optar pelo indicador que mais representa as características e necessidades de sua organização. Abaixo

podemos citar exemplos de grupos de indicadores e suas respectivas funções:
- Indicadores Estratégicos: tem como objetivo avaliar se as metas estão sendo alcançadas conforme o prazo estabelecido. As taxas de crescimento, rentabilidade e a participação no Market Share são alguns exemplos desse tipo de indicadores.
- Indicadores de Produtividade: tem como finalidade mensurar o nível de eficiência dos recursos e insumos da empresa. Por exemplo, contatos realizados para vendas, satisfação dos clientes, retrabalhos e horas trabalhadas por projeto entregue.
- Indicadores de Qualidade: possui como objetivo mensurar o nível de qualidade com o qual as tarefas estão sendo realizadas em seus respectivos setores. Qualidade do produto e qualidade para o cliente são alguns exemplos, bem como o indicador de produto perfeito, que mede quando uma organização entrega de forma simultânea as dimensões: entregue no prazo, na quantidade planejada, na qualidade desejada e no custo previsto. Normalmente é usado com o Indicador de Produtividade ou Eficiência Operacional. Ao utilizar esses indicadores, os gestores podem identificar o que afeta o processo produtivo.
- Indicadores de Capacidade: tem a finalidade de medir a capacidade de resposta de um processo. Como exemplo, lead time, tempo de resposta ou capacidade

de desenvolvimento de determinado produto ou capacidade produtiva de uma equipe.

Os KPIs são essenciais para determinada área da organização. Seguem alguns exemplos:

- Vendas: número de novos contratos assinados, recompra, taxa de conversão, número de leads qualificados, vendas líquidas, entre outros.
- Administrativo-Financeiro: EBITDA, margem de lucro líquido ou bruto, fluxo de caixa, contas correntes a receber e assim por diante.
- Marketing: tráfego mensal do site, taxa de conversão para o conteúdo de call-to-action, artigos do blog publicados, dentre outros.
- Recursos Humanos: índice de turnover, índice de satisfação dos colaboradores, cobertura de cargo crítico e clima organizacional são alguns exemplos.

Quando a empresa desejar otimizar seus processos, ele deve ter como base três conceitos:

- Indicador: é número que retrata a excelência de um processo, política ou estratégia.
- Metas: são os valores numéricos traçados pela organização.
- Limite de tolerância: é o percentual que a organização tolera ao não atingir uma meta, ou seja, todos os

indicadores devem possuir uma porcentagem a ser alcançada em um determinado período.

Assim que todos os dados forem levantados e os problemas identificados, é necessário traçar um plano de ação ou de contramedidas para realizar possíveis correções ou melhorias, otimizando os processos da empresa e mantendo-a saudável. Muitas vezes, vale considerar alterações nos indicadores, pois torna-se necessário para adequá-los às mudanças e inovações do mercado, mantendo-se alinhado com as tendências do seu setor.

POSFÁCIO

Não temos dúvidas de que a transformação digital e as grandes mudanças mundiais vêm impulsionando as organizações a pensarem em uma nova estratégia, mais ágil, dinâmica e adaptativa. Esses foram o contexto e o cenários que nos motivaram a escrever este livro. Porém, cada vez mais, com a potencialização da tecnologia, as empresas adotam uma jornada de transformação digital, até em razão da mudança de comportamento do consumir. E, então, quando a empresa não possui desempenho em transformação digital, ela perde competitividade no mercado, levando-as à extinção. Se remetermos nosso pensamento para a essência do ser humano, veremos que tudo não passa de uma relação P2P, ou seja, Pessoas para Pessoas, e, assim, seremos capazes de traçar uma estratégia sustentável para as organizações.

Qual seria a relação das práticas que estimulam a criatividade com o desempenho em transformação digital? Será que, ao estimular cada vez mais a criatividade, de fato, potencializamos a inovação e assim a transformação digital?

Este é o tema principal da nossa próxima obra, que irá tratar a criatividade como elemento competitivo das organizações, e deve estar presente nas tomadas de decisões, nos processos de desenvolvimento de novos produtos/serviços e processos e nas relações de trabalho. A imaginação criativa é associada com estratégias inovadoras que algumas organizações empreendem não apenas para ganhar de seus concorrentes, mas para torná-los completamente irrelevantes.

Toda mudança estratégica é um passo no desconhecido, com uma certa dose de risco. Portanto, nenhuma organização poderá saber com certeza, antecipadamente, se uma competência estabelecida vai se mostrar um ponto forte ou fraco. Em seus esforços de diversificação no varejo, uma indústria foi surpreendida com a necessidade de ampliação do mix e de construção de relacionamento e entrega de experiências para seus clientes, acabando não dando bons resultados. O ponto que queremos enfatizar é: como a empresa poderia saber disso antecipadamente? A descoberta de "em que negócio estamos" não poderia ser feita meramente no papel, ela precisa se beneficiar com os resultados de testes e experiências. E a conclusão sugerida, a partir dessas experiências, é que os pontos fortes, muitas vezes, tendem a ser muito mais estreitos do que o esperado, e os pontos fracos, muito mais amplos.

O modelo de formação da estratégia deve ser mantido simples e informal. A ideia é que a estratégia corporativa constitui uma simples teoria de práticas, uma espécie de esquema conceitual. A responsabilidade por esse processo e essa percepção devem ser do executivo principal, ele é o estrategista principal.

Encorajamos os líderes empresariais a simplificarem, os excessos do processo de formulação e desdobramento estratégico utilizado atualmente. Devemos adotar uma visão estratégica ao invés de um plano rígido. Ter o processo da estratégia como um sutil processo de aprendizado, separando pensamento de ação, sair de suas salas para conhecerem seus clientes, de onde vem as verdadeiras informações. O conhecimento relevante deve ser estabelecido antes que uma nova estratégia tenha de ser implementada – em outras palavras, a situação precisa permanecer relativamente estável, ou no mínimo, previsível. O estrategista não só precisa ter acesso à base relevante de conhecimento, mas também é necessário haver um senso de encerramento na mesma. O aprendizado individual precisa chegar ao fim antes de a ação organizacional ser iniciada.

Os estrategistas são, em grande parte, autodidatas: eles desenvolvem sua estrutura de conhecimento e processos de pensamento principalmente por meio da experiência direta. Essa experiência molda o que eles sabem e, em seguida, estrutura seu comportamento e, assim, esculpe sua experiência subsequente, criando dualidade. Portanto, o olho e a nossa mente são considerados uma espécie de câmera que escaneia o mundo, moldando de acordo com os desejos e valores do proprietário, embora as imagens que capta sejam consideradas um tanto distorcidas.

Há também uma discussão de que a estratégia é uma espécie de interpretação do pessoal do mundo. Aqui, os olhos e a mente voltam-se para dentro, focalizando a maneira pela qual os indivíduos fazem a sua "tomada" sobre aquilo que ela vê lá fora – os eventos, os símbolos, o comportamento dos clientes e assim por diante. Assim, enquanto a outra ala procura entender a cognição como uma espécie de recriação do mundo, esta ala acredita que a cognição cria o mundo.

O sucesso da sua organização depende de cinco fatores: 1) foco claro; 2) diferenciação notável e positiva de seus concorrentes; 3) funcionários entusiasmados; 4) "eficácia operacional" disciplinada; e 5) a capacidade de se adaptar e mudar. Descubra o que sua organização está enfrentando analisando a sua situação. A suposição comum é de que a maioria das empresas falham devido à má execução. Isso não é preciso. A maioria dos fracassos de negócios acontece porque os líderes confiaram em suposições que não se encaixam mais em uma realidade alterada. Suposições desatualizadas resultam em "más escolhas". Para evitar essa armadilha, desenvolva recursos organizacionais de "percepção e resposta" para ajudá-lo a avaliar o ambiente de negócios da VUCA de hoje com precisão e adaptar suas operações de acordo. O mundo é dinâmico, não estático, e o estado presente não é um ponto fixo ... nunca compare um possível estado futuro com o estado presente. A dificuldade não está em novas ideias, mas em escapar das antigas, que penetram em todos os cantos de nossa mente.

Devemos buscar uma estratégia eficaz! Um experimento descrito por Waterman e Peter mostrou que se você colocar em uma garrafa meia dúzia de abelhas e o mesmo número de moscas e deitar a garrafa horizontalmente, com a base virada para a janela, vai constatar que as abelhas vão persistir, até morrerem por exaustão ou fome, na tentativa de descobrir uma abertura no vidro; ao passo que as moscas, em menos de dois minutos, já terão saído pelo gargalo no lado oposto... É o amor das abelhas pelo voo, é sua própria inteligência que acaba com elas neste experimento. Elas, evidentemente, imaginam que a saída para toda prisão deve estar onde a luz brilha mais, agindo de acordo com esse raciocínio lógico. Para as abelhas, o vidro é um mistério sobrenatural... e, quanto maior sua inteligência, mais inadmissível, mas incompreensível parecerá o estranho obstáculo. Ao passo que as imbecis das moscas, sem pensar na lógica... esvoaçam de um lado para outro e têm a sorte que, muitas vezes, acompanha a simplicidade... e acabam necessariamente descobrindo a abertura que as leva de volta à liberdade. Será que temos abelhas demais fazendo estratégia e muito poucas moscas?

É improvável que o futuro chegue na forma que você espera, mas as estratégias tendem a funcionar apenas sob condições muito específicas, que podem mudar – rápida ou lentamente – com o tempo. Se acertar, você ganha. Se você errar, você perde. Esse é o "paradoxo da estratégia".

Outra maneira de expressar o paradoxo estratégico é que a estratégia com maior probabilidade de proporcionar sucesso extremo também é aquela com maior probabilidade de fracasso extremo. Isso ocorre porque as estratégias funcionam sob condições específicas e exigem que as empresas se comprometam com uma tática única, aumentando assim a rigidez. Na medida em que o futuro difere das suposições por trás de sua estratégia, sua estratégia vai falhar.

Para gerenciar esse dilema, use o princípio da "incerteza necessária". Em vez de presumir que o futuro definitivamente será de uma determinada maneira ou de outra, prepare-se para as incertezas. Para planejar um futuro reconhecido e imprevisível, use a "flexibilidade estratégica" para criar e implementar estratégias que permitem manter várias "opções estratégicas" abertas. Em seguida, você pode colocar em camadas o gerenciamento de riscos de sua empresa ao longo do tempo. Para lidar com a incerteza estratégica, cada nível de gerenciamento lida com gradações no horizonte de tempo: a gerência inferior olha para o curto prazo tático; executivos de alto escalão olham para o longo prazo estratégico.

A crença de que lidar com um futuro incerto requer uma estratégia adaptável é perfeitamente razoável. Faz mais sentido do que uma filosofia rígida de sucesso ou morte. No entanto, mesmo a adaptabilidade exige que você preveja diferentes cenários futuros. Mudanças drásticas podem ocorrer rapidamente. Quando um corpo celeste caiu na Terra e mudou abruptamente o clima, os dinossauros morreram e novas formas de vida surgiram. Ou uma mudança drástica pode ocorrer lentamente. Quando o povo nórdico chegou à Groenlândia, ela era realmente verde. Eles cultivaram, comercializaram e até ergueram uma catedral. Mas, ao longo de 450 anos, o clima se tornou gradualmente inóspito. Em um paradoxo clássico, os groenlandeses morreram porque durante os bons tempos eles "não tinham necessidade de mudança e, na época, era óbvio que uma mudança radical era necessária", e eles não tinham capacidade para executá-la.

Aplique a metáfora de mudança rápida (os dinossauros) ou lenta (Groenlândia) à sua empresa. Mudanças rápidas e glaciais afetam os negócios profundamente, mas de forma diferente, dependendo da capacidade organizacional das empresas de se adaptarem em um ritmo adequado. "Mudanças que ocorrem mais rápido ou mais devagar do que a organização pode responder cria problemas intransponíveis". Uma empresa verdadeiramente adaptável calibra suas mudanças com a velocidade das transformações em seu reino competitivo. A capacidade de executar mudanças oportunas é uma habilidade de sobrevivência corporativa. Quando a mudança é lenta, os estrategistas precisam ver seu efeito cumulativo a tempo de agir. Quando a mudança acelera, as táticas também devem acelerar.

Para ser útil, sua estratégia deve ajudá-lo a lidar com estados futuros imprevisíveis. Considere o quão precisas são suas previsões – ou não. Frequentemente, as previsões assumem um ar de certeza imerecido. Sua real utilidade não é prever o futuro, mas avaliar o presente. Quando você tenta prever qual será o produto interno bruto da China em cinco anos, a questão importante não é se sua previsão está correta, mas como ela se compara às avaliações de seus concorrentes e se suas ações o mantêm competitivo. Quanto mais profundas forem as suas previsões, menos precisas serão. No entanto, o paradoxo da estratégia exige que você assuma os compromissos certos para o futuro hoje, mesmo que não saiba quais compromissos são certos.

Uma maneira de lidar com esse paradoxo é espalhar a tomada de decisões de acordo com um horizonte de tempo que aborde o curto e o longo prazo. Use sua hierarquia de gerenciamento. Capacite as pessoas da linha de frente a fazerem escolhas táticas momento a momento. Aumente os horizontes de tempo conforme você sobe no organograma. À medida que os horizontes de tempo aumentam, as incertezas se tornam mais estratégicas. Em níveis mais baixos, com horizontes de tempo mais curtos, as pessoas devem se concentrar na execução. Nos níveis mais altos, com horizontes de tempo mais longos, a administração deve lidar com a incerteza. No topo, o conselho lida com os fatores que mantêm a empresa funcionando no horizonte de tempo mais longo.

Uma estratégia flexível requer que você crie e gerencie dois componentes estruturais: cenários e opções do mundo real. Conforme você avalia novas informações e vê quais dos seus cenários estão se desenvolvendo, você saberá qual opção exercer. O objetivo não é prever o futuro, mas sim antecipar as possibilidades de longo prazo e decidir como se posicionar para aproveitar as eventualidades à medida que ocorrem.

Ao tentar determinar como lidar com uma ampla gama de elementos contingentes que podem entrar em conflito entre si, muitas empresas se contentam com o que é chamado de "estratégia robusta", um conjunto de táticas boas o suficiente para funcionar independentemente do que aconteça. Se sua estratégia robusta é poderosa o suficiente para dominar em qualquer cenário, use-a; então, você não precisará de tanta flexibilidade. Para a maioria das empresas, entretanto, estratégias robustas são compromissos que fornecem retornos mornos. Em vez disso, busque estratégias que gerem um desempenho de alto nível em uma variedade de cenários. Acumule uma variedade de opções reais, mesmo que algumas ou a maioria delas eventualmente se tornem inúteis com o tempo. Não se comprometa com um único cenário que colocará o valor da sua empresa em risco se ele não se materializar. Crie opções estratégicas que você possa escolher, talvez lançando uma joint venture ou assumindo uma pequena participação em empresas cujos produtos ou tecnologias possam se tornar estratégicos para você. Para obter o máximo valor de suas opções reais, mantenha a flexibilidade para expandir suas posições ou abandoná-las.

LOBÃO E SCHILLING

REFERÊNCIAS

ADAIR, J. *Liderança para a inovação*. São Paulo: Clio, 2010.

ALTSHULLER, G. S. *Innovation algorithm*. Worcester: Technical Innovation Center, 1999 (1. ed. russa, 1969).

ANDAL-ANCION, A., CARTWRIGHT, P. A.; YIP, G. S. (2003). The Digital Transformation of Traditional Businesses. *MIT Sloan Management* Review, 44(4), pp. 34-41.

ARTHUR, Charles. *Digital wars*: Apple, Google, Microsoft and the battle for the internet. Kogan Page, 2012.

AWATI, K. *A gentle introduction to Monte Carlo simulation for project managers*. 2018. Disponível em: https://eight2late.wordpress.com/2018/03/27/a-gentle-introductionto-monte-carlo-simulation-for-project-managers/. Acesso em: 8 maio 2021.

AZEVEDO, P. F. et al. (13 abr. 2016). *Estudo de caso Uber*. Disponível em: https://www.insper.edu.br/wp-content/uploads/2016/11/estudo-de-caso-Uber-crescerinovacao-disruptiva.pdf. Acesso em: 8 jun. 2017.

AWATI, K. A gentle introduction to Monte Carlo simulation for project managers. 2018. Disponível em: https://eight2late.

wordpress.com/2018/03/27/a-gentle-introductionto-monte-carlo-simulation-for-project-managers/. Acesso em: fev. 2021.

BABA, Prem (2020). A transição planetária e seus efeitos em todos nós. Disponível em: https://www.sriprembaba.org/post/prem-baba-reflete-sobre-a-transicao-planetaria-e-seus-efeitos-em-todos-nos. Acesso em: dez. 2020.

BABA, Prem. *Amar e ser livre*. Rio de Janeiro: Casa dos Livros Editora Ltda, 2015.

BARBOSA, Andy e SOUZA, Mayra. Strategic Inception – Agile Institute Brasil, 2020.

BARIZON, Cláudio. *Transformação ágil*: 8 hábitos para começar a transformação digital e conquistar resultados incríveis. E-book: 2020.

BBC News (2016). Piloto de caça criado por inteligência artificial vence humano em combate simulado. Disponível em: https://www.bbc.com/portuguese/geral-36644901. Acesso em: set. 2020.

BECKER, J.; KNACKSTEDT, R.; PÖPPELBUß, J. (2009). Developing maturity models for IT, Management. *Business & Information Systems Engineering*, 1(3), pp. 213-222.

BELLEGHEM, Steven Van. *When digital becomes human*: the transformation of Customer Relationships. Kogan Page, 2015.

BERGHAUS, Sabine; BACK, Andrea (2016). *Stages in digital business transformation*: results of an empirical maturity study. 10th Mediterranean Conference on Information Systems (MCIS 2016).

BERMAN, S. J.; MARSHALL, A. (2014). The next digital transformation: from an individual-centered to an everyone-to-everyone economy. *Strategy & Leadership.* vol. 42, n. 5, pp. 9-17.

BLANK, STEVE. *Lean innovation management:* making corporate innovation *Work.* Disponível em: https://steveblank.com/2015/06/26/lean-innovation-management-making-corporate-innovation-work/. Acesso em: 8 maio 2021.

BLEICHER, J.; STANLEY, H. (2016). Digitization as a catalyst for business model innovation a three-step approach to facilitating economic success. *Journal of Business Management*, (12), pp. 62-71.

BOSTON CONSULTING GROUP. Disponível em: https://www.bcg.com/pt-br/about/our-history/default. Acessado em: mar. 2020.

BOX1824 (2011). Pesquisa: o sonho brasileiro. Disponível em: https://www.b9.com.br/27311/sonho-brasileiro-um-retrato-do-jovem-dos-anos-2010/. Acesso em: jun. 2020.

BOWDITCH, James L.; BUONO, Anthony F. *Elementos do comportamento organizacional.* São Paulo: Pioneira, 1992.

BRUNO, Mass. Cinco exemplos práticos que comprova que já vivemos no mundo do Big Data. *Computer World*, 26 set. 2016. Disponível em: https://computerworld.com.br/2016/09/26/

cinco-exemplos-praticos-que-provam-que-ja-vivemos-no-mundo-do-big-data/. Acesso em: 8 maio 2021.

CARVALHAL, Andre. (2018). Viva o fim: almanaque de um novo mundo. São Paulo: Paralela.

CAPGEMINI CONSULTING (2017). *The digital culture challenge*: closing the employee-leadership gap. Disponível em: https://www.capgemini.com/consulting-de/wp-content/uploads/sites/32/2017/06/digital-culture-report-2017.pdf. Acesso em: 31 mar. 2017.

CBRE, Group, Inc. The future of work (2021). Disponível em: http://cbre.vo.llnwd.net/grgservices/secure/APAC_Future%20of%20Work_FINAL_14JAN.pdf?e=1622301791&h=-228f1729418e418a986eda8c97d987e7. Acesso em: fev. 2021.

CHOPIK, W.J.; O'BRIEN, E.; KONRATH, S.H. Differences in empathic concern and perspective taking across 63 countries. *Journal of Cross-Cultural Psychology*, 2017.

CLAUSEWITZ, Carl Von. *Da guerra*. São Paulo: WMF Martins Fontes, 2010.

COLEY, S.; WHITE, D.; BAGHAI, M. *A alquimia do crescimento*. Rio de Janeiro: Record, 1999.

CSIKSZENTMIHALYI, Mihaly. *Flow*: the psychology of optimal experience. Harper Perennial, 2008.

DAMN, Darlene. *Singularity university and the governance global grand challenge*. Disponível em: http://bit.ly/2VXUjr0. Acesso em: 8 fev. 2020.

DAVENPORT, Thomas H.; WESTERMAN, George. Por que tantas transformações digitais falham? *Revista Harvard Business Review*. Disponível em: https://hbrbr.uol.com.br/por-que--transformacoes-digitais-falham/. Acesso em: maio. 2018.

DE MELLO, Francisco Homem. OKRs: O que são e como implementar. *Qulture Rocks*, 8 fev. 2018. Disponível em: https://qulture.rocks/blog/okrs-o-que-sao-como-implementar/. Acesso em: 4 mar. 2021.

DIAMANDIS, Peter H. (2016). *The six D's exponential organizations* (Singularity Education Group). Disponível em: https://singularityhub.com/2016/11/22/the-6-ds-of-tech-disruption--a-guide-to-thedigital-economy/. Acesso em: 13 jun. 2017.

DIAMANDIS, Peter H.; KOTLER, Steven. *Abundância*: o futuro é melhor do que você imagina. Rio de Janeiro: Alta Books, 2018.

DWECK, Carol. Mindset: a nova psicologia do sucesso. Rio de Janeiro: Objetiva, 2017.

EBAY. In: Wikipedia. Disponível em: https://pt.wikipedia.org/wiki/EBay. Acesso em: 8 maio 2021.

ÉPOCA NEGÓCIOS (2019). A poderosa ‹távola redonda› de megaempresas que quer redefinir a regras do capitalismo americano. Disponível em: https://epocanegocios.globo.com/Empresa/noticia/2019/08/poderosa-tavola-redonda-de-mega-empresas-que-quer-redefinir-regras-do-capitalismo-americano.html. Acesso em: jul. 2020.

FERNANDO, Ralph. Estratégia ágil. Pearson Education Limited. Edição do Kindle, p. xv.

FERNANDES, Aguinaldo Aragon; DINIZ, Jose Luis; ABREU, Vladimir Ferraz. *Governança digital 4.0*. Rio de Janeiro: Brasporte Livros e Multimídia, 2019.

FINK, Charlie (2018). *Metaverse – An AR Enabled Guide to AR & VR*. Robert Fine. Disponível em: http://finkmetaverse.com/. Acesso em: 8 maio 2021.

FITZGERALD, M. (2013). *How starbucks has gone digital*. MITSloan Management Review.

FORD, J. D.; FORD, L. W. (2009). Decifre a resistência à mudança (pp. 81-85). *Harvard Business Review*, abril de 2009.

FREEMAN, R. Edward. *Strategic management*: a stakeholder approach. Boston: Pitman, 1984.

FREY, Thomas (2019). Visiting the Future with Thomas Frey of the DaVinci Institute. Disponível em: https://futuristspeaker.com/future-scenarios/visiting-the-future-with-thomas-frey-of-the-davinci-institute/. Acesso em: janeiro de 2021.

GABRIEL, Martha. O estudo dos futuros em uma visão 360 graus. *HSM Management*, 19 jan. Disponível em: https://www.revistahsm.com.br/post/o-estudo-dos-futuros-em-uma-visao-360-graus. Acesso em: 7 abr. 2021.

GLENN, Jerome. Futures research methodology: version 2.0. Millennium Project, 2007.

GARCÍA, Héctor; FRANCESC, Miralles. *Ikigai:* os segredos dos japoneses para uma vida longa e feliz. São Paulo: Intrínseca, 2018.

GODZIKOWSKI, Anderson. *Governança & nova economia.* 1. ed. São Paulo: Lura, 2018.

GROVE, S, ANDREW (2019). *High Output Management.* OKR: As três letras que transformam empresas ao redor do mundo. Disponível em: https://coblue.com.br/#. Acesso em: 8 maio 2021.

GROVE, Andrew S. *Gestão de alta performance:* tudo o que um gestor precisa saber para gerenciar equipes e manter o foco em resultados. São Paulo: Benvirá, 2020. 272 p.

HANNA, N. K. (2016). *Mastering digital transformation*: towards a smarter society, economy, city and nation. Emerald Group Publishing.

HEIMANS, Jeremy; TIMMS, Henry. *O novo poder*: como disseminar ideias, engajar pessoas e estar sempre um passo à frente em um mundo hiperconectado. São Paulo: Intrínseca, 2018.

Helfat e Peteraf, 2015 - C.E. Helfat, M.A. Peteraf - Managerial cognitive capabilities and the microfoundations of dynamic capabilities - Strategic Management Journal, 36(6) (2015 April), pp. 831-850

HENRIETTE, E. et al. (2015). The shape of digital transformation: a systematic literature review. *MCIS 2015 Proceedings*, Paper 10, pp. 1-19.

HESS, et al. (2016). Options for formulating a digital transformation strategy. *MIS Quarterly Executive*, v. 15, n. 2, pp. 123-139.

HOLLINGWORTH, Patrick. *A organização leve e rápida:* uma nova maneira de lidar com a incerteza, WILEY, 2016.

HUNT, Vivian; LAYTON, Dennis; PRINCE, Sara. Por que a diversidade é importante. McKinsey & Company, 1º jan. 2015. Disponível em: https://www.mckinsey.com/business-functions/organization/our-insights/why-diversity-matters#. Acesso em: 12 jan. 2021.

ISMAIL, S.; MALONE, M. S.; VAN GEEST, Y. (2014). *Exponential organizations. Why New Organizations Are Ten Times Better, Faster, and Cheaper Than Yours (and What to Do About It)*.

JOHN, DOERR. *Avalie o que importa*: Como o Google, Bono Vox e a Fundação Gates Sacudiram o Mundo com os OKRs. Rio de Janeiro: Alta Books, 2019.

JUNQUEIRA, Gabriel. Geração Z e Millennials, entenda as diferenças e o impacto no seu negócio. *Infovarejo*, 7 fev. 2021. Disponível em: https://www.infovarejo.com.br/geracao-z-e--millennials-entenda-as-diferencas-e-o-impacto-no-seu-negocio/. Acesso em: 15 abr. 2021

KANE, G. C. et al. (2015). Strategy, not technology, drives digital transformation. *MIT Sloan Management Review and Deloitte University Press*, 14.

KANE, G. C. et al. Achieving Digital Maturity. *MIT Sloan Management Review and Deloitte University Press*, 2017.

KARIMI, J.; WALTER, Z. (2015). The role of dynamic capabilities in responding to digital disruption: a factor-based study of the newspaper industry. *Journal of Management Information Systems*, 32(1), pp. 39-81.

KIM, Chan e MAUBORGNE, Renée. *A estratégia do oceano azul*. Rio de Janeiro: Sextante, 2019.

KURZWEIL, RAY (2019). *Conheça as previsões de Ray Kurzweil para o futuro da humanidade*. Disponível em: https://futuroexponencial.com/previsoes-de-ray-kurzweil-futuro/ Acesso em: 10 de Dezembro de 2020.

LALOUX, Frederic (2017). *Reinventando as organizações:* um guia para criar organizações inspiradas no próximo estágio da consciência humana. Belo Horizonte: Ed. Voo.

LIMA, Vinícius. A diversidade no pensamento estratégico. *Nube*, 27 abr. 2020. Disponível em: https://www.nube.com.br/blog/2020/04/27/a-diversidade-e-o-pensamento-estrategico. Acesso em: 15 abr. 2021.

LIU D. et al (2011). Resource Fit in Digital Transformation. Lessons Learned From The CBC Bank Global E-Banking Project. *Management Decision*, v. 49, n. 10, pp. 1728-1742.

LIMA, Lucas. Tinder Plus, Tinder Gold e Platinum: o que é e como funciona. *Tecnoblog*, 30 mar. 2021. Disponível em:

https://tecnoblog.net/247588/tinder-plus-tinder-gold-como-funciona/. Acesso em: 8 maio 2021.

LOBÃO, Luis; ZILLI, Carlos. *A jornada da transformação digital*. São Paulo: Lamônica, 2020.

LOGO LABORATÓRIO UFSC. Disponível em: http://logo.ufsc.br/home/pt/. Acesso em: fev. 2021.

LUCAS, H. C. et al. (2013) Impact research on transformational information technology: an opportunity to inform new audiences. *MIS Quarterly*, v. 37, n. 2, pp. 371-382.

MAARIT, LAANTI et al. *Agile portfolio management at finnish broadcasting company Yle*. Disponível em: https://www.researchgate.net/publication/283258171_Agile_Portfolio_Management_at_Finnish_Broadcasting_Company_Yle. Acesso em: 8 maio 2021.

MaGahan, A. M.; Porter, M. E. How much does industry matter, really? *Stategic Management Journal*. n. 18, 1997, p. 15-30.

MANIFESTO for Agile Software Development. Manifesto Ágil. Disponível em: http://agilemanifesto.org/. Acesso em: 14 abr. 2021.

MARTINO, Luís Mauro Sá. *Teoria das mídias digitais*. Rio de Janeiro: Vozes, 2014.

MATTOS, Tiago. *Vai lá e faz*. Caxias do Sul: Editora Belas Letras LTDA, 2017.

MATT, C.; HESS, T.; BENLIAN, A. (2015). Digital Transformation Strategies. *Business & Information Systems Engineering*, 57(5), pp. 339-343.

MARCH, J. (1991). Exploration and exploitation in organizational learning. *Organization Science*, 2(1), 71-87. doi:10.1287/orsc.2.1.71

MCGRATH, Rita. *Inflexão estratégica:* como enxergar além e se antecipar a mudanças que podem alterar os rumos do seu negócio. São Paulo: Benvirá, 2020.

MCKINSEY GLOBAL INSTITUTE. Connected world: An evolution in connectivity beyond the 5G revolution. Disponível em: https://mck.co/2SZH3QQ. Acesso em: 28 fev. 2020.

MCQUIVEY, James. Digital Disruption: Unleashing the Next Wave of Innovation. Amazon Publishing, 2013

MCKELVIE, A.; DAVIDSON, P. From Resourse Base to Dynamic Capabilities: an investigation of New Firms. *British Journal of Management*, Oxford, n. 20, p. 63-80, 2009.

MEIRELLES e CAMARGO, 2014 - D.S. Meirelles, A.A.B. Camargo. Capacidades dinâmicas: o que são e como identificá-las? *Revista de Administração Contemporânea - RAC*, 18 (3) (2014 Dezembro), pp. 41-64

MICROSOFT NEWS (2020). Microsoft oferece Microsoft Teams gratuitamente para manter organizações e escolas conectadas durante o COVID-19. Disponível em: https://news.

microsoft.com/pt-br/microsoft-oferece-microsoft-teams-gratuitamente-para-manter-organizacoes-e-escolas-conectadas-durante-o-covid-19/:. Acessado em: Abril, 2020.

MITHAS, S. et al. (2013). How a Firm's Competitive Environment and Digital Strategic Posture Influence Digital Business Strategy. *MIS Quarterly*, v. 37, n. 2, pp. 511-536.

MORGAN, Jacob. *The employee experience advantage:* how to win the war for talent by giving employees the workspaces they want, the tools they need, and a culture they can celebrate. Wiley, 2017.

MULLALY, M. (2014). If maturity is the answer, then exactly what was the Question? *International Journal of Managing Projects in Business*, 7(2), pp. 169-185.

ONU News (2019). Falta de Água. Disponível em: https://news.un.org/pt/tags/falta-de-agua. Acessado em: Outubro, 2020.

ORVOS, John. Achieving business agility: strategies for becoming pivot ready in a digital world. Belle Mead: New Jersey, 2019.

OSTERWALDER, A.; & PIGNEUR, Y. (2010). *Business model generation*: a handbook for visionaries, game changers, and challengers. John Wiley & Sons.

_____. *Business model generation*: Inovação em Modelos de Negócios. Rio de Janeiro: Alta Books, 2013.

PARKER, Geoffrey G. et al. *Plataforma*: a revolução da estratégia. Rio de Janeiro: Alta Books, 2019.

PETER, T. H.; WATERMAN, R. H. *In search of excellence*. New York: Harper & row, 1982.

PIETERSEN, Willie (2010). Strategic learning: how to be smarter than your competition and turn key insights into competitive advantage.

PICCININI, E. et al. (2015) *Transforming industrial business:* the impact of digital transformation on automotive organizations. 36th International Conference on Information Systems, Fort Worth.

PMI. *Um guia do conhecimento em gerenciamento de projetos.* Guia PMBOK. EUA: Project Management Institute, 2013.

PRAHALAD, C. K.; RAMASWAMY, V. *O futuro da competição*: como desenvolver diferenciais inovadores em parcerias com os clientes. Tradução: Afonso Celso da Cunha Serra. Rio de Janeiro: Elsevier, 2004b.

_____. Co-creation experiences: the next practice in value creation. *Journal of Interactive Marketing*, v. 18, n. 3, Summer 2004a.

PRESTES, Maira Gomes; GOMEZ, Luiz Salomão. *A experiência da marca*: proposta de metodologia para a identificação do DNA de organizações. In: 9º CONGRESSO BRASILEIRO DE PESQUISA E DESENVOLVIMENTO EM DESIGN, 2010, São Paulo.

RASKINO, Mark; WALLER, Graham. *Digital to the core*: remastering leadership for your industry, your enterprise, and yourself. Bibliomotion, 2015.

RAYNOR, Michael E. *The strategy paradox:* why committing to success leads corporations to failure (and what to do about it). *Broadway Books, 2007.*

REINERTSEN, Donald G. *The principles of product development flow:* second generation lean product development. Celeritas, 2009.

RIES, E. *A startup enxuta*: como os empreendedores atuais utilizam a inovação contínua para criar empresas extremamente bem-sucedidas. (P. Almeida, Ed., & C. Szlak, Trad.) São Paulo: Texto Editores, 2011.

ROBINSON, Alan; SCHROEDER, Dean. *Organizações guiadas por ideias*: inovação a partir de todas as pessoas. São Paulo: M. Books do Brasil, 2016.

RUMELT, Richard. *Estratégia boa x estratégia ruim*: descubra suas diferenças e importância. São Paulo: Crown, 2011.

SABINI, JR., Walter (2018). *Você está preparado para Omnicanalidade?* Disponível em: https://www.ecommercebrasil.com.br/artigos/voce-esta-preparado-para-omnicanalidade/. Acesso em: 8 maio 2021.

SACOLICK, Isaac. *Driving digital*: the leader's guide to business transformation through technology. AMACOM, 2017.

SALIM, Ismail; FRANCISCO, Palao; MICHELLE, Lapierre. *Transformações exponenciais*. Rio de Janeiro: Alta Books, 2019.

SCHMIDT, Eric; COHEN, Jared. *The new digital age*: transforming nations, businesses, and our lives. Vintage Books, 2013.

SCHUCHMANN, D.; Seufert, S. (2015) *Corporate learning in times of digital transformation*: a conceptual framework and service portfolio for the learning function in banking organizations. iJAC, v. 8, n. 1, pp. 31-39.

SIEBEL, Thomas M. *Digital transformation:* survive and thrive in an era of mass extinction. Rosetta Books, 2019

SIEMENS NOSSO JORNAL (2016). Café da manhã de ideias. Disponível em: https://www.siemens.com.br/nossojornal/_edicoes/303/cafedamanha.php. Acesso em: nov. 2020.

SINGER, Peter. *A vida que podemos salvar agir para pôr fim à pobreza no mundo*. Lisboa: Gradiva, 2011.

SINEK, Simon. *Comece pelo porquê:* como grandes líderes inspiram pessoas e equipes a agir. Rio de Janeiro: Sextante, 2018.

SIGGELKOW, Nicolaj; TERWIESCH, Christian. A era da conexão contínua. *Revista HBR*, maio 2019, pp. 41-49.

SILVA, GLEIDSOTNE (2018). *Transformação digital na moda*: como a Amaro está revolucionando o consumo. Disponível em: https://inteligencia.rockcontent.com/transformacao-digital-amaro/. Acesso em: 8 maio 2021.

SOUCHKOV, V. *A guide to TRIZ and xTRIZ techniques and references:* a course book for business and management. ICG T&C, 2009.

SPIELWARENMESSE. A maior feira de brinquedos da Alemanha. Disponível em: https://www.spielwarenmesse.de/. Acesso em: abril, 2020.

_____. *Power thinking skills for innovative leadership*. White Paper, ICG T&C, 2009. Disponível em: www.xtriz.com.

SUTHERLAND, Jeff e SCHABER, Ken. Um guia definitivo para o SCRUM. Disponível em: https://scrumguides.org/docs/scrumguide/v1/Scrum-Guide-Portuguese-BR.pdf Acesso em: jan. 2021.

SWAMINATHAN, Anand; MEFFERT, Jürgen. *Digital @ Scale:* the playbook you need to transform your company. Wiley, 2017.

TELEB, Nassim Nicholas. *A lógica do cisne negro*. Rio de Janeiro: Best Seller, 2010.

TAPSCOTT, Don. *Blockchain revolution*: como a tecnologia por trás do Bitcoin está mudando o dinheiro, os negócios e o mundo. São Paulo: SENAI-SP Editora, 2016.

TEECE, D. J. (2007). Explicating dynamic capabilities: the nature and microfoundations of (sustainable) enterprise performance. *Strategic Management Journal*, 28(13), 1319-1350.

_____. (2009). *Dynamic capabilities & strategic management*. Oxford: Oxford University Press.

TEECE, D. J.; PISANO, G. (1994). The dynamics capabilities of firms: an introduction. *Industrial and Corporate Change*, 3(3), 537-556.

TEECE, D. J.; PISANO, G.; SHUEN, A. (1997.). Dynamic capabilities and strategic management. *Strategic Management Journal*, 18(7), 509-533.

THE FUTURE Jobs Reports 2020. World Economic Forum, 20 out. 2020. Disponível em: https://www.weforum.org/reports/the-future-of-jobs-report-2020. Acesso em: 15 abr. 2021.

TOY LIKE ME. About us. Disponível em: https://www.toylikeme.org/about-us/. Acessado em Agosto, 2020.

VIDAL, André. *Agile think canvas*. Rio de Janeiro: Brasport, 2017.

WANG, Y. et al. (2016) *Big data analytics*: understanding its capabilities and potential benefits to healthcare organizations. Technology Forecasting & Social Change.

WANG, C. L.; SENARATNE, C.; RAFIQ, M. (2015). Success traps, dynamic capabilities and firm performance. *British Journal of Management*, 26(1), 26-44.

WESTERMAN, G.; BONNET, D.; MCAFEE, Andrew (2014). The nine elements of digital transformation. *MIT Sloan Management Review*, Opinion & Analysis, janeiro, 2014.

WILD WILHELM, H.; SCHLOMER, M.; MAURER, I. (2015). How dynamic capabilities affect the effectiveness and efficiency of operating routines under high and low levels of environmental dynamism. *British Academy of Management*, 26(2), 327-345.

WITS, Wessel Willems et al. *Full immersion TRIZ in education*. Proceedings of the TRIZ Conference. Editor C. Rizzi. Bergamo, Italy: Bergamo University Press, 2010. pp. 269-276.

WEBB, Amy. Como fazer um planejamento estratégico como um futurista. Disponível em: https://hbr-org.cdn.ampproject.org/c/s/hbr.org/amp/2019/07/how-to-do-strategic-planning-like-a-futurist. Acesso em: 1º ago. 2020.

WFTO Annual Report 2017. World Fair Trade Organization. WFTO. 2017. p. 6. Retrieved 26 January 2019.

WOOTTON, Simon; HORNE, Terry. Strategic Planning: the nine step programme. Kogan Page Limited 3º. Edition 2010

YUVAL, Noah Harari. *Sapiens:* uma breve história da humanidade, 2015. (Capítulo 2: A árvore do conhecimento – Revolução cognitiva).

SITES:

Deloitte Insights, Pesquisa CSO 2020. Disponível em: https://www2.deloitte.com/us/en/insights/topics/leadership/chief-strategy-officer-survey.html?id=us:2el:3dp:wsjspon:awa:WSJ-CIO:2020:WSJFY20l. Acesso em 03 junho 2021.

The Wall Street Journal. Wall Street Journal divulga lista dos 20 maiores gurus de gestão da atualidade – Disponível em: https://exame.com/negocios/wall-street-journal-divulga-lista-dos-20-maiores-gurus-de-gestao-da-atualidade--m0158896/ - Acesso em: 12 abr. 2021.

The Hackett Group. FAST-TRACKING Digital World Class. Disponível em: https://thehackettgroup.imagerelay.com/share/dfa743ad17324f0ca70bb090be6873ae. Acesso em: 12 abr. 2021.

Pensamento no futuro. Disponível em: https://glicfas.com.br/pensamento-no-futuro/. Acesso em: 12 abr. 2021.

Diz-se de técnica ou exercício que ajuda a desenvolver a memória e facilita a memorização.

Apresentação Institucional 4T17 – Arezzo & Co. Disponível em: http://arezzoco.com.br/wp-content/uploads/sites/2/2018/04/Apresenta%C3%A7%C3%A3o-Institucional-4T17-Novembro-2017-Site.pdf. Acesso em: 12 mar. 2019.

RECOMENDAÇÕES

Agilidade e Adaptabilidade são fundamentais para o sucesso e sobrevivência de qualquer empresa nesse mundo dirigido pela tecnologia. Esse livro fantástico mostra o caminho.

JOSÉ SALIBI NETO
Co-autor gestão do *Amanhã, o novo código da cultura e estratégia adaptativa*

O alerta que o livro nos faz logo no inicio, se faz verdadeiro do início ao fim: "Essa obra pode gerar incômodo e ansiedade".
Impressionante como os autores conseguem provocar e ao mesmo tempo mostrar caminhos para os desafios tão complexos que vivemos nos dias de hoje, especialmente no que quesito: novas lideranças. Simplesmente essencial!

REYNALDO GAMA
CEO HSM & CoCEO SIngularityU Brazil

Nosso amigo Lobão há muitos anos vem auxiliando as empresas em seus processos de aceleração de crescimento, é um expert em entender os cenários externos e internos e em auxiliar as empresas a entenderem as oportunidades e como adaptarem a sua cultura para este processo. E Lobão já nos ensinou que empresas são organismos vivos, e aqui podemos também associar ao de seleção natural, onde uma grande máxima da evolução é de que os que sobrevivem são os que melhor se adaptam. Nunca em nossa história passamos por situações de tanto desconforto, de mudanças drásticas de ambientes, de ecossistemas, de relações pessoais e de negócios, tudo regado por muitas incertezas. E nesta obra Lobão e Schilling vão direto ao ponto, agilidade para definir, agilidade para executar, mas principalmente cultura nas pessoas e nas organizações para se adaptarem, da zona do desconforto, que nos ensina muito, para o poder da transformação.

ALONSO JOSÉ TORRES
Presidente da ExpoGestão, International Business Partner do Renaissance Executive Fórum - SC.

CONFIRA OUTRAS RECOMENDAÇÕES

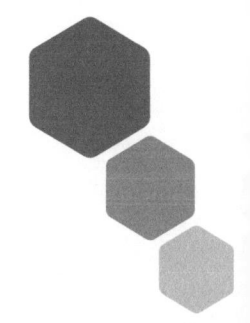

SOBRE OS AUTORES

LUIS LOBÃO

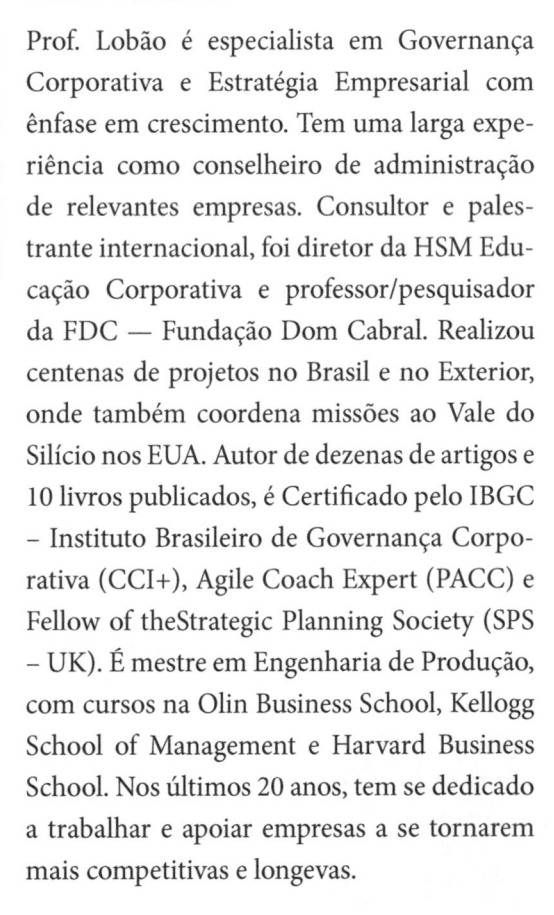

Prof. Lobão é especialista em Governança Corporativa e Estratégia Empresarial com ênfase em crescimento. Tem uma larga experiência como conselheiro de administração de relevantes empresas. Consultor e palestrante internacional, foi diretor da HSM Educação Corporativa e professor/pesquisador da FDC — Fundação Dom Cabral. Realizou centenas de projetos no Brasil e no Exterior, onde também coordena missões ao Vale do Silício nos EUA. Autor de dezenas de artigos e 10 livros publicados, é Certificado pelo IBGC – Instituto Brasileiro de Governança Corporativa (CCI+), Agile Coach Expert (PACC) e Fellow of theStrategic Planning Society (SPS – UK). É mestre em Engenharia de Produção, com cursos na Olin Business School, Kellogg School of Management e Harvard Business School. Nos últimos 20 anos, tem se dedicado a trabalhar e apoiar empresas a se tornarem mais competitivas e longevas.

RODRIGO PETER SCHILLING

Especialista em Criatividade, Inovação e Estratégia. Certificado Internacionalmente pela LEGO, no método LSP - LEGO® SERIOUS PLAY® tem como missão de vida: Deixar o conhecimento como legado. Fundador e CEO da Rodrigo Schilling, uma empresa de consultoria em transformação de negócios e escola de inspiração e criatividade. Fundador e CEO da Fábrica – Incubadora Social sediada em Blumenau/SC. Mestre e Doutorando em Administração com ênfase em Inovação. Formado pela Dom Cabral em Desenvolvimento de Dirigentes de Empresa, MBA Executivo de Gerenciamento de Projetos pela FGV é certificado internacionalmente na Gestão de Nível de Serviço, Gestão da Tecnologia da Informação e norma de Qualidade de Serviços. Também atua como professor/palestrante em instituições de ensino nos cursos de MBA e Pós- Graduação nas disciplinas de: Estratégia, Inovação, Gestão e Criatividade.

©2021, Pri Primavera Editorial Ltda.

©2021, by Luis Lobão e Rodrigo Peter Schilling

Equipe editorial: Lu Magalhães, Larissa Caldin e Manu Dourado
Preparação: Fernanda Guerriero Antunes e Larissa Caldin
Revisão: Fabricia Carpinell
Ilustrações: Paloma Dalbon
Projeto gráfico e diagramação: Manu Dourado
Capa: Nine Editorial

Dados Internacionais de Catalogação na Publicação (CIP)
(Câmara Brasileira do Livro, SP, Brasil)

Lobão, Luis
  Agile Strategy Management : uma nova estratégia empresarial / Luis Lobão, Rodrigo Peter Schilling. — São Paulo : Primavera Editorial, 2021.
  520 p. : il.

ISBN 978-65-86119-56-5

1. Negócios 2. Administração de empresas 3. Sucesso nos negócios 4. Liderança 5. Planejamento estratégico I. Título II. Schilling, Peter Rodrigo

21-3580　　　　　　　　　　　　　　CDD 658

Índices para catálogo sistemático:

1. Administração de empresas

GREAT PEOPLE
Books

Av. Queiroz Filho, 1560 — Torre Gaivota Sl. 109
05319-000 — São Paulo — SP
Telefone: + 55 (11) 3034-3925
+ 55 (11) 99197-3552
www.greatpeoplebooks.com.br
contato@primaveraeditorial.com